U0484245

梁鸿鹰
何向阳
主　编

多棱镜下的文学之光

当代作家对话录

江苏凤凰文艺出版社
JIANGSU PHOENIX LITERATURE AND ART PUBLISHING

图书在版编目（CIP）数据

多棱镜下的文学之光：当代作家对话录 / 梁鸿鹰，何向阳主编 . -- 南京：江苏凤凰文艺出版社，2023.1
ISBN 978-7-5594-7294-6

Ⅰ . ①多… Ⅱ . ①梁… ②何… Ⅲ . ①作家 - 访问记 - 中国 - 现代 Ⅳ . ① K825.6

中国版本图书馆 CIP 数据核字（2022）第 213263 号

多棱镜下的文学之光：当代作家对话录

梁鸿鹰　何向阳　主编

出 版 人　张在健
责任编辑　李　黎　孙楚楚
特约编辑　李晓晨
装帧设计　周伟伟
责任印制　刘　巍
出版发行　江苏凤凰文艺出版社
南京市中央路 165 号，邮编：210009
网　　址　http://www.jswenyi.com
印　　刷　苏州市越洋印刷有限公司
开　　本　880 毫米 ×1230 毫米　1/32
印　　张　10
字　　数　280 千字
版　　次　2023 年 1 月第 1 版
印　　次　2023 年 1 月第 1 次印刷
书　　号　ISBN 978 - 7 - 5594 - 7294 - 6
定　　价　68.00 元

序

李敬泽

《多棱镜下的文学之光》是一部对话集。在这里，46位作家、评论家以文学之名相遇。是对话，更是彼此成全。

大概在语言诞生之初，对话就出现了。社会学家讲，语言是人存在的基础，因而对话也是人的本质需求。但并不是只要有语言就有对话，真正的对话应该包含着交锋与碰撞，其间藏匿着巨大的思想张力。往远了说，经由《论语》，我们结识了孔子及其弟子，经由《理想国》，我们得见遥远的柏拉图和苏格拉底；往近了说，20世纪八九十年代的中国文学，大抵也可称为一个大型"对话"现场，启蒙主义、人文精神、日常生活、消费社会……在一次次的对话中，这些当代文学的关键词逐一浮出水面——《文艺报》曾见证过这一历史，更深度参与了这一进程。

然而在今天，"对话"这一古老的传统正在遭遇危机。人们习惯了躲在屏幕后面，仿佛一人对抗全世界，研讨会上、批评集里，看似一团和气，实则自说自话。对话精神的失却，人与人的孤立，或许是某种现代性发展的必然结局。但是，我们在热火朝天地讨论“破圈”与“出圈”时，渴望的不正是更广泛、更深层的对话吗？文学的“破圈”，就是从自我走向他者，从小群体走向大多数，进而走向一个整体性的时代现实。

《多棱镜下的文学之光》即是力图恢复文学对话的传统与精神。在对话中，我们看到了对谈者的观点与锐见，但更有意思的是，通过一次次对话，那些躲在小说、诗歌乃至评论文章背后的声音变得清晰可感，那些通常隐于书后的写作者终究走向台前，成为一个个活生生的人物。于是我们看到，耄耋之年的王蒙依旧豪情万丈地呼唤着“所有的日子都来吧”，这是何其巨大的生命能量；“讲故事”的莫言告诉我们，“每个故事都有一粒种子”，而种子本身更蕴藏着万千秘密；从海边出发的张炜，始终坚守自然大地，追逐纯粹的精神，其文学信念亦如河流般沉潜而宽广；知行合一的韩少功，在深切的个人经验中，重新感知与回应着时代的精神……

是为序。

目录

“所有的日子，所有的日子都来吧，让我编织你们……”

王蒙　何向阳

2021年1月27日

“同频共振”这个词我特别喜欢，也特别感动，我们这代人如果说幸运，就是我们的生命、我们的年龄和这个国家的历史发生了共振

何向阳： 王蒙老师，您好！首先，祝贺您在新中国成立70周年之际获得“人民艺术家”这一国家荣誉称号，2019年9月29日从央视直播中看到习近平主席为您亲自颁发国家荣誉奖章时，我想这份荣誉固然是对您个人成就的肯定与表彰，同时也是对您所代表的共和国培养的第一代作家的奖掖，以及对共和国成立之后成长起来的几代作家的激励。作为一个与时代同行、与祖国共命运的作家，从20世纪30年代开始到21世纪20年代的今天，您经历了中国社会的巨大变化与进步，其间几乎每个历史阶段在您作品中都留下了印记，您如何看待作家、艺术家个体创作与他所处的大历史之间的关系？

王蒙： 谢谢您！我们那时候习惯的说法是“（上世纪）50年代开始写作的作家”，刚才您说到“共和国第一代作家”，这个词过去我还没听说过，对我也是一种使命和鞭策。新中国的建立跟文学界、文学人的努力是分不开的，1949年10月1日以前，中国有一大批优秀的老作家，比如鲁迅、郭沫若、茅盾、巴金、老舍、曹禺、冰心、叶圣陶、丁玲、艾青、欧阳山、草明、赵树理、康濯、马烽等，作家的阵容特别强大，而且当时我们文化界、文学界的情况跟苏联还不一样。在刚刚成立的新中国，大量作家回归内地、回到大陆来写作，关于这件事情，舒乙讲过，他说老舍就说过，1949年中国有90%的写作者都是欢欣鼓舞地进到北京，来迎接新中国的建立。就说我自己吧，我的青年时期，甚至是少年时期，就是在这样的氛围里度过的。我入党很早，大概14岁的时候，只是达到了共产主义青年团的入团年龄。我所处的那个时期正好赶上时代的大变迁，这给予了我们这一代人激励、激情，也为我们提供了亲眼为历史作证的机会，这是我们这一代人、这一代作家的幸运，也在以后变成了我们写作中一个共同的文学主题或者说是母题。

何向阳：您的第一部长篇小说——写于新中国成立初期的《青春万岁》，入选“新中国70年70部长篇小说典藏”书单，这部小说影响了一代代的读者。2019年我在中央党校第46期中青班学习，我们毕业前的一次会上还有一位老师高声朗诵这部作品中的“序诗”：“所有的日子，所有的日子都来吧，／让我编织你们，用青春的金线，／和幸福的璎珞，编织你们。”当这首诗被朗诵出来时，我感觉身上的血都热了。对于《青春万岁》，不同年代的读者的阅读记忆是不同的，2018年在青岛，在“改革开放40年最有影响力的40部小说”发布会上，我们坐在台下聆听您和一群中小学生一起朗诵。那次倾听让我和许多人都流下了泪水。一部作品活在一代代人的心里，是多么美好的一件事。《青春万岁》给一代代读者留下了难以磨灭的记忆，的确是一部跨越了许多岁月的不朽作品，从1957年这部长篇小说的部分章节在《文汇报》上发表，到1979年人民文学出版社出版完整小说，再到1983年黄蜀芹导演同名电影，后来2005年国家话剧院一度要把它改编成话剧，再到2019年《故事里的中国》节目中，它以舞台剧的演绎形式得以呈现，可以说它影响了一代代的读者。而对于您来讲，它的意义更是不同，您个人的青春年代与共和国的青春是同频共振的，而且这种“同频共振”的关系在您的创作中一直贯穿始终。

王蒙：您刚才说的这个词——“同频共振”，我特别喜欢，也特别感动，我们这代人如果说幸运，就是我们的生命、我们的年龄和这个国家的历史发生了共振。那些小至十三四岁、大至十八九岁的青少年，他们赶上了革命的胜利、国家命运再造的进程，这是多么难得。1947年，毛泽东主席作了《目前形势和我们的任务》的报告，他当时都没想到胜利来得这么快。然后你看到的一切都是新的，人们唱着新的歌，用的词也都不一样了，人的作风也都不一样了。我写的书恰恰就有这样一种想法，把这些记录下来，把它们挽留住。因为人不可能天天处在这样一种激奋状态，看什么都新鲜：听一次讲话就热泪盈眶，看一部苏联电影也热泪盈眶，你要当时不记录下来，可能以后就很难再体会那种心情了。

中华人民共和国1949年建立以后，每天都在发展，都有好的事情发生，比如说北京刚一解放的时候垃圾堆特别多，当时整个东单广场全是高高的垃圾，臭得不行。国民党政府的时候根本没人管，后来共产党来了，连夜用两三天时间清理干净。之后一年之内就开始在交道口建电影院，在新街口建电影院，在什刹海开辟游泳场，万事万物，百废俱兴。1953年11月我开始写《青春万岁》，确实也是一种勇敢的对于这个大时代的记录和应答，我想尽到自己的历史责任。《青春万岁》现在仍然不断地以各种形式在重版，2020年也有新版，不止一个版本，我很受鼓舞。因为《青春万岁》是1953年开始写的，1956年我获得了半年的创作假，基本写完了这部作品，这部小说的序诗，就是您刚刚讲的"所有的日子都来吧"。当时我特别崇拜的诗人是邵燕祥，我就把序诗寄给邵燕祥，后来他都忘了，但我记得非常清楚，因为那时我是他的一个"粉丝"，当时他给我回了封信说"序诗是诗，而且是好诗"，这话很有师长的味道。诗一上来有两句话，为了整齐他给我改了，本来是："所有的日子，所有的日子都来吧，让我编织你们。"最后他改成了"用青春的金线和幸福的璎珞，编织你们"。

何向阳：在自传、自述写作中，您多次提到许多作家的文学作品对您最初写作的影响，比如列夫·托尔斯泰、屠格涅夫、陀思妥耶夫斯基、契诃夫等，您在《王蒙八十自述》中写道，"1952年的深秋与初冬我在阅读巴尔扎克中度过。"您还说，"超越一切的是法捷耶夫的《青年近卫军》，他能写出一代社会主义工农国家的青年人的灵魂，绝不教条，绝不老套，绝不投合，然而它是最绚丽、最丰富，也最进步、最革命、最正确的。”能够以这样热情的文字写一位作家，足见《青年近卫军》对您写作初始时期的影响，少年时代对俄苏文学的阅读和接近，构成了您作品最初的理想主义底色。

一代作家的成长离不开大的时代环境。1956年由中国作协与团中央联合召开的第一次青创会，汇聚了新中国的青年作家英才，听家父说你们当时住在新侨饭店，会议开得生机勃勃，周恩来总理专门到会上来看望你们，可以想见那次青创会的盛况。长篇小说《青春万岁》与中篇小说《组织部来了个年轻人》的写作同属一个时间段，它们之间也有主人公生活的连续性，一个即将走出校园，一个刚刚走进机关，主人公的精神实质是一致的，但人们往往对林震这个“新人”的理解与对郑波、杨蔷云等“新人”的又有所不同。林震这个“新人”形象的确是与众不同的，小说似乎在批判向度上将现实主义的文学精神引入了深层，林震“这一个”人物在当代文学史上的地位即在于他将信仰视为生命，并在工作中一以贯之，不懦弱，不妥协，他坚持坚守的东西真的是贵比千金。但无论当时还是现在，对“这一个”“新人”形象的研究仍是不够的。什么是您最希望在林震这位主人公身上得到表达的?

王蒙：法捷耶夫是一位长满了革命者的神经与浪漫的艺术细胞的作家，他的革命理想、艺术理想、文学激情融合在了一起。他写的苏联卫国战争中的青年近卫军成员，单纯而又丰富，勇敢而又坚忍，忘我而又个性化。16岁的队长奥列格，冷静周到，有着领导人的素质。净如水莲的乌丽娅，深沉矜持。而泼辣靓丽的柳巴，玩弄法西斯如入无人之境。险中取胜的丘列宁，是孤胆英雄。他们与另一种空虚的、颓废的、自私的哼哼唧唧的人生是怎样地不同啊。即使苏联最后解体了，法捷耶夫则早已自杀，他写青年英雄人物，他的追求，他的理想，他的新生活与新人梦，他对于美好的青年、美好的人生的向往，仍然永在。我当时是新民主主义青年团的工作人员，我们那时每天讨论的都是培育全面发展的社会主义新人。

至于林震，他不是英雄，他有追求，也有幼稚和困惑。即使是笃诚的现实主义写作，也因为作品的浪漫与激情而渲染着梦想与现实的碰撞，有火花，也有泪痕，有宏伟雄奇，也有天真烂漫和脆弱。现实而又梦想，生活而又文学，世俗而又升华，多情而又那么多成熟的人情世故：这也许正是文学的魅力吧。

第一次青创会，我们是在北京饭店与周总理见面的，女同志们排着队等着与总理一起跳舞。

在我已有的80多年人生历程里，一个始终有目标、有太多的热度与活计的人生是幸运的，它是光明的人生，是幸福的人生，是一个足实与成功的人生

何向阳：我注意到您的创作有几次大的起伏，或者说是有过几次创作高峰期，比如20世纪50年代、80年代以及21世纪的今天，也可以说是新中国成立初期、改革开放初期以及新时代，您的创作均处于“突飞猛进”的爆发期，三个时期各有代表作，从《青春万岁》到《活动变人形》到《笑的风》，各个阶段的中、短篇也极为精彩，比如《组织部来了个年轻人》，比如《蝴蝶》《布礼》《如歌的行板》《明年我将衰老》《生死恋》等。但同时我也注意到一个现象，就是您的创作不惧低谷状态，文学创作能够最终以另一种方式得以完成，比如《青春万岁》，其由人民文学出版社正式出版是在1979年，而那时已是完成它的25年之后了；而获得茅盾文学奖的《这边风景》，写作于1974年，出版于2013年，从40岁到79岁，其间整整相隔39年。

25年，39年，无论岁月如何流逝，您一直在以文字与岁月与时间博弈，当然最终您是胜者，同时也可以说这两部作品都经历了漫长的时间考验，也见证了您创作上两个最重要的人生阶段，我想知道的是，您是如何在时间或经历可能要拿走您的文字的时候，而紧紧地抓住它从不放手的？这样的状况好像在一个作家身上并不多见。对于早期作品的修订与创造，其实对于一个作家而言是一项比原初的创作更艰难也更具挑战的工作，您是怎样在漫长的岁月中一直保持着这样一种特别昂扬的创造力的？

王蒙：我自己也说不清楚，当然对于一个写作者来说，这也可以说是一件幸运的事。我们现在可以设想一下，如果《青春万岁》不是1979年第一次出版，而是20世纪50年代就出版了，当时获得的反应可能比后来还强烈很多。但是从另外一个角度安慰自己，这也算是对我的写作的一个考验，一部作品毕竟经历了这么长的时间的、历史的考验。《青春万岁》经过了四分之一个世纪、《这边风景》大致经历了40年才出版，当代文学中有许许多多远比它们更重要的更有文学史意义的作品，经过25年或者45年以后，您再看那些作品，它们可能会是重要的里程碑，但已经不在读者的书桌上，更不在青年的案头上了。这也是很遗憾的事。所以我觉得《青春万岁》近70年后还红火着，真是幸福啊。您记得吗？国庆70周年，国庆群众游行的一个方队就被命名为“青春万岁”，而方队的自行车队，是多么接近黄蜀芹导演的影片《青春万岁》的场面啊！这也是我的幸运，尤其我没想到，在邵燕祥的帮助下改出来的序诗，现在还有点家喻户晓的劲儿。您上网上查一查，有很多版本，有青年学生、著名演员、广播员、艺术大家朗诵并演绎的不同的视频版本，各有各的味道。

何向阳：这首诗在不同年龄段的人群中都能引起共鸣。它跟您的许多作品一样，就是总会有一个非常光明的底色在里面，有一种乐观的、不顾一切而向前走的精神，我个人觉得您的作品一直有一种追光感，或者说是一种趋光性，一种向前的行动，它是追光而行的，哪怕在个人创作不是很顺畅的时期，或者是在坎坷、曲折的人生段落里，您的作品，包括您本人也一直给人以一种追光的感觉。

王蒙：我是觉得不管怎么说，在我已有的80多年人生历程里，一个始终有目标、有太多的热度与活计的人生是幸运的，它是光明的人生，是幸福的人生，是一个足实与成功的人生。人一旦老了，往往有些遗憾和后悔，觉得这个事情想干没干，那个地方想去没去过，年轻的时候想唱歌也没唱好，后来想跳舞也不会跳……可我这样的遗憾比较少，我86岁了，没闲着，不必蹉跎踌躇，这绝对是一种真实的心情。我也觉得环境对我来说仍然产生了正面的影响，我开玩笑说，人这一辈子跟打篮球一样，上半场你输得比较多，15比68落后，可是下半场你打得优秀一点，反败为胜了，大比分超越，还发什么牢骚，还吭吭唧唧什么呢？

这是从个人角度，从社会、国家的角度来说，我这辈子经历了别人几辈子的事，原来咱们吃喝拉撒睡是什么样的，现在又是什么样？我小时候出生后的三年里，最大的事就是卢沟桥事变，日本占领了我们的国土，当时我是在沦陷区，也叫占领区。我们那儿离阜成门很近，到处都站着日军，男女老幼从他们面前经过都得鞠躬。小学里有个日本教官，一上课全体老师学生都得站起来先说日语，那是什么滋味？我这一辈子经历了太多事儿了，当然自己也会有各种各样的反应。我自己也参加了，也争取了，也冒险了，也奋斗了，付出了不可以不付出的代价。看到新中国的建立，有这么一个光明的底色。再说我虽然小，但党的政治生活参加得非常多，从最早在天安门广场参加腰鼓队，到后来“三反”“五反”的时候斗资本家，各种事见多了。当然我也会懊恼，也觉得自己肯定有错误，有缺点，有需要纠正的地方，但是少有遗憾。

何向阳：您经历了新中国的成立、建设、改革开放、新时代这样一个完整的历史时期，作为一个作家，对这一完整的历史时期的社会发展，您是最好的观察者、参与者，同时也是最有发言权的书写者。您的作品也的确忠实记录了共和国的发展历程，当然其中也有曲折和弯路，但您在作品中表达的情绪一直是昂扬的、乐观的、向前的，即使在面对困难时也毫不晦涩灰暗，您一直相信，一种对生活的信念在您作品中一直“活着”，就像《布礼》中凌雪对钟亦成所说的“物质不灭和能量守恒的法则”“人民的愿望、正义的信念、忠诚”，作为您作品中的底气，哪怕是在杂色的生活中，您的写作所传达出来的东西也总是光明、温暖而坚定的。

王蒙：对，非常坚定，尤其没有绝望的念头。我总是觉得，事情总会往好的方面发展，即便不发展也坏不到哪儿去。为什么呢？我去新疆从事了很多体力劳动，但是劳动不好吗？我父亲跟我说过俄罗斯的心理学家巴甫洛夫的一句话，原文我记不清了，大意是说——我爱劳动，我爱脑力劳动和体力劳动，但是我更爱体力劳动。您也可以说这是自我安慰，但是为什么人不可以自我安慰？你不自我安慰，自己折腾自己，自己折磨自己，我觉得不是好的选择。

何向阳：特别喜欢您这种乐观的态度，总是很欢乐地去拥抱生活，这其实体现了您的人生信念，包括对生活的信念，对文学的信念，对人的信念，这是一个底子。有这个底子，才能够坦然面对所经历的一切，才能够纵浪大化，不忧不惧。刚才您说到新疆，新疆之于您的创作与人生的重要性而言，是不可替代的。从1963年到1979年您在新疆度过了16个春秋。1963年您还不到30岁，这16年是您从29岁到45岁的岁月，也可以说是一个人从青年到壮年的最好的时候。您的《你好，新疆》一书开篇一句就是：“我天天想着新疆！”您在回忆新疆时期的文字中写这16年对您的一生“极其重要”，您“受到了边疆巍巍天山、茫茫戈壁、锦绣绿洲、缤纷农舍的洗礼”，您“更开阔也更坚强了”，您对外国朋友说，您这16年“在修维吾尔学的博士后。预科两年，本科5年，实习3年，硕士研究生两年，博士研究生两年，博士后两年，共16年整”。您说，“越是年长，我越为我在新疆的经历，为我在新疆交出的答卷而骄傲。”70万字的《这边风景》作为一份长长的答卷，足见新疆在您生命中的分量，足见这段生活对您产生了怎样至关重要的影响。

王蒙：这里我要说明一点，我在新疆16年间参加体力劳动的时间大概是8年，并不是全部的时间。因为我在伊犁，户口和家都安在伊犁，但我是在农村参加劳动，有6年时间在农村参加劳动，还在“五七干校”待了两年多。另外8年是在编辑部，当时叫创作研究室，帮助当地排话剧写稿子。我确实是喜欢新的事物，对世界充满了好奇心。我为什么愿意去新疆呢？原因之一就是毛主席号召知识分子要经风雨，见世面。他说，应该经风雨，见世面；这个风雨，就是群众斗争的大风雨，这个世面，就是群众斗争的大世面。而且我认为毛主席特别关注中国的农民。所以我就去了新疆，我在北京待的时间太久了，那时候我已经快要30岁了。

何向阳：所以您29岁选择了去新疆。

王蒙：对啊，我已经快要30岁了，这里头绝大部分时间都是在北京，除了3岁以前模模糊糊的记忆里是生活在河北南皮。一个人光在北京生活是绝对不够的。还有一个，我现在想起来也感到特别幸运，就是我当时在北京找不着感觉，因为20世纪60年代的社会生活复杂多变，我也没办法预料和判断未来的生活和前景会怎样，一直到现在，我在回忆我这一生的时候，都认为当时自己做出了一个关乎生死存亡的智慧选择，那就是去新疆。去新疆我救了自己，也获得了更阔大的世界。

世界这么大，尤其新疆，不到新疆你能知道伟大祖国有多大吗？一到新疆，我立马就服了，那出一趟差到伊犁得三天三夜，到喀什得六天六夜，到和田需要九天九夜。在新疆，人对于空间和时间的观念都发生了变化。此外当然还有文化观念的变化。新疆是伟大祖国不可分割的一部分，每个民族各有各的特色，南疆和北疆也不同，即便同样是南疆，喀什噶尔跟阿克苏、和田也不一样，和北京当然是不一样的，就像俄罗斯思想家萨尔蒂科夫-谢德林专门写过一本书《外省散记》，如今，一个写作人在首都与在“外省”也各有特色，各有长短。我觉得我的心胸、观念在当时有了很大的扩展，这扩展也不容易，这种可能性可以说在当时的中国也是很难做到的。这也是我人生里一个非常重要的阶段，而且我还必须说明，在这个阶段我得到了很多人的帮助。我只能说，我的选择是一个自然的正面的选择。我没有因为去新疆而悲观失望，而是越来越有希望。

何向阳：新疆对于一位作家的滋养，是让您接了地气。原来是一个青年，回来就是一个壮年了，而且您是带着整个人生的新疆的大风景回来的。到了20世纪七八十年代，也就是1979年到1986年，您的创作呈现出一种“井喷”的状态，那时候一打开文学刊物全是王蒙的新作，而且风格各异，有现实主义的、有现代派的、有先锋的，让读者有“眼花缭乱”“目不暇接”之感，《蝴蝶》《春之声》《海的梦》，新作之多，真的是让评论家们追也追不上。这种创作的“井喷”状态，是不是也有新疆生活对您的激发？一下子就把您的这个气给提起来了。

王蒙：新疆提供了一个特别好的，和我的城市生活互相参照的一个参照物。当我写到城市，特别是干部和知识分子，脑子里浮现的仍然是新疆农民的音容笑貌，当我写到新疆的这些事情，也有城市的干部、知识分子、工人，以他们的存在来比较，这大概可以叫作比较地理学。刚才您提到一些作品，但是还有一个作品您没有提到，它对我个人的意义非常大，就是《夜的眼》。《夜的眼》写得非常早，那是1979年10月我写出来的，11月刊登在《光明日报》，而且《光明日报》发了一个整版。《夜的眼》的读者可能没从中看到新疆，但实际上有新疆。说到原来我待的这个地方去搭便车，手里头抓着一个羊腿，这种场面是属于新疆的，可爱，可悲。后来我写了一组收到《在伊犁》里，都是跟新疆有关系的作品，甚至其中某些还带有非虚构色彩，这些作品有的翻译成了日语，有些翻译成了英语。

对生活的热爱和恋恋不舍，构成了我写作的动力。可以说，我对于生命、活着的感觉就在这里

何向阳：上海文艺出版社曾出版过一部《王蒙和他笔下的新疆》，图文并茂，其中的文字就选自您的《在伊犁》系列小说，记得有《哦，穆罕默德·阿麦德》《淡灰色的眼珠》《好汉子依斯麻尔》《虚掩的土屋小院》《爱弥拉姑娘的爱情》等。的确如您所言，新疆作为您的第二故乡，“是她在最困难的时候给了我快乐和安慰，在最匮乏的时候给了我以丰富和享受，在最软弱的时候给了我粗犷和坚强，在最迷茫的时候给了我以永远的乐观和力量。”有时候我想，一个地方与一个作家很多时候是一种相互找到。新疆与您就是这么一种情形。如您诗中所写——“我变了么？所有的经过／都没有经过，我还是／你的。”还是那个“戴眼镜的巴彦岱”。同时我也注意到几十年来，您一直保持着旺盛的生命力和蓬勃的创作活力，无怨无悔，真的是——所有的经过／都没有经过，这种超越能力，只有天真而深邃的爱才能做到。记得一次从广州开会回来，在飞机上读花城出版社出版的您的《明年我将衰老》，竟读得哭出了声，打动我的不止语言，更是那种化解不开的深情。近年，您的《生死恋》《笑的风》出版，作为您的忠实读者，2020年10月，我还在《人民文学》上读到您的短篇小说《夏天的奇遇》，而2019年1月的《人民文学》《上海文学》都以您的小说打头。就在2020年初，人民文学出版社出版了您的50卷《王蒙文集》。记得《王蒙文选》1983年出版时是4卷，1993年出版时是10卷；《王蒙文存》2003年出版时是23卷；《王蒙文集》2014年出版时是45卷，时隔10年，您的作品从数量上来讲几乎翻番，而距2014年短短5年之后，新版《王蒙文集》已达50卷，您2020年新发表的作品还没有收进去呢。从数量上看，呈几何级数增长，从时间上看，它还一直在不断“生长”和“可持续发展”着。我个人感觉您的创作在新时代又迎来了一个巅峰期，这个巅峰期，让我想到改革开放新时期伊始，您的一系列中、短篇，如“集束手榴弹”在中国文坛造成的威力。这样的文学创造力，即便对正处于盛年的很多中青年作家而言，也都难以达到，我为您旺盛的创造力感到惊喜和敬佩。您的这种创作动力，似乎一直未有停顿，这些年，就像改革开放初期一样，您的创作又迎来了新的井喷。

王蒙：大致是1957年底，我在《人民文学》发表了一个2000字的短篇小说叫《冬雨》，这个作品后来翻译成了捷克文、斯洛伐克文和英文，在捷克出版的三种文字的文学刊物，都把它发表了。从那以后一直到1978年，我基本上都没写过什么东西。这其中有20年的时间是沉默着，也不能说没有发表过，因为好像1962年发表过两篇，但有相当长时间基本上写作是中断的。一旦能写作，就有很多很多东西可以写，就叫厚积薄发吧，因为歇菜20年了。我对写作的最大的动力，还是对生活的热爱，这个热爱可以表现为兴趣，也可以成为热烈与坚忍的期盼。它是一种激情，你甚至也可以说是一种爱恋。

何向阳：也是一种深情。相比于其他小说家的冷峻分析，您的作品常常透露出的是一种诗人气质。单纯、浪漫，也很独特、果断。

王蒙：是一种对生活的爱恋吧。对于我来说，写小说我很少先想到故事，而是先想到这个事儿、这个人必须要写。这种感觉必须要写，某种倒霉的感觉一定要写出来。而且不光是倒霉，更重要的是从倒霉变成好的感觉，都是从感觉出发的，这种对生活的热爱和恋恋不舍，构成了我写作的动力。可以说，我对于生命、活着的感觉就在这里。

何向阳：几年前我曾在绵阳一次关于您的创作的全国研讨会的发言中，引用了您的一句话，讲您的作品是写给世界的“情书”，您80岁了，但仍在爱着。2020年1月参加北京全国图书订货会，人民文学出版社为您新版50卷文集召开了首发式，当时我望着满满当当两大箱子您的50卷文集，不能不再次感叹，这得对这个世界有多爱，才能写出这么沉甸甸的足分量的“情书”呵！

王蒙：哈哈。真是这样，这里面包括对生命的珍惜。人老了，现在86岁了，您不能说“明年”再衰老了，但是我没有疲倦感，也有很多朋友跟我年龄差不多，现在记忆力不行了，一想到写作烦得要死。我也很同情人家，我相信他说的话，而且人家也有可能烦你，你没完没了地写也有可能造成审美疲劳。但是我仍然珍惜我的生命，珍惜我的老年，起码我最近这三年写起文章来，词儿就特别不一样，绝对跟过去不一样。大致上，从1996年到2012年，我这十几年正经写的很少，只写了《尴尬风流》，就是那种带有自嘲性的小短篇，要把超短小说都加在一块，也算个长篇了。我国有一个说法叫作“青春作赋，皓首穷经”，那几年我主要在研究孔孟老庄，后来还加上荀子，一共写了大概10本书，占据了我主要的时间，但每年还都会写十几二十篇的《尴尬风流》。2012年以后，我进入了一个新的人生阶段，因为我生活上、情感上有了更大的变化和刺激，一个是和我同甘共苦半个多世纪的爱人瑞芳去世了，后来我跟单三娅有了新的结合，我在生活当中所经历的各种个人和情感的变化，同社会生活剧烈迅猛的发展结合在一起了，我又开始中、短、长各种作品都写起来了。

何向阳：2012年，对您个人来说是一个转折点。您个人生活情感的变化与社会生活的变化再一次结合在一起，2012年之前，您有一阶段的创作多集中于对老子、庄子的文化解读上，好像从2012年以后，您又开始大量写小说了。

王蒙：对，也可以说是一次新的井喷，其中有历史的背景，有个人的生活，有自己的内心世界的变化，所以我的创作确实又掀起了一个实际的高潮。2018年，《人民文学》《中国作家》《上海文学》都在4月刊发了我的作品，对我来说确实算进入一个新的阶段。甚至于我还要说这里头也有文化的变化，因为那一段找我谈文化问题的人也特别多，有文学的话题，有语言的话题，我一进入那个语言圈里就欲罢不能，光这些词就把你给点燃了。我最近又开始写新的小说，当然我不能向读者保证说我还能再写多少年。但是目前，说起文学创作、小说创作，我仍然在兴奋之中，不管你写多少论文，多少诸子百家的研究文章，一写起小说，每一个细胞都在跳动，每一根神经都在抖擞。我想说嘚瑟，后来改成抖擞，其实我心里想的也可能是哆嗦。

何向阳：这个状态太好了，就是舞蹈的状态，这种跳舞的状态，就是所有细胞都调动起来的状态，是作家写作中最活跃最投入也最忘我的一种状态。

王蒙：说得太棒了，确实是跳舞的感受，是发狂的感受，我从来没有感到写作是这样动感，是在满场飞地跳动。

何向阳：最近读您的《笑的风》，您把中篇改写成了一个长篇，里面还有一些诗歌，这些诗都是您原创的吗？您的诗集我读过，相比而言，您的小说的抒情性越来越强。我是说这太有意思了，是一种叙事和诗意相互交织的状态。

王蒙：这是我从《红楼梦》里学的。中国人对我们平常说的五言七言诗非常有兴趣，吃喝拉撒睡，会客、游戏、娱乐、喝酒都要写诗。曹雪芹动不动在小说里就来一段儿。中国古代有一个成见，小说、戏曲，还有词（实际上是唱词）都是低俗的，文章和诗才是高雅的。曹雪芹当时潦倒不堪地写小说，同时他提醒读者，他也会写很好的诗。《红楼梦》写元妃省亲的时候全是歌颂的诗，连林黛玉写的都是歌颂的，“盛世无饥馁，何用耕织忙。”但这不是林黛玉写的，而是曹雪芹写的。我的文集里，最早的诗歌作品就是10岁作的第一首古体诗《题画马》，那时候我每天都在学画马，可是我绘画没有任何才能，却写了“千里追风谁能敌，长途跋涉不觉劳。只因伯乐无从觅，化作神龙上九霄”。我当时10岁怎么就想出这种诗了，而且摆出一副怀才不遇的架势，现在我也想不明白。

何向阳：您这番话让我想起，您在20世纪80年代提出的一个观点，就是作家的学者化问题。我以为这也是一个对于作家的精神资源的建设问题，这一问题当时一经提出就引起文学界的关注。在作家学者化的问题上，您一直是您理论的实践者，可以说在这一方面您一直身体力行，您关于庄子的作品就至少写了三部——《庄子的享受》《庄子的快活》《庄子的奔腾》，而且都是在一两年内完成的。还有《老子的帮助》，从“孔孟老庄”一直到李商隐的注疏、《红楼梦》的解读，今年您又刚刚完成了历时四年写作的荀子的研究著作。您在大量的小说创作间歇，还兴致勃勃地写下了甚至在某一时间段就体积与容量而言都比小说创作本身大得多的文化随笔、研究著作，又出版了《王蒙讲孔孟老庄》青少年版，2020年6月还用了27天一天三集一集30分钟，几乎是一口气录完了80集的《红楼梦》讲解视频，从中可以看出您对中华传统文化的真心热爱。您关于中华文化的写作，从先秦开始一直到唐代，又跨越到清代，好像历史上大的文化脉络全部贯穿起来了，也是一种对传统文化的自觉传承，这种写作您是有意为之，还是一种兴之所至？抑或是在历史文化与现实创作中找到的一种特有的交替互融的书写方式？看得出这些与古典文化有关的写作都让您非常快乐。

王蒙：是这样的。1979年第四次文代会第三次作代会时，我在大会发言时已经提到我们的作家需要提高文化知识水平。作家不要求都是学者，因为作家和学者是两个路子，但是作家越来越非学者化真的是一个问题。您可以想想鲁、郭、茅、巴、老、曹，他们的受教育程度、学历知识程度、对外语的掌握程度，对他们的写作产生了怎样的影响。我们都是知识分子，当然我们也有我们的优势，下过乡、扛过枪、种过地，参与过社会生活、政治生活、党的生活等。我觉得一个作家要面对写作，学识还是必要的。我是爱学习的一个人，我就是一个学生。现在包括对外语，再难只要有机会我都愿意去学，但是严格的达标并没有做到。今天的学习范围更大了，特别是对于一个作家的学习而言，不能满足于光从网上看到的信息。

何向阳：还是要读书，要阅读。对一位作家而言，学习是多向度的，也几乎是无止境的。

王蒙：现在从我们国家层面来说，党中央、政府对于学习的提倡不遗余力，我们说建设学习型政党，政协也在建设学习型组织，各单位也都特别重视学习，个人也都注意增长自己的知识，说得夸张一点，这个重视程度是空前的。对于学习而言，我个人一直有这个爱好和愿望。

何向阳：记得2000年中国作家代表团出访印度，您是我们团长，在印度举办的中国电影节的开幕式上，您做了半小时的英语演讲，言及中国电影、中国文学、中国文化以及中、印文化间的学习与交流。语言表达在您来讲，很多时候都可以信手拈来。好像在语言方面，您有着过人的天赋。听说您47岁开始学习英语，每天要记忆的词汇量都是一定的。

王蒙：其实我英语语言的能力还远远不过关。那次有个特殊的原因，就是中央电视台九频道当时找我做一个英文的关于中国作家和中国文学的对谈，后来我就被迫恶补，那会儿十几天天天在写中文的稿子，请中国翻译协会的领导黄友义先生帮我翻译成英文，我连那个重音都标注上，一边查着字典，一边每天从早念到晚念了十几天，后来谈得还挺好。这也是我的一个乐趣，当然有显摆的成分。记得有一次，“日中友好协会”欢迎我带的一个代表团，我在欢迎活动上用日语致辞。在伊朗的一个对外文化活动上，我用波斯语讲了15分钟。后来2010年在哈佛大学举行中美作家主旨演讲，我是用英语讲的。2020年底，在哈萨克斯坦驻华大使馆举行的艾克拜尔·米吉提翻译的《阿拜》首发式上，我是用哈萨克语讲的话。在土耳其的安卡拉，我当时还当着文化部部长，在参加一个官方欢迎会时用土耳其语发言。我还访问过阿拉木图，在活动上讲哈萨克语。我可不是说这些都懂，好些都不懂，但是我把拼音写上，我说的那些语言都和我学习维吾尔语有关系，波斯语、哈萨克语、土耳其语，在莫斯科获得博士学位的时候也用俄语致过答词。我也算是有志于促进各民族与中外的文学语言的相互亲近和理解。对不起，这有点中国式的说法，叫作“老要猖狂”了。

何向阳：语言的学习其实也是一位作家对别的国家、别的民族、不同文化、不同文明的尊重。语言最基础，也最根本，是文化的最小细胞。这方面的融会贯通会带来不一样的视野。当然每一代作家都有他那一代的文化使命，从对您作品的阅读中一直获得这样一种强烈的感觉，就是您的叙述中有一种坚不可摧又游刃有余的文化自信，坚定与幽默共在的这种表达方式，令人阅读时能获得一种智慧的享受。

王蒙：中国的文化传统有这么一个思路：期待圣贤。圣人是什么意思呢？首推孔子，他能够给人民教化，叫作“天不生仲尼，万古如长夜”，让大家知道人应该怎样、不应该怎样，这样才能安居乐业。孔子是最重视文化、重视文学艺术的，尤其是重视诗。他是《诗经》的责任编辑，而且他认为要从《诗经》看出世道人心，要培养人的精神上的格局。加上《孟子》，总体来说就是“怨而不怒、哀而不伤、乐而不淫”，或者是“思无邪”。诗的作用一个是“不读诗，无以言”，另一个是要通过读诗“多识鸟兽草木之名”，他们把文学的责任讲得很清楚。历史文学也是他编辑，包括孔子删改编辑《春秋》，其实那个时候文学和历史是不分的。您看司马迁的《史记》可以算历史记忆，但非常文学，很多篇章都充满小说性，《鸿门宴》《霸王别姬》是写得多好的小说。而且这种文化追求、文学追求，正是权力的依据，我们所称颂的是“内圣外王”，对于个人的修养来说，他是一个圣人，“外王”就是他对社会所做的事情，取得了起码是带动、影响、发展的作用。中国的传统文化又喜欢讲人格，“格”和“境界”，不管是诗词也好，文章也好，还是戏曲也好。中国还有一个说法，叫“不关风化体，纵好也枉然”，风化也是对人的作用，就是有利于树立好的社会风气，有利于树立或者推动人民的教化、老百姓的教化，有利于推动社会文明、政治文明，经济、生态方方面面的文明。

文学的责任是对子孙后代的责任，是对历史的责任，是对中华民族的责任，我们的文学完全应该有更好的经典，更辉煌的经典，更对得起未来的经典作品

何向阳：中国一直有“文以载道”的传统。可以说中国历史上一代代的文学书写也多得益于这一传统。

王蒙：对，文以载道，当然，我认为文学人、写作人，有些个人的、一己的考虑，这也不足为奇。我开始写作的时候，看到富尔曼诺夫写《夏伯阳》的故事，他以日记的形式，说“成名的思想已经让我昏了头了，我现在激动得感到写出来以后非成名不可，我简直受不了了”，这样的个人化的想法也无可厚非。你有成名的思想，这也算不了什么，但这跟作品对社会的作用、对道德的启示、对风化的启示，与作家真正的内心世界，是没办法比的。这是一种作家人格，所谓责任心，是对中国文化的责任，对有利于社会、有利于风化、有利于发展的责任。

何向阳：十分辩证。您刚才提到“人格”一词，我非常感兴趣。这也是一个作家在创作中必然会遭遇也必须要解决的问题。可惜的是这一问题尚未引起理论界的更多关注。我在2011年出版的《人格论》里曾试图谈论这个问题。人格，当然从学术上讲是一个“拿来”的概念，中国古代文化思想中虽没有提出“人格”这个明确的概念，但一以贯之的文化对于人的内在修为一直是有其要求和指向的。以中国倾向于形象描述而不擅长定义的习惯，明代思想家胡敬斋在其文集中曾有这样对“圣人”境界的比喻，“屹乎若太山之高，浩乎若沧溟之深，纬乎若日星之炳”，相对于“万世之师”的圣人，“君子”由其现实性所获得的群体性几千年来超越了单一的历史或单独的学派，作为一种理想的人格典范，推动着中国文化思想的发展。从这个角度讲，它树立了一种做人的标准，同时也是我们在经验世界里的重要参照，它的几乎无所不在显示了中国文化的强大，我们的人格存在，是对于这一文化事实的提取和发展，所以人格于我们而言是“活”的，它是敞开的，带有强烈的实践性，人是“人格”的一个“半成品”，而“成人”，则显示了人格的不断调适而臻于完善的过程。这样看，文化传统、社会环境以及个人经历铸就作家人格，而作家在自己的作品中塑造文学形象及人格精神，经过作家铸造的文化人格又进一步影响和铸造着一代代成千上万读者的社会人格。所以人格无小事，作家的“立言”，从大的方面来讲也是“立人”。作家的人格——作为“灵魂工程师”的灵魂，对于社会心理、文化演进负有责任，它直接参与了人类精神的创造和提升。在您的作品中，我刚才讲到了趋光性，还有就是向善性，您的小说的人物身上——无论是知识分子，还是普通劳动者，无论他们在生活中遭遇了什么样的困难，都有一种将事情向好处想的乐观和豁达，也可以说是不屈服于命运的自信，在任何命运给出的戏本中，他们都能以最真实的面目、最善良的本质对待生活。这也是一种很了不起的“君子人格”。文学的书写其实是把自己的心交给读者、交给社会、交给文化的漫长的历程，所以作为主体的人的“心”特别重要。这里当然也有一个表达的问题。在社会的发展进程当中，每一个时代都存在一个艺术表达的尺度问题，您怎么看待这个问题？

王蒙：古今中外甭管是说起哪个著名的人的作品，你脑子里都会出现作者的形象，他对人民有着深切的爱恋。比如说李白，你能想象他大概是什么样的，但是又没法很具体，杜甫跟李白就不一样，曹雪芹跟李白、杜甫也不一样，屈原又跟曹雪芹、李白、杜甫不同，屈原有另外一股劲，屈原的责任感太强了，因为他是三闾大夫，不是一般人，他对楚国的责任始终在那里，所以在这方面他会有所选择，但更重要的还是对生活的深刻的理解，对老百姓、对人民的这种深切的爱。

我最近在看电视剧《装台》，这个电视剧由陈彦的小说改编，这部小说还被评为当年的中国好书。陈彦写了很多生活中的老百姓、小人物，有好人，也有无知的、不讲理的、坑害老百姓的人，像铁主任就专门坑害装台的工人，装台的工人很可怜，要编制没编制，要合同也没有合同，家庭教育也有很多问题。一些人的婚恋也有遗憾，都离真正的爱情和互助有很大差距，甚至都不完全符合《婚姻法》，这其中刁顺子的闺女也是很让人受不了。另外，它恰恰写出了在中国社会物质和精神水准相对低一点的群体中，甚至在半文盲、文盲式的人物里面，仍然有中国传统文化、中国民间文化的一些美好品质在起作用。比如责任、敬业、团结、互助、与人为善。这个作品受到了观众的热烈欢迎，收视率非常高，就是因为其中可以看见老百姓的生活，作家是以人民为中心的，这个电视剧之所以取得成功，我觉得关键就是它跟那种概念化的戏剧不一样，它让你感觉到非常强的生活质感，内容驳杂，杂而不乱，方言、饮食、戏剧、生活琐屑，一应俱全。里面的爱情不是知识分子的爱情，不是干部的爱情，也不完全是过去那种老农民的爱情，也不能说是商业性的爱情，你看刁菊花那个人，脾气再坏但有自己的尊严和气节——你越有钱我越给你拿搪，有钱有什么了不起的?

如果你对生活有着真情实感，有深切体验，你对人民有大爱，写起来就得心应手，既不发生尺度的问题也不会发生文思枯竭的问题，怎么写怎么对。你要有生活，有爱心，有充足的经验，才能不显出捉襟见肘。我觉得，咱们都应该琢磨琢磨《装台》，这对于咱们树立写作的信心、文学的信心、语言的信心有裨益。电视剧再调整改编，毕竟也是跟文字有关系的，所以文学仍然是基础，是艺术的母本。比如您要听一个音乐，听一部交响乐，怕大家听不懂，先每人发一本说明书，那等于用文学来解释，所以从事文学的人是有重要的责任的，在自身之外还要给整个文艺创作提供各种各样的脚本和参考。

何向阳：的确如此。作家不但要有代际传承的文化责任，也同时要有对于同时代其他艺术门类创作思想引领的一份文化责任。就是说，在我们的文化与时代中，对于作家的要求其实是很高的。说到代际方面的文化责任，这也是一种作家必须承担的历史使命。一部作品的诞生有时也不只是作家一个人的事，尤其在一位青年作家的成长期。您在多个场合讲到过一些老作家对您创作最初的帮助，比如您提到过1955年，中国作协青年工作委员会的萧殷同志，给您开介绍信，为您提供了半年的创作假。中国作协2020年初又重新恢复成立了青年工作委员会，办事机构设在创作研究部，中国作协青年工作委员会2021年在抗击新冠肺炎疫情任务很重的情况下仍然坚持围绕作协中心工作和重点工作，协调、组织作协各业务部门和社会力量开展面向青年作家和读者的文学活动，先后在广西、西藏召开青年作家创作会议，团结、凝聚青年作家包括新文学群体的力量，发挥他们在文学创作中的巨大潜力。推动更新一代人的创作，也是已经取得成就的每一位作家的责任。作为“人民艺术家”，您于2020年捐赠款项，在中华文学基金会设立了王蒙青年文学专项基金，用于奖掖40岁以下的青年作家的创作，做出这样的决定和举措您是基于什么样的考虑?

王蒙：因为我必须面对现实，我已经86岁零3个月了，和《青春万岁》那本书里不同，我已经到了耄耋之年而且走向鲐背之年了，而文学的希望、文化的希望在青年身上。毛泽东主席曾经说过，“世界是我们的，也是你们的”，我还想说，“世界是我们的，也是你们的，归根结底，是他们的”，是比你们和我们更年轻的一代。

我从来不轻视网络文学作品，我有时候看网上的一些小说，一类是小资类型的，还可以；一类是知识型的，也挺好，比如《明朝那些事儿》还是一位高级领导介绍给我的，把书寄给我了。另外我也看到了网上有一些相当无聊的、低俗的作品，每当看到这些的时候我就觉得我们的一些文学青年的创作偏弱，青年作家、青年诗人、青年演员、青年编辑的队伍还可以增强，我希望在我日渐老去的日子里同时也能够表示出自己的一份心愿，就是希望我们国家有更多的文学业绩，更多的文学瑰宝。

新中国成立已经70多年了，我们可以想一想，1919年五四运动到1949年新中国成立，这中间经历了30年，这30年间有鲁迅、郭沫若、茅盾、巴金、老舍、曹禺，有胡适、徐志摩、张爱玲，当然还有丁玲、艾青、赵树理、欧阳山等革命的文学家。那我们呢？我们也要给子孙后代、给历史留下文学经典和文学的业绩。英国人有个说法很惊人，“英国可以没有英伦三岛，不能没有莎士比亚”，实际上英伦三岛不能没有啊，要是这没有了他们就没有国土了，这个说得比较夸张，但是说出狠劲儿来了。文学的责任是“狠”的责任，是对子孙后代的责任，是对历史的责任，是对中华民族的责任，我们的文学完全应该有更好的经典，更辉煌的经典，更对得起未来的经典作品。

何向阳：记得2017年8月15日您发表于《人民日报》的《旧邦维新的文化自信》一文中，讲到一次在开封清明上河园听以辛弃疾《青玉案·元夕》为歌词的合唱，“东风夜放花千树。更吹落，星如雨。宝马雕车香满路。凤箫声动，玉壶光转，一夜鱼龙舞。”您说您感动得热泪盈眶，并在文中称，“哪怕仅仅为了欣赏辛弃疾的诗词，下一辈子，下下辈子，仍然要做中国人”，足见您对中华文化的深爱。前不久，党的十九届五中全会通过了《中共中央关于制定国民经济和社会发展第十四个五年规划和二〇三五年远景目标的建议》，提出到2035年建成社会主义文化强国，强调要把文化建设放在全局工作的突出位置，把文化建设提升到一个新的历史高度。您认为文学在满足人民文化需求、增强人民精神力量方面应发挥什么样的作用？您对2035年有什么愿景和期待？

王蒙：这个问题很有意思，《人民日报》还约我写了一篇短语——150字的对新的征程中建设文化强国的一些想法。新中国成立70多年来，改革开放40多年来，中国的发展变化，包括个人的精神生活、私人生活、家庭生活轨迹，其中有很多故事很多事情还远远没有在文学作品中体现出来。当我们概括一个时期或者一个阶段的历史任务的时候，我们抓的往往是“纲领”，但是文学恰恰是以小见大，在表现春天的时候还要把枝枝叶叶、点点滴滴、花蕊花瓣蛀虫都表现出来，而这个生活之丰富是历史上非常少见的。有获得就有失落，这很简单。我从1991年开始就用电脑了，最早是从“286”开始，可是回过头再想起用蘸水钢笔写作的年代，也很有意思，我开始写《青春万岁》的时候，不知道为什么非得用蘸水钢笔写，用英雄牌的自来水笔都写不出来。更早些时候，鲁迅是用毛笔写的，茅盾是用毛笔写的，管桦是用毛笔写的，起码人家都留下了很多的手稿，现在都没手稿了，所以我觉得各种事情应该有历史感。手机给咱们提供的便捷、快乐真是不可想象，现在我们都是“无一日不可无手机”甚至“每小时不可无手机”，进一个饭馆，想先知道的不是菜谱，而是Wi-Fi密码。可是反过来说，现在有多少人沉浸在手机、沉浸在浏览里，而深度的阅读反倒不如过去了。我在报纸上看到，现在全世界阅读量的统计中，中国人不在前列，没有以色列人、韩国人、意大利人、法国人阅读量大，这也是个大问题。我们对文化的期待、对文学的期待，离彻底贯彻落实下来还有很大的距离，还需要艰苦奋斗，还得苦干，我们对语言文字的运用，对生活的理解、把握和表现，对历史的理解和认知，这里面的学问还大着呢，活儿还重得多，其间既有迅速的发展，又有对古老传统的继承。就像咱们刚才说到的《装台》，其中既有中国文化的老老实实、本分、耐性、忍辱负重，也有不断追求新的标准、新的方式，对艺术的把握，就连刁顺子时间长了也有点艺术细胞了。人的快乐、困惑、收获、失落、艰难、喜悦都是交织在一起的。我们对这些的感悟，对于建设文化强国的理解还需要深化、研究和部署，这确实是一个大学问，而且也是一个责任如山的任务。

何向阳：谢谢您！王蒙老师。期望新的一年读到您更新更多的作品，也期望您健康长寿幸福。等到2035年，您101岁时，希望我们还在一起畅谈文学、畅谈未来。

王蒙：谢谢。悄悄告诉您一句，有位老朋友前些日子来看我，对我的要求是，一定要活到2049年，也就是中华人民共和国成立100周年。我还差远啦。谢谢朋友们的祝愿。谢谢！

写作是一条不断拓宽的河流

张炜　赵月斌

2021年2月24日

赵月斌：张炜老师好，很高兴有机会和您进行这样的对话交流。您不到20岁就开始了小说创作，在新时期文学肇始之际崭露头角，以独具特色的“芦青河”登上了中国文坛，在流派纷呈、思潮跌宕的1980年代留下了浓重一笔。在近半个世纪的创作中，您直接参与了当代文学的历史进程，难能可贵的是，您似乎从来不受所谓文学“行情”的影响，一直保持着持久旺盛的创作势头。从1973年的小说《木头车》至今，您已发表作品2000余万字，出版《张炜文集》50卷，作品被译成英、德、日、法、韩等多种文字，在海内外出版单行本数百部，并且获奖无数，几乎囊括了国内所有重要文学奖项。从创作的“吨位”来看，您无疑是当前最为重要的作家之一，您的创作实绩，就是贯穿了当代文学史的一条生命线。所以首先想请您谈谈，您的创作如何呼应时代变迁？您的作品有在大环境影响下的“变”，又有“不变”，您是如何处理这种“变”与“不变”的？

张炜：我的创作其实一直处于艰辛的个人探索中，就这个话题，我曾在北师大的一次对话会上说过。回视近50年的创作，我说：“到现在为止，我觉得自己是一个一再失败的诗人、难以为继的短篇小说尝试者、沉迷很久的长篇小说追求者、陷入枯竭的散文家，却是一个生气勃勃的、崭新的儿童文学写作者。”也是在这次总结中，我还说：“从彼时到现时，已经走过了一条很长的路。生活足够艰辛，常有不同风景，有难以预料的崎岖和坎坷。文字生涯终能持续下去，如果说是依靠了奖赏和鼓励，还不如说是设法从一个接一个的困境中走出。它的耽搁让人喘息，也给人磨炼和启发。这一切意味着什么，只有跋涉者自己才能更深地体味。那时候只有默默地将它磨碎，也不得不独自面对。这大概对于每个人都是一样的。”困境的出现，对于大多数写作者都是必然的，他或许还应该感谢这困境。

写作者总要面对外部环境的一再变化，而他的文字恰好也在这种对应中表现和确立自己的品质。许久以后，正由于品质上的差异，时间将给予不同的鉴定。一个人的写作是这样，一个时代的文学也是这样。就此看，已经走过了近50年的中国新时期文学，现在人们当然可以给出一些评判。我想说，这近50年的文学既非一直向上，也绝不是一路颓败，而是在坎坷曲折中自然而然地向前。一个人和一个群体的道理相似，遭遇的困境越多，就越有可能退却或停顿，然后再出发。近50年里，疲惫不断地折磨生气勃勃的创造，好在其中的一些人仍旧没有屈服，他们还在坚持和坚守。某些个体在这个时期的超越，秉持的勇气和信念，才是最可期待的希望，这也许比20世纪八九十年代健硕和生猛的气象，更值得欣慰也更有说服力。

大自然的永恒性是不自觉中表露出来的，它在当时和以后将极大地援助我

赵月斌：您成名于1980年代初期。在新时期文学发轫之际，甫一出手就发表了《芦青河边》《声音》《拉拉谷》《一潭清水》等一系列格调清奇、立意深远的中短篇小说。评论家宋遂良在您的首部小说集《芦青河告诉我》的序言里写道："初涉文坛的张炜不迎合时尚，也不追求重大题材，他铺开一张白纸，写出的是自己熟悉的动过感情的生活，描绘的是一个美好而多情的世界。"可以说，您一落笔就找准了写作的源头，后来更是从芦青河扬帆启航，开创了恢宏壮阔的文学地理空间。您是怎样创造"芦青河"的？当时有没有一个宏大的构想？后来又是如何拓展的？

张炜：我出生在海边林子里，那里有一条河奔向大海，成为我生活中最难忘的一道印迹。我写它是自然而然的，最初没有什么宏大的构想，不过是一场慢慢展开的少年回忆。我写作中的时代局限也很明显，早期作品中有

不少幼稚可笑的“火药味”，如1974年的中篇小说《狮子崖》等。我的生活环境比较有色彩，如大海和林子等。我也只能写这些场所和经历，所以其外部色彩就多少冲淡了一点当时的社会内容。大自然的永恒性是不自觉中表露出来的，它在当时和以后将极大地援助我。

还得益于少年时代的阅读，因为当年除了读一些流行的阶级斗争小说，也还能在“地下”渠道得到一部分名著，它们的笔调是那样不同，这深深地诱惑和影响了我。随着社会进程的改变，终于迎来了思想解放，对外窗口一点点打开，当代文学的风格和内容都在丰富，自己笔下的那条河也就不断地拓宽。它似乎不再是原来林中的那条河了，而更像北方的某条大河，是一些河流的通称。这就自由了许多。

赵月斌：在您的文学地理中，“海边丛林”和“葡萄园”也很有辨识度，中篇小说《秋天的思索》《秋天的愤怒》《葡萄园》《海边的风》《金米》等作品都是在这样的叙事背景中展开的。我特别看重《蘑菇七种》这部常常被人忽略的作品，这部用时半年写出的最长中篇，不但容量接近长篇，而且是您在写作上由“史诗”向“民间”过渡的重要“中间物”，所以这部小说不仅蕴藏了作家独有的文学酵母，还充分展现了您的叙事智慧和文体风格，完全可以看成您最具核心意义的代表作。您曾说过《蘑菇七种》可能是您最好的作品之一，现在去看它的写作是不是也有某种不可多得的机缘？《蘑菇七种》是在什么情况下写出的？如果现在去续写它的后传，您会怎样安排丛林中人和生灵的命运？

张炜：《蘑菇七种》产生于自己最好的写作状态和生活状态。人这一生可能并无太多这样的机遇，那是可遇而不可求的。写作者的境界和技能，当然会决定作品的高下，但写作时具有的生命状态更重要。一个经验越来越丰富的作家并不能保证自己写得越来越好，因为他的生命状态不一定是越来越好的。

就此来讲，这部中篇是时光给予我的一个恩惠，我对此不敢有过多的奢望和贪婪。类似的情形还有长篇小说《九月寓言》和《丑行或浪漫》。那真是我过的一些好日子，这里指的是文学的日子。

我曾几次想要续写那一类生活场景，恢复那种蓬蓬勃勃的生气和烂漫的意趣，但最终没能成篇。这不是愿意与否的问题，而是时过境迁了，视点偏移了，心绪改变了。这时候只能产生另一些篇章。

赵月斌：截至目前，您已出版长篇小说20余部，很多作品一经推出就成为长销不衰的文本，尤其像《古船》《九月寓言》，更是被翻译成10余种文字，还被国外大学列入推荐教材，出版了100多个版本，国际影响力不断扩大。《你在高原》这样的大部头也是一再重印。再如《外省书》《刺猬歌》《独药师》《艾约堡秘史》，等等，每一部都让人眼前一亮，赢得了广泛关注。当然，谈到您的作品，大概每个读者都有自己心目中的排行榜，有的作品看似不温不火，也可能拥有不少知音。据我所知，《丑行或浪漫》就是一部稍显冷门却又被不少读者叫好的作品。有人就认为它写出了生气勃勃的大地诗篇——主人公刘蜜蜡就像一位奔跑的女神。实际上，这部作品在当时男性视角几乎一统天下的中国当代文学中实属另类，因为刘蜜蜡不仅是小说的“女一号”，而且是名副其实的“大女主”——您塑造出了男权重负下作为女性人物的“这一个”。

张炜：前边说过，这一部长篇（《丑行或浪漫》）同样是时光对我的恩惠。我常常想，如果我还能写出这样的文字该有多好。很难了，那段时光已经像水一样流过去。我正在往前走，需要经历一段新旅途，但最新的却不一定是最好的。离我最近的长篇小说《独药师》《艾约堡秘史》，读者和业内给予诸多鼓励，也确为自己全力以赴之作，综合了几十年的文学与生活经验，其笔力绝非20多年前所能拥有。但无论如何，这已经是另一种气质和境界了。总之作品之间得失互见，不好简单类比。

赵月斌：我注意到刘蜜蜡和《刺猬歌》中的刺猬女、《艾约堡秘史》中的“蛹儿”的名字都与小动物有点关系，她们身上似乎都有一种反物化、反异化的天性和诗性，您塑造这些人物的时候有没有相关原型？歌德说“永恒之女性，引导我们上升”，您对刘蜜蜡们是不是也寄予了类似的情感和期许？

张炜：这些书中的一些女性主人公，常常与动物有多多少少的关系。在一些天生多情率真的人那里，女性应该意味着更多的美好，像大作家曹雪芹作品中的名言：“女子是水做的”，就包含了对清纯的向往和赞美。就一个人来说，过于天真不利于现实中的生存，但对于文学写作而言却是一种优势。这种优势，会从一个年轻作家身上更多地显示出来，所以才会写出很多美好的女子形象。我的童年既孤单又喧哗，那时候动物们帮了我一个大忙，我接触它们最多，后来发现，少年时代比我认识动物更多、对它们的奥秘知道得更多的人并不多见。这成为我知识和情感的双重贮备，也在以后给予我不可估量的助力。事实上真的是这样，我把动物的一些不可言喻的美，乃至于性格，都赋予了笔下的女性人物。

动物没有伤害过我，它们有趣且更可信赖，也极美。野生动物在林子里多到数不胜数，大多是小动物，也包括昆虫和鸟类。我那时甚至能从小蚂蚱的眼睛里看出表情，想象它们的柔善。其他动物如一只鸟、一条狗和一只猫，其神色已经接近人了，喜怒哀乐十分明显。

动物的眼睛很丰富也很美，而且主要是新奇不凡，可以读出无限的内容。女子生命中某些动物属性是美好的，这主要指她们的浪漫和单纯。相较男子，女子，幻想和浪漫的气质总是更重一些，这些都很“文学”。有人会说女子也是各种各样的，当然是的，不过这是另一个话题了。

赵月斌：在您的文集中散文作品大概占据了将近一半。无论是写实抒情还是考究思辨，“散文家”张炜更具态度，更显激情，也更为旷达深邃。无论是短章集束、系列讲章还是思想随笔、学术文论，集结在一起就像一部长长的出航志，既有其体系化的成熟通透，又不失其灵动形象，举重若轻。单说您的“古典五书”，从早年的《楚辞笔记》到近期的《也说李白与杜甫》《陶渊明的遗产》《读诗经》《斑斓志》，就充分展示了您的诗学修为。您选择的阐释对象可以说都是中国文学和文化传统中的庞然大物，曾被无数人研究、固化，似乎很难出新，您为何要选择这种难啃的硬骨头？您最近出版的《斑斓志》是对苏轼的解读，与屈原、李白、杜甫、陶渊明比起来，苏东坡大概更像传统意义上的文人，您觉得跟谁更亲近些？

张炜：我常常认为，自己的主要文字也许不是小说，而应该是诗，最后的结果可能是广义的散文。我不太情愿做一个专业的小说家，这个身份无论多么好都不合本愿。我从一开始从事写作就是这样的认识，认为小说太靠近娱乐了，太依赖故事了。尽管后来小说的地位已经上升得比较高了，比如梁启超将它定位于一个民族性格最重要的塑造者，重要到关乎国家的未来。但我们也注意到，梁的界定虽然成为不刊之论，却毕竟是从事物功用的立场上谈的，而不是从精神品格的意义上谈的。就精神与人生的高贵追求来说，小说仍然有落魄气和末流气。诗最高，关于自然大地的言说也很高。

小说除了娱乐功能太强，还有进入商业时代之后的商品属性太强。我虽在心里疏远小说，却一直未能免俗，甚至就自己几种体裁的创作来说，小说的写作量和影响较其他更大一些。这就有些尴尬了。不过我深知作为一种语言艺术，小说高超的蕴含和表达是多么令人着迷；另外，现代主义小说的边界已经大大不同于传统小说。就此来讲，传统的现实主义小说通常在文学性上很难足斤足两，所以凡优秀作品一定要具备当代文学的先锋性，当然不包括“伪先锋”。这也是我最终未能放弃小说的一个原因。

我对于古典的解读大致局限于诗的领域，就出于如上的认识。我面对古代大经的态度也说明了这些想法，认为诗人们才是了不起的。尽管中国古典诗作中有一大部分不属于现代诗的范畴，它们仍停留在言说和叙述的层面上，但这其中的相当一部分代表作，最优秀者已经是纯诗了，比如《诗经》中的一些篇什，比如屈原和李白、杜甫的诗作，比如李商隐的诗作等。真正的诗，狭义的诗，其实是最接近于音乐的。我们在古诗学方面曾经有过一些不靠谱的定论，比如把某些诗人一个时段的代言或叙事作品，视为最了不起的“现实主义杰作”，这可能就是诗学的误识。其严格来讲并不是最好的诗，也不能算诗史的代表，而是富于诗意的有韵文字。“诗意”与“诗”还不是同一种东西。“诗意”浓烈到一定程度，并被赋予相应的形式，才会变成“诗”。我们长期以来总是将“诗意”与“诗”混为一谈，这是审美和精神格局上的缺陷。

在一些古代诗人中，就人生的意象和境界来看，我最喜欢的还是陶渊明。他的农耕生活除了最后的穷困潦倒，总能深深地吸引我。他的酒和菊多么迷人，他的吟哦多么迷人。我们做陶渊明并取其畅悦的理想的一面，是多么好的人生设计，可惜这不过是一厢情愿。

我常常警惕和告诫自己，不要在具体的创作过程中变得蹑手蹑脚，尤其不要画地为牢

赵月斌：您还创作了大量老幼咸宜的少儿题材作品，比如《半岛哈里哈气》《少年与海》《寻找鱼王》等。您自小长在“莽野林子”，生就了对

大自然、小生灵的“爱力”，拥有了不变的童心、诗心。您作品的主要背景都是海边丛林，童年记忆也常会不知不觉地映现于笔端，而这些以“海边童话”行世的作品，无论是早期自传性的《远河远山》，还是奇幻玄妙的《海边妖怪小记》《兔子作家》，及至最近的非虚构作品《我的原野盛宴》，都是荒野记忆的真诚再现，是当年的林中赤子以近乎通灵的方式“重获童年”。有评论家说“回忆就是一种想象力”，您之所以能够“重获童年”，大概也得力于丰富的想象力。您是如何抵达一种“想象的真实”？如何像波德莱尔说的那样“凭记忆作画”？您的儿童文学作品并不是那种专写给小孩看的狭义的“童话”，《我的原野盛宴》甚至带有“神话”的维度，打通了“文学—童话—神话”的壁垒，那么，您又是如何超越童话边界，让它拥有了无限生长的可能？

张炜：在最初开始写作的年纪，我甚至认为文学就是讲给孩子听的故事，或者主要是讲给他们听的。这当然是狭隘偏颇的认识。这一方面因为自小接受的文学熏陶，即看了大量的少儿作品；另一方面也说明儿童文学自身的纯粹性实在吸引了我。在我后来的其他作品中，包括那些复杂的长篇小说里，也有浓烈的儿童文学气息，如视角、人物构设、笔调等。就体裁来说，我也一直没有离开儿童文学的写作，自20世纪70年代初至今都是如此。

作为一个写作者，在各类题材和体裁中自由穿行才是正常的，最好不必做某种专门家，那不是创造的自然。如果将不同的文学品类视为“内部食堂”，也是很可笑的。文学就是文学，它就像完整的生命体不能分割和肢解一样。至于一个人可以将什么表达得更好，则是另一回事。

充分考虑到不同年龄段的接受特征，以及审美差异，这应该属于写作者的基本能力。调动各种文学手段创造出一部理想的作品，这种企图心是不言而喻的。过分清晰地划分和界定儿童文学与非儿童文学，包括手法上的区别，也许是有害的。其实儿童文学的本质属性是更加靠近诗意和浪漫的，这正是所有好的文学向往的境界。我常常警惕和告诫自己，不要在具体的创作过程中变得蹑手蹑脚，尤其不要画地为牢，而要尽可能地广纳博采，让想象飞翔起来，让诗心舒展开来，运用一切可以调动的手段和技能。但我做得并不好，从来没有令自己特别满意过。

写作者如果在本质上不是一个诗人，就不可能是一个纯粹的作家

赵月斌： 您的语言雅致考究而又朴实生动，追求诗性亦不避方言俗语，这让您的文本大气厚重却不乏晓畅轻逸。不仅如此，在您以小说家、文章家名世的时候，您其实还是一位妙手赋诗篇的诗人。不仅是因为您14岁就尝试作诗，最早发表的作品也是一首长诗，而且是因为您确实从未中断写诗，在50卷文集中，就包含了《皈依之路》《家住万松浦》等多部诗集。在您前几年写出的长诗《归旅记》中，我们能遇到很多独属于登州海角的文学意象，也能看到您所眷恋的文化盛宴和精神先驱。最近您又出版了一部长诗《不践约书》，这部书是在新冠肺炎疫情期间完成的，疫情肯定影响了您的思考和写作，您认为最大影响是什么？《不践约书》被您称为“心约之作”，是“饮过六十年的浊酒和粗劣的老砖茶”之后的心灵之约，此“约”或许就是半生的求索和记挂，这部长诗与《归旅记》有无关联？如果说它也是一位诗人作家对纷纭时代的正面回应，您觉得这个回应的重心应是什么？面对这个非诗的世界，一个写作者应该如何找准自己的位置，如何战胜阿多诺所说的写诗之野蛮？

张炜： 生活的日益物质化，更有实际运行中的庸常化和世俗化，让人类与诗境越来越隔膜。也正是因为如此，诗和诗人的意义就更加重大了。人

类沿着彻底物化的方向愈走愈远，将是走向黑暗的一种悲哀，甚至会产生恐惧。精神的飞升，不绝的想象，正是人类区别于其他动物的重要因素。思想紧紧缠绕于物质当然是可怕的，这将使我们陷入一次又一次的绝望。我们讲得最多的“精神文明”，其核心内容、主旨，其实不过是追求诗性的不断淬炼。

我自20世纪70年代至今，从未停止过诗的写作和探索，前后出版过多部诗集。如此勤勉和努力，仍然让自己大不满意，说明写诗太难了，但是再难也要把握瞬息万变的、微妙的诗意，用自己的诗螺丝把它固定住。我十分警惕诗路上的语言游戏，害怕演变成皇帝的新衣。因为一个操练了近50年文字的人，游戏文字当然不难，但一定是可悲的。我说过，自己对诗总是抱有一份庄敬的心情，这源于对文学本身的认知，而非其他。写作者如果在本质上不是一个诗人，就不可能是一个纯粹的作家。

《归旅记》是以前稍有分量的一部诗章，但我并不满意。《不践约书》可能是到现在为止，自己写得最用心力和最有深意的一部。它在疫情期间沉闷和焦虑的时光中进行，当然是增加了色泽。我在长达20多年的时间里一直做中国古诗学探究，这让我在现代自由诗的创作中获得了一份援助。

赵月斌：在此还想请您回顾一个轰动一时的文化事件，即1990年代初的“人文精神大讨论”，当时一大批知识分子围绕人文精神的失落和重建展开了激烈交锋。您虽未直接参与正面的论战，却被冠以“道德理想主义”的代言人而成为争论的焦点之一——即所谓“二张”（张炜、张承志）和“二王”（王蒙、王朔）之争。这场持续了两年的全国性大讨论虽只是社会转型期的一种精神阵痛，但对一个要为世道人心立言的作家来说，无疑会造成深刻的心理印记，现在去看当时的争论，其意义何在？还有那个“道德理想主义”的标签，现在看显然只是一种简单的以偏概全，您对此有何看法？当前许多作家感到一种表达的无力，同时也有一种表现的乏力，文学的力量似乎在不断削弱，您有没有这种困惑？一个作家又该如何突破时代的局限，在文字中抵抗流俗的惯性，在沉默的表达中抵达永恒？

张炜：这场已经过去的大讨论对我是重要的，大概对整个文化界也绝非可有可无。我们现在回头去看，会找出这个文化事件中各种各样的不足甚至荒谬，但最好还是不要急于否定它。比如对我个人来说，自己不仅不是直接的参加者，而且还在这个过程中，因为简单的“道德理想主义”的标签，让一些根本不读书的人产生了极大的误解。他们望文生义望词生义，或赞赏或批判，动辄“二元对立”“道德理想”，真是“夫复何言”。在作家这里，不要说做一个直面人性与生活的勇者，即便是一个稍有觉悟和水准的写作者，要傻到什么程度才能让自己变得那么“二元”和“道德”？细读文本否？有人认为认真阅读评说对象并不重要，因为那样既很累又很麻烦。

那场讨论是一次冷静和追问。它实际上一直在进行中，所有醒着的人，更不要说写作者了，都终究不能得过且过，也不愿变成糊涂一坨。

让理论的光芒照亮文学和生活

南帆　张学昕

2021年3月29日

特殊的生活经验无疑发生在这一块土地之上。我时常觉得，“中国问题”甚至比西方文化的许多问题复杂

张学昕：南帆老师好！非常高兴能有机会与您进行较为深入的交流。首先，我们还是从文学研究和文学批评开始吧。我知道，作为1950年代后期出生的文学理论家，您在1980年代初期，也就是非常年轻的时候，就已经深深地“介入”到“新时期文学”的潮流之中，并且以自己的理论研究和批评实践，始终“活跃”在中国当代文学发生的“现场”。您是20世纪80年代以来文学发展的见证者和阐释者，不仅关注、参与到当代文学理论的发展中，还通过对文学批评、文化批评、知识分子、大众、革命、乡土、后现代等重要、敏锐甚至敏感的问题的探究，深入透视、审视当代文学创作的具体实践。2008年，《当代作家评论》授予您首届“当代中国文学批评家奖”时的授奖词，对您作出了非常高的评价：“南帆的文学批评从80年代始即显示了他作为一个杰出理论家的优势和特点，是当代少数最具理论思维的批评家之一。他对转型时期的当代中国文化现象、文学思潮与作家作品等有独到的发现和深入的阐释，在中国社会的总体结构中对当代文学进行了有效的话语分析和谱系研究，为诸多重要问题的研究提供了理论资源和分析路径。既宏观着眼，又微观落笔，论述周详而深刻。在长期的批评实践中，南帆重视创造性地运用西方理论研究‘中国问题’，以鲜明的个人修辞风格和理论创新品格，促进了当代文学批评范式的转型。”现在，时间又推进了十几年，我特别想知道，回顾40余年的研究和评论写作，您对这些年自己的理论研究和文学批评，整体上有怎样的体悟、判断和自我反思呢？还有，重新审视您最初的文学研究理想的建立，您对自己的文学观、生活观和价值观，有哪些新的认识？

南帆：不知不觉之间，从事文学工作已经40多年。20世纪80年代开始活跃的作家与批评家有一个共同特点：特殊的生活经验。这是一代人的精神特征——当然，利弊共存。1990年代乃至新世纪登场的作家与批评家具有相对稳定的生活条件和经过正规的学术训练，“生活经验”没有在他们的文学工作之中占有那么大的分量。前一段时间我曾经与一个年轻的画家聊天，她对于动漫或者科幻作品的兴趣让我深为不解。想象力不是艺术的重要品质吗？——年轻的画家试图说服我。我立即明白，我所接受的艺术想象必须与生活经验相关，她的二次元偶像或者发生在太空的宇宙飞船大战与我熟悉的生活气息相距太远。

所谓的“生活经验”，并非仅仅指经历了什么，见识了哪些人物，走过多少地方，而且指接收到外部世界制造的种种精神震荡。1980年代的作家与批评家多半经历过1950年代至1970年代的种种历史波澜。这一切并非舞台上的演出，而是生活本身，我们都是剧中的角色。许多作家和批评家借助文学与生活对话，表达对于生活的理解、批判、愤怒或者激情。周围的许多事情仍是未定之数，他们思索和努力可能改变自己的道路和精神结构。文学介入了这个过程。文学当然是工作，是职业，但也是一种生活方式。生活在1980年代，可以从文学之中察觉生活的灼热激荡，种种争论此起彼伏。人们之所以那么投入，恰恰因为与自己的生活有关——尽管现在看来，许多争论的学术深度存在不足。那时对于“学术”不敏感，重要的是思想的活力。20世纪80年代的学院尚未启动，文学杂志成为文学的组织轴心。

“中国问题”显然与这种状况密切相关。特殊的生活经验无疑发生在这一块土地之上。我时常觉得，“中国问题”甚至比西方文化的许多问题复杂。地域辽阔，各民族文化存在种种差别，文化梯度多，城市与乡村的社会、经济、文化形成很大鸿沟，近代以来的历史线索错综交叉，这种状况往往不是某种单一的“主义”——例如现代主义，或者后现代主义——所能完整概括的。我曾经感兴趣的一个课题是，考察现代性制造的共时空间，多种文化元素的交织如何形成多向的冲突。我借助文学描述前现代、现代、后现代三种价值观念的纠缠与对立。这些是“中国问题”的特殊之处。

1980年代同时是一个风起云涌的理论年代。一批沉寂已久的中国古代文学理论命题开始复活，全球的“理论旅行”同时送来一批西方文学理论术语概念。从概念命题的原义考辨、漫长的演变路径到不同语种之间的转换，许多学者做了很好的学术考察。我更为感兴趣的是这些概念命题的“思想方位”。它们如何为我们的视野增添了新的坐标？这是我个人从中获得的主要理论收获。

生活经验、“中国问题”、思想方位，这三个关键词的结合大约可以说明我的文学工作模式，说明我聚焦什么以及为什么如此聚焦。

张学昕：一般地说，做一位纯理论研究的学者，所关注的问题、研究的视域或聚焦点，都是基础理论、传统理论或具有“前沿性”的理论。很早的时候，您的基础理论研究，就呈现出理论观念的多元化、多层次状态。不仅强调、重视文学基本理论的整饬、建构，包括文学批评观念、方法的梳理，以及当代文论中重要问题的重新探讨，都能够突破以往理论范畴的规约，在新的理论和逻辑起点上，对许多问题进行新的挖掘、辨析和阐释。像《文学理论》《文学批评手册》《五种形象》《无名的能量》等著述，对当代的文学基础理论教育和文学批评的方法论，都有着极其重要的实践性价值和理论应用的意义。但是，这里我特别想提及的，则是您常常“轻松地”越出理论的边界，直接“接驳”或者说是“焊接”“介入”当代叙事文学文本的肌理，在诸多方面实现理论和创作之间的“互证”。从最早的几本论著《文学的维度》《隐蔽的成规》到《后革命的转移》《关系与结构》，及至近几年的一些重要论文，关于知识分子、农民、大众、乡村形象、全球化和文体、文学接受、文化幻象、娱乐主题等，都将理论的锋芒辐射到具体作家的文本。我猜想是否您始终认为，理论的意义和价值，不仅在于理论的自觉和自明，更在于它的应用性和实践性？数年来，您对理论研究最终的理想和期待是什么？对中国当代文艺理论的自身建构有何期待？您觉得，您对当代叙事性文本所作的理论阐释，是否真的契合作家写作主体的内在诉求？您对当代文学批评有怎样的期待？理论与创作两者之间的关系，是否需要重新理解和认识？

南帆：理论的价值和意义体现于应用性和实践性，这种观点仿佛不言而喻。然而，我猜想另一些理论家不以为然。柏拉图认为文艺与真理相隔三层，他不会让哲学俯就文艺。这是哲学的傲慢吗？柏拉图试图让哲学家掌控所有社会权力——哲学王。美学来自哲学的始源。康德等哲学家仅仅有兴趣分析少许的美学范畴。对于千姿百态的文艺作品来说，这些分析相当有限。但是，哲学家很快就转向他们的理论构造，转向形而上学体系。

我充分尊重这些哲学家的工作，但是，对于形而上学以及单纯的理论思辨缺乏足够的兴趣。我的理论思考止步于形而上学门前。形而上学是一种什么样的知识？这种知识与现代以来的众多科学知识如何兼容？这或许是一个有趣的，也无法回避的问题。

尽管如此，那些哲学家的思考方式以及分析问题的深度给我留下深刻的印象。我很快意识到，当代文学乃至我们身边的社会文化具有很高的“理论含量”。这些对象完全可以承受深度理论分析。一些人模糊觉得，当代文学与社会文化是一些喧闹不定的现象涌动于我们的四周，晦涩而抽象的理论在另一个遥远的地方。如果不是老师要求按照某种理论解题，二者不会被联系在一起。这甚至成为学科之间的鸿沟——文学理论与文学史仿佛泾渭分明，谁也无意拜访对方。然而，我时常发现当代文学与社会文化隐藏的理论结构。解除对象的原始秩序，描述隐藏的理论结构，这是十分吸引人的工作。

对理论结构的洞察能力，很大程度地借助种种概念命题的架构。概念命题赋予特殊的理论视觉。显然，这不是生吞活剥地背诵若干概念的定义，或者公式化地复述某些命题。正如我前面所说的那样，真正的理解必须体现为特定的“思想方位”。这时，理论成为能力。

必须补充的是，理论视觉不可避免地与作家的文学想象以及写作构思存在距离或者视角的差异，二者之间构成特殊的张力。世界因此显现不同的“面相”，不同“面相”之间的博弈是另一个重要的理论问题。

张学昕：我们说，理论的光芒可以照亮文学，照亮生活，是否也可以说，在很大的程度上，理论本身的力量和魅力，同样可以照亮一位有精神追求的作家的写作，使理论与文学文本构成相互辉映的互文？

南帆：你说得非常正确。理论与文学文本的差异并非统一到某一个标准答案之上。你使用“相互辉映”给予形容，这是一种“美学式”的理论肯定。

我不是在纯粹知识的意义上对于“历史”发生兴趣。我更愿意注意历史事件之中的普遍意义

张学昕：您最近在《论文学批评与“历史”概念》中提出文学批评中的“历史”概念，讨论“历史”在文学研究与批评中作为一个“轴心”或维度，在不同语境里所衍生的不同观点，造成的文学话语和历史话语之间的复杂关系。其实，在文学理论研究过程中，这是您很早就关注的一个重要问

题。这也让我想起十几年前，您在评论贾平凹的长篇小说《秦腔》《古炉》时，先后写的那两篇文章：《找不到历史》和《剩余的细节》。我感到，这些触及"历史本质""生活的本质""还原生活"等存在性的问题，在文本阐释方面，打开了抵达历史的一条新的通道。"历史"这个极其特殊而重要的概念，在时代和文学的变迁与发展中，的确已经构成不可绕开的课题。这些年来，您为何对"历史"情有独钟，执着地思考它，并将其与文学文本的阐释紧密联系在一起？"历史"究竟是怎样如此深入地"进入"您的内心？

南帆：我们是一个高度重视历史的民族，"历史"一词在我们的用语之中出现的频率非常高。存在主义哲学聚焦于单独的个人，然而，我们强调个人背后深厚的历史感。许多时候，民族、国家、文化或者风俗民情、地域特征、家族姓氏无不或显或隐地与"历史"联系起来。尽管如此，我必须指出，在不同的场合或者不同的语境，人们心目中"历史"一词的语义存在不同程度的区别。《论文学批评与"历史"概念》一文试图做一个理论梳理：文学批评究竟在几种意义上使用"历史"一词，各自的理论谱系是什么。

为什么文学批评可以借助"历史"一词考察文学？我曾经分辨过一个问题：历史可以解释为过往发生的一切，历史著作是处理这些素材的一种话语方式，人们称之为历史话语。但是，作为另一种话语方式，文学也可以处理这些素材。文学话语的处理产生了什么效果？与历史话语的异同是什么？历史话语已然存在，为什么还需要文学话语？文学话语仅仅是历史话语的补白吗？这些问题具有很大的思考空间。"剩余的细节"也罢，"找不到历史"也罢，这些命题显示了文学话语多出历史话语的那一部分内容。当然，这种表述已经暗示二者的二元对立关系——二者互为"他者"，彼此参照。"过往发生的一切""历史话语""文学话语"三者的角逐之中，"历史本质""生活的本质""还原生活"这些命题的理论含义远比想象的复杂。尽管如此，可以肯定的是，如果文学话语与历史话语不存在这些缠绕，文学批评就没有理由将“历史”视为一个轴心范畴。譬如，文学批评对于化学、生物学、天文学等学科并未表现出超常的兴趣——至少在目前。

我不是在纯粹知识的意义上对于“历史”发生兴趣。一些历史学家可能耗费大量精力精确地还原某一个历史事件，搜集大量资料，复制种种细节。但是，愈是精确的还原，这个历史事件的个别性愈强。我更愿意注意历史事件之中的普遍意义，普遍意义包含历史与现今的某种联系。对于历史学来说，普遍意义与“真”的个别性之间的辩证是一个重要问题，甚至涉及这个学科的基本意义。

认可历史事件的普遍意义隐含的设想是，现今社会某种程度地坐落在历史的基础之上。历史的部分内容织入现今社会，形成密切的互动，决定现今社会之所以如此。这是渺小的个体之所以关注遥远历史的原因。如果二者不存在任何联系，如果历史仅仅是一种孤立的知识，那么，这种知识的持续积累不再具有急迫性。

张学昕：您近期发表的《“历史化”的构想与矛盾》涉及文学史编撰的诸多问题。文学史汇聚了众多文学经典。文学经典的一个重要价值在于它的“再生性”，这很大程度取决于对经典文本的阐释、延展，甚至“重构”。传统的文学史框架会不会成为一种限制，束缚文学经典与多种意义的关联？

南帆：文学史是史学的一个微小局部。《“历史化”的构想与矛盾》不太赞同将文学史视为一种固定的神龛，仿佛文学史的任务就是安排每一个作家的座次，继而让这种安排成为一种稳定的结论，一种陈陈相因的知识以供学生在考试之中不断地重复。如您所言，文学经典包含极为丰富活跃的内容，这些内容可能与不同时期的社会文化形成种种化合，造就新的话题。许多文学经典的意义并非在于它们的赫赫声望，而是因为它们可能产生和孵化种种主题。文学史具有多种阐述文学经典的方式。我期待一部分文学史可以借鉴文学批评的犀利、机智、锐利，不断开拓文学经典的内涵。我的一个观点是，避免"学科"的名义使文学史老气横秋，黯然失色，这也将辜负文学的活跃天性。

文学真的能贡献一种令人向往的生活组织方式吗？那么，可以试着从自己的身边开始。生活在别处，同时，生活在脚下

张学昕：我注意到，您是鲁迅文学奖这个奖项中既获得过"理论与批评"奖也获得过"散文奖"的评论家和作家。近些年，我觉得作家这个身份的影响力于您而言，已经丝毫不逊色于您作为理论家、评论家的影响力。您在研究和文学创作两个维度上，都已经取得了很大的成就。具体地说，近20年来，在理论研究和文学评论的同时，您始终在从事着散文、随笔的写作。我想知道，在理论研究和散文写作两方面，您的"原动力"究竟是什么？今年的《小说评论》第一期上，评论家孟繁华教授还专门撰文谈及您的"学者散文"创作。您的散文写作实践，会否影响，甚至调整、修改您以往对文学创作、文体、叙事、修辞等理论问题的重新理解？

南帆：一种观点认为，理论思维与文学想象是迥然不同的两种思考方式，不仅无法重叠，甚至互相干扰。因此，理论家的文学作品往往流露出理论组装的明显痕迹。对我说来，这种状况不太明显。理论思维与文学想象之间的过渡光滑均匀。一个物理学家阅读半小时侦探小说，然后开始实验室工作——两个领域如同两块不同的大陆，各有各的逻辑。我的理论思考与种种文学具象之间存在梯度的差异，但不存在坚硬的隔阂。这让我想到了一柄折扇，左右两根扇骨各司其职，但是，二者之间既可以打开，也可以折叠在一起，而且，二者具有共同的轴心。

我的理论学术大约占用了80%的工作时间，散文写作大约占20%。散文写作晚于理论学术很多。我曾经多次提到法国理论家罗兰·巴特带给我的触动。他的一本小书《神话集》分析了诸多日常生活现象隐藏的文化密码，这是一个重要启示。身边的许多日常生活现象同样进入了我的分析区域，从个人的姓名、证件、寓所、玩具到名声、化妆、舞厅、宠物。我写了一批小文章，获得了许多有趣的发现。"有趣"这个词可以推敲一下——"趣"是一个重要的美学范畴，尤其是对于散文，我近期的两篇论文讨论了这个问题。理论分析之中"趣"的成分愈来愈多的时候，散文就愈来愈靠近了。

有时我会开玩笑地说，我的散文是处理理论学术无法消化的边角料。事实上，那些引经据典的学位论文对付不了许多现象。这种论文只能在一个狭窄的区域以特殊的学术方法处理某些问题。尽管坊间流传种种怪异的博士论文题目，但是，大部分博士们的思考与日常生活对不上号。我曾经对博士们说，写一篇学位论文是必要的，但是，没有必要将所有的文章都写成学位论文。不是还存在散文吗？宇宙之大，蝼蚁之微，散文巨细不捐。由于"趣"的加入，我从散文写作获得的快乐远远超过论文。

张学昕：在您的大量的散文创作中，《关于我父母的一切》《一个人的地图》《与山海为伍》和最新出版的散文集《村庄笔记》是我最喜欢的几部作品。我想，《关于我父母的一切》就是您的家族史、个人史志，这种"历史"与大时代的风云际会息息相关，是重拾时代和个人的历史记忆、反抗遗忘的珍贵篇章，我们在阅读中深切地感受到历史、时代、人性和情感的真实的"绒面"和"糙面"；《一个人的地图》和《与山海为伍》，就是一部个人生活史的数个片段，也是对生命富于诗性、哲性的玄思，其中，充满理性思辨和美学的感悟力量；新近出版的这部《村庄笔记》更是一部重新理解乡村、理解生活，重新认识人自身的文化沉思录。这也是您对乡村的观察实录，对历史、现实和自身的多重体悟。我觉得，这些叙述，真的是从“一个人的地图”辐射到整个社会、历史和人生的维度上，您在“古旧”的历史斑驳中洞悉“诗意的过往和变化的现实”。您是否觉得，这也是您作为一位理论家和作家，倾情地让理论的光芒照亮文学和生活的美好的选择？

南帆：您提到了散文《一个人的地图》。那一天我站在家里的窗口，看到了流过窗下的闽江，想到我要写一篇这样的散文。我同时还看到了一个熙熙攘攘的城市，我正生活在这里。这个世界存在各种生活组织的方式。“城市”与“乡村”，这是一种生活组织的社会学方式，我们要么是城市人，要么是乡下人；书法爱好者与科幻文学爱好者，这是另一种生活组织的方式，你可能是他们之中的一员，也可能不是；一个人拥有多种身份，这些身份分别意味着他与某种生活组织方式的联系：儿子、丈夫与家庭生活组织方式相关，教授、研究生与学术生活组织方式相关，还有古董收藏者、每天要抽半包烟的人、官员、移民、旅行者、超市的消费者、公园里散步的人、音乐会听众，如此等等。商业、文化、政治与经济、风俗民情、科学与技术、语言体系、艺术，众多生活组织方式重重叠叠，构成一张巨大的网络，并且配上种种代码。我们栖身的那个角落，肯定是这一张巨大网络之中的某一个网结。

理论工作的一个重要目的是，认清各种生活组织方式的来龙去脉，考察它们之间的联系，分析隐藏其中的秘密。我对于文学的期待更多一些。我的意思是，文学是否可能贡献一种令人向往的生活组织方式？从个人嗜好、社会关系到人与自然的相处方式，文学能否提供一种积极的能量？文学能否以生活组织方式嵌入历史？更为根本的意义上，这也是我对于美学的期待。

相对于政治经济学或者社会学，美学指向了另外的层面。我希望美学的意义不仅是制造一阵特殊的内心波动，而且是形成现实可触的生活方式。

“让理论的光芒照亮文学和生活。”我喜欢这句话。当然，我更向往的是，这三者互相照亮。

张学昕：其实，从一定程度上讲，您的理论研究是非常“接地气”的，都是特别富有现实意义的思考。您将许多深刻、艰深的理论命题，直面、直击当代社会现实和文化、文学的发展进程，诸如影像、网络、广告、消费、娱乐、弹幕文化、“浪漫精神”的兴衰等，这些都是极其敏感的“当下”问题，真正体现出理论的光芒和现实的穿透性力量。而且，您在散文、随笔中对现实、生命、人性、伦理、友情、亲情的表现，更令人感动和沉思。在一些篇章里，您写到亲人、老师、朋友，写到了您的个人志趣，有关围棋、书法和家庭“宠物”——猫和小狗。我能感到，这里面都寄寓着无尽的、真切的人间情怀。那么，在理论研究、文学写作与生活之间，您是怎样把握它们的关系？或者说，在这几者间，是什么不断地激发起您写作和研究的冲动？

南帆：与那些物质生产者不同，我们在观念领域工作。倡导某些观念，论证某些观念，或者分析各种现象背后隐藏的意义——尤其是分析文学显现的故事情节、良辰美景或者人物性格。某些场合，这种工作可以称之为观念的生产和意义的生产。城市、街道、房屋提供了我们栖居的物质架构，事实上，我们的意识同样安置于观念和意义构造的各种城堡和街区之间。否则，我们的精神只能空无所依地游荡。我对于这一份工作的预期是，由于这些观念和意义的引导，这个世界会更好一些，更有意思一些。所以，这是一份我喜欢的工作。数十年的时间，我从未想到改换一个工种。

然而，无论是理论学术研究还是散文写作，这种劳动往往以个人化的方式进行——孤独地思考与书写。理论家或者作家的传统形象往往是蹙着眉头，独自关在密室里奋笔疾书。经济学、社会学的研究时常以团队的方式进行，许多工科的研究更是如此。然而，文史哲这些传统的人文学科目前还是以个人化工作为主，保持清晰的个人风格。但是，我想指出的是，要避免独特的个人风格与自以为是相互混淆。

尽量不要将个人化的劳动夸大为故作孤独的生活方式。念念有词地背诵某些深奥的哲学概念，仿佛沉溺于一个高深莫测的领域，知道怎么开洗衣机、如何挑选西瓜或者火车站在哪儿简直太俗气了。脱离日常生活被视为专家必须拥有的风度。我愿意独自思考，可是不愿意生活在人工的玻璃房里。《无名的能量》表述的一个观点是，文学从日常生活内部发现强大的能量。尽量避免脱离日常生活，如果深奥的哲学概念与我们的日常生活没有任何接口，它们的意义可能不如想象的那么大。文学更是如此。文学真的能贡献一种令人向往的生活组织方式吗？那么，可以试着从自己的身边开始。生活在别处，同时，生活在脚下。不要满足于纸上谈兵，至少可以想一想怎么提高一丈之内生活的温度。我生活在若干亲人、师友之间，喜欢围棋、书法、乒乓球，对了，还养过猫和狗。尽管没有多少传奇经历而只有各种庸常的乐趣与烦恼，但是，这一切仍然可以托付给文学。如果可能，以文学为半径，重新规划和构建身边的生活环境，显然是一件意味深长的事情。

我的写作是有抱负的，它体现为一种阔视和深虑

欧阳江河　何平

2021年4月23日

何平：1979年左右你开始新诗写作。20世纪80年代被想象成文学的黄金时代，当时的许多诗歌从业者在后来很长时间里不断缅怀那段日子，哪怕他们后来几乎不再写一首诗歌。我注意到你很少夸张地回忆那个时代近乎波西米亚的诗歌社群和类似行为艺术的诗歌活动，你基本上把这个时代作为诗学和诗艺的一个历史阶段，它和你1990年代之后的诗歌写作构成一个合乎逻辑的对位关系。

欧阳江河：你说的这些，直接把我从写作之始嵌入到一个大的历史发生现场，而且正好是改革开放的起点——1979年。20世纪80年代对我来讲，不光把精神成长的东西放进诗歌文本里去了，我个人对世界的看法、活法、写法都在里面。整个80年代，我们成都那一群诗人都被诗歌裹在一起，诗歌本身就是日常生活。我一开始就带入了问题意识，不是说仅仅只是写诗那么简单，我已经在考虑某种纠正的写法的可能性，不仅仅只是修辞问题，它涵盖了那个时代一些含混的、错杂的、兴奋的东西。那个时候好像各种可能性都夹带着某种沸腾的、灵氛的内涵，它被突然打开，火山爆发般降临到头上，烘烤我们，把心之所感、手之所触、目之所视，全都融为一体。

我刚开始也写抒情诗，写得很烂，我自己都非常惊诧：我还写过这种东西？1983年突然写出了《悬棺》。动笔之前我深深考虑了语言的另类使用：中文诗还有没有其他写法？我把这个问题悬搁在脱胎换骨的高处逼问。比如，巴蜀文化中巫的成分被特意提取出来。巫的东西，作为地域文化，作为巴蜀话语，在语气、构词法、虚词使用等诸多方面，与北方语言大异其趣。这些语言元素的差异，被提取出来植入《悬棺》，句式奇诡突兀，用词咬文嚼字，种种杂糅语式，包含了对古汉语和现代中文的混用，以及词语张力的狂野扩展，这在国际汉学界引起了特别的关注。

80年代还有像《玻璃工厂》《手枪》这样的诗，表层是在处理词和物的关系，但是实际上我都是从中文语言自身固有的规则、汉语固有的独特文明归属和可能性生发出来的。词物两者是一个相向而行的相遇过程，比如《手枪》，此诗用别的语言很难翻译，因为没有现成的对等语言规则、对等构词法可用。不止一个英译者断言《手枪》不可翻译，其中一人说：除非为英语发明一种临时的、译后即焚的专属语言。

20世纪80年代我还写了《快餐馆》《玻璃工厂》《汉英之间》等，都是跟空间、跟在场有关的。我的写作里的现场感、空间感，既是世俗空间、实有空间，但同时又是写作的、观念的空间，这两种空间的重合构成了我写作的现场，而这个现场又是作为“发生”的时代现场。比如说《汉英之间》写的是当时成都的英语角。这个作品里，已经有了改革开放带来的日常生活方式的、语言学习和交流的以及隐含在语言背后的历史的变化。总之，英语进来了。

我认可的是复杂的当代诗歌，写作定式极为重要，它与当代艺术“内在图式”的重要性颇为相似

何平：从你个人写作史的角度，我觉得你的1980年代应该结束于1993年。1993年前后是你精神、诗学和具体写作乃至个人生活都发生深刻变化的时期。你1994年发表于《花城》谈“中年写作”的长文，涉及你个人和同时代诗人文学史和精神史的转向，也谈到诗人的知识分子身份问题等。其实，1993年前后也是中国社会结构和整个中国当代文学史的过渡期和变动期。就文学而言，以上海《收获》为代表的先锋转向和北京《白鹿原》《废都》等重要长篇小说发表。这意味着真正意义的1990年代开始了，就像你1993年2月在成都写的《关于市场经济的虚构笔记》，这是你去美国前最后一首重要

的作品，也是对一个新的时代的预言。谈谈你这一时期的思想和诗学等方面的变化吧。

欧阳江河： 如你所言，按照当代中国文学大的断代史划分，我的80年代一直延长到1993年。那一年，我离开中国去美国，这之前我所有的作品，都可以归并入80年代。我在去美国之前创作了《关于市场经济的虚构笔记》，同时又在写《1989年后国内诗歌写作：本土意识、中年特征与知识分子身份》这篇长文，该文是我为洛杉矶的亚洲年会写的主题发言稿。我的这篇文章处理了"结束"这样一个主题，但这个结束本身已经包含了新的开始。首先是本土意识的苏醒，其次是中年写作的介入，最后比较复杂，我所定义的知识分子身份意味着我本人对"纯诗"的告别。换句话说，我从此不再作为一个纯诗的、元诗的、美文诗的作者写诗，而是作为一个置身于"历史之当下发生现场"的诗人在写作。

我1993年出国后，从自己的"在地性"抽离出来，写的还是中文诗，但是由于人不在中国，有一种隔世、量子纠缠的眼光：我是我自己的隔世之人，我在我不在的地方——这样一种性质暗含在写作内部。这种写作置身于一个完全陌生的归零语境里面，深切感到它的抽空。写作变得推敲和审慎起来，处理的主题也从中国的本土现场变得隔了一层，出现了对比的、潜对话的成分。比如那个时期写的《纸币，硬币》《我们的睡眠，我们的饥饿》，还有短诗《去雅典的鞋子》等，其内在声音都带有那个阶段难言的、双重言说的特性。《那么，威尼斯呢》是我旅居德国时写的，也处处闪烁着一种介于东西方的词物重影，把我珍藏在内心深处的成都搬到西方的威尼斯加以察看和思考。还有长诗《雪》，这首诗处理了个人自传式的材料，旅居心灵史的东西也放进去了。我连续几年居住下来，把西方世界那种震惊的、奇异的感觉变成了日常，这就完全不一样了。你必须要经历这个转变，才能置身其间思考、呼吸、写作。我90年代出国旅居国外好些年，这个转化真是太重要了。

与此同时回看中国，在地的、诗意的、伦理的、心智的、词象和物象的，种种对比呼之欲出，汇聚而成写作的“定式”。因为我认可的是复杂的当代诗歌，写作定式极为重要，它与当代艺术“内在图式”的重要性颇为相似。你可以把定式的东西当成他者、圣者，但同时也是你自身宿命和日常性的一部分。写大格局的诗歌，尤其是长诗，对我来说这个深度定式不可或缺。

这个定式慢慢地、模糊地、开放性地形成了。旅居美国期间，除了活法、写法和读法的混用以外，又多了一个新的东西，就是空间和时间的挪移、东西方的对比，文明这个角度被逼了出来。我的写作是有抱负的，这个抱负体现为一种阔视，一种深虑，带点冒犯，将天真与匠心搅拌在一起，但落脚点何在？我不是一个旅行家，也不是学者，我就是一个诗人。“诗人是语言的仆人，而不是语言的主人”——我认可艾略特的这个说法。我也一直在使用“定式”语言，比如《悬棺》，而它究竟是怎样一种中文，我自己也说不大清楚。它不是母语意义上的中文，里面包含了父语，甚至儿孙后辈的语言，包含了尚未诞生的婴儿的未来语言。但它也包含了古腔杂语，其他语言的东西，翻译的、反翻译的语言，这就是我所理解和使用的“定式”语言。到了美国，这一点特别清楚，我知道我的写作语言是汉语和中文混用，这不仅仅是语种意义上的母语，我所写的那个语言，我要穿透进去的那个语言，是诗歌最深处的、根部的定式语言，它在母语里都需要翻译：一种外语意义上的母语。茨维塔耶娃也说过类似的话，她说真正的诗歌不用母语写作。那不用母语我们用什么写作呢？用诗歌语言。

何平：我查阅了一下你的发表目录，1993年到2010年和2012年在《花城》发表《泰姬陵之泪》和《凤凰》，这中间你发表的作品很有限，可以视作你个人写作史的沉寂期，但我倒是愿意把这种沉寂理解成一种精神和诗学的蛰伏期。经历这个蛰伏期，你进入到这十年来的写作爆发期。在我看来，《凤凰》是一首重要的作品，不仅仅因为它是一首你复出以后，和徐冰的装置艺术作品《凤凰》被并称为"现象级"的文艺作品（王书婷语），也是因为《凤凰》本身的象征性意义——它出现在中国成功举办北京奥运会和上海世博会的历史时刻。李陀从两个《凤凰》读出了"21世纪开始"的意味。我觉得至少就中国主流对世界的想象而言，这个判断大致是准确的。而在你和徐冰完成《凤凰》的90年之前，郭沫若的诗歌《凤凰涅槃》也被解读为一个新世纪的开始。写《凤凰》的时候能够感受到那个特定历史的时代气氛吗？

欧阳江河：我1997年从美国回国后，定居北京，写作上有一种没落的、飘在半空的不适感。那段时期中国经历了巨大的变化，我正好错过了。10年停笔有多方面的原因，但主要还是写作本身的原因。由于错过了文学的先锋性全面退隐这一非常重要的错层、转换时段，我的现场感不在了，而没有现场感我是不会动笔的。我不会依循惯性、习气去写作。

在《凤凰》写作之前，应该说我本人的90年代已经彻底结束了。《泰姬陵之泪》创作于2008年，这可以看作是我恢复写作的第一个重要作品。但此诗当时只写了一半，全诗完稿已是十年后的事了。因此，我2011年创作的《凤凰》，才应该算是结束蛰伏期后写出的第一首完整作品。《凤凰》所处理的时代主题，在时间节点上跟2008年的北京奥运会以及稍后的上海世博会大致重合，当时中国的腾飞举世瞩目。徐冰的装置作品中出现的凤凰形象与中国腾飞有关，但这个飞翔意象是由钢铁翅膀、建筑废弃物、工地劳动者的痕迹等组装而成的，其历史追溯、思想性质、复调方法都是开放的、正在发生的。换句话说，这是一个有待命名的腾飞。我的长诗《凤凰》处理了这样一些材料，这样一个时刻，很多与时代精神、时代征候相互对视和对话的东西，以及对话后面的沉默、感动、冥想，那些劳动的、伤痛的、坚忍的，甚至软弱的东西，还有资本这个庞然大物，还有艺术本身的东西：它的光晕、它的附着物、它的自我指认，凡此种种，在这首诗里汇聚为碎片化的，但又是总体性的拼贴与建构。《凤凰》这首诗也陆续被翻译成好几种语言，被看作是21世纪前十年的重要诗作。

我写的凤凰和当年郭沫若的凤凰截然不同。郭沫若的凤凰是革命发生之初的、激进现代性的一个命名，用凤凰涅槃处理了生死转化，而这也是20世纪初东方革命的重大主题。我写的凤凰并不是介于生死之间的转化，而是介于命名和被命名、词象和物象之间的转化，介于将要消失之物和正在出现之物、碎片化与总体性之间的转化。这肯定是一个大的转化，涉及全球化时代的大格局之变、多层叠的建设脚手架、新的可能性。

我不算那种每十年就非得换一个写作阶段的诗人。《凤凰》写于我第二次旅居美国时期，我在曼哈顿居留了三年，处于写作爆发期，除《凤凰》外，我还陆续写了《祖柯蒂之秋》和《黄山谷的豹》等一系列诗作。写《祖柯蒂之秋》时，我正好置身于纽约现场，这首长诗处理了“99%对1%”这么一个全球注目的大事件，是一首反思美国、透视资本、从事件提炼诗思主旨的长诗。《黄山谷的豹》也是一首长诗，它带有文脉考古性质，从“当代中文”的写作现场，追溯古人身上“老汉语”的在地性，处理的并非元诗主题，而是中文／汉语混用的“元语言”问题。这对世界范围的当代诗歌写作也是个值得警醒的问题，因为手写／键盘、人类写作／AI机器人写作，两者相混之后的元语言之豹变，肯定是一个根本的大问题。

何平：2020年你写了一组名为《庚子记》的诗歌，这不是简单的“庚子纪事诗”，我是从“反思全球化时代”角度看这组诗的，因为2020年发生在世界范围的疫情完全改写了全球化时代的世界想象和图景。我不知道你是怎么看这组诗歌的?

欧阳江河:《庚子记》全诗1100行，完稿于2020年7月。这首诗的内文脉象、内视镜像、内听声音，是有强力的方法论定式的。由这个定式统摄，写作的复调性、碎片性、杂组性，构成了一个隐在的、集束的系统，足以容纳头脑风暴式的翻滚、席卷、压顶、滔滔不绝。这个作品带有一种日常性，而且是那种一边写一边发生的日常性，从流水账式的东西里提炼出异质混生的诗意。

疫情期间，我处于密集阅读的状态，重读和初读了许多源头性质的书籍。这种阅读进入日常生活后，使我的肉身从新冠肺炎疫情时期的当下抽身出来，引回到经典的历史语境中。这个回溯性语境跟我的写作构成了对话的复义关联，它所起的文本作用不是赋形、定调、整理，反而是起扰乱的、纠正的、呼魂的作用，引导必不可少的纠偏力量出现。

我深度考虑了《庚子记》的写法问题，但又跳出了这个写法。你待在房子里，外面有一种世界性的病毒在发散：这样一种处境，把你逼到生命的、存在的边缘，病与死的边缘，你怎么对生命、对写作做出交代?这里似乎有一种被逼出来的、与常态写作不大一样的例外性质，就是在末日的逼视下如何看待生命，而且不仅仅是回看，是逼视当下。这是一个很特殊的“现代性”向“当代性”转向的巨变时刻，甚至带点“超历史”的意味，不光感性的东西，所有知性的、意向性的、可公度的东西，全都卷入了这个大转向。诗歌写作从中接收到的消息与含义，是否具有某种程度的启示录性质呢?20世纪所形成的思想定式、话语表达，突然一下子失效了。在这种情况下，《庚子记》试图命名某些难言的、无以命名的东西，表明了一个诗人的思考、感受、回答。它带有世界场景的想象性投射，以及“现世／余生”主题的设问。

诗歌写作当然是大地上的事，但它也包含了一个自古以来的律令：引导人的认知上天入地

何平：至此，我们能够发现你个人写作史的几个时间节点：1979年、1993年、2010年和2020年，这些时间是你的个人时间，也是中国或者世界时间。个人小时间和时代的大时间相遇，恰恰构成完整的改革开放时代你个人写作史的精神建构，现在回过头看，你觉得这种个人时间和时代之间的相遇和交集是一个事实，或者是你不同写作阶段的精神事件吗？

欧阳江河：我的写作与我所处的时代，在时间节点上的互文式对应，这是我很少想到的。这里面可能包含了我的写作抱负，一种预先植入的历史无意识。我一直对自己说，我的写作一定要对我所在的这个世界有一个总的交代，它要求我的写作在文本世界与真实世界这两个平行世界之间，建立起某种对应关系。这构成了我诗歌写作的一个基本特质，这是第一点。

第二点，我的写作进程与时代转化在节点上的对应，构成了我本人的写作事件，但绝非自传式的构成，反而含有一种把自我泯灭的性质，一种主体身上的大他者性质，这样一种纠结与共同呈现。所以现实发生的现场，投射到我的写作现场以后，那种深层勾连关系可能也隐隐催促我个人精神的成长。这种特质在我的某些作品里面表现得非常明显，有的比较隐晦，但肯定是存在的。在我的成熟之作里，写作既是一种事件的发生，或从未发生，另一方面它又呼应勾连，唤魂一样唤出精神的发生。

何平：个人写作史和更大的文学史都存在源起、绵延和转折，但个人写作史和文学史不一定在同一条延长线上，它们存在各种关系方式。说得简

单一点，像我们前面谈的1980年代、1990年代和新世纪，也意味着存在整个时代社会结构、思想方式，也是文学史等的延长线和转折点。个人文学史的延长线不一定都能并轨和接驳到文学史的延长线。因此，观察和你同时进场的写作者，有的还守着1980年代文学的延长线，生长着自己的写作和美学，而每个文学史的转折点则都被你get到了，你因此可以不断从“旧我”生长出“新我”，你意识到自己写作的阶段性衍化了吗?

欧阳江河：这个问题涉及我诗歌写作的变化。进入新的时代现场以后，怎么对待原有写作的风格、质地和辨识度，怎么和旧我保持联系，但又融入不断自我质疑、自我更新、自我变形这样一种力量。这包含了中年变法、晚期风格的问题。

新世纪我的写作可以大致划分为两个阶段。第一阶段我写了诗集《大是大非》，其中不少诗作融入了口语，而且是带有加速度、带有断言语气的口语，体现了中年写作的牢骚和讽喻，把旅居国外时写作中的那份冷静、矜持，那种隔了一层的隔世感，变成了在场感，变得激烈、决断。新闻与长时段的东西，在社会学语境里混杂，那份恍惚，那份强扭，颇有点“马脖子被强扭过来”的冒犯气度。

第二阶段我专注于长诗写作。这些长诗所处理的诗意、所使用的语言材料、所表明的风格特质各不相同，但在呈现最低限度的自我、在寻找对新现实的新命名方面，又有着某种共同特性。“新命名”不是基于纯属个人经验的东西，而是来自对新诗意的拿捏，来自断言与难言的杂糅。它甚至超乎“定式”之外，连写者的主体都越来越含混，但又一直在问那个古老的问题：我是谁，从哪里来，要到哪里去？写者主体越来越明澈，也越来越活在词语的显身之中。但这个人是谁呢？写作定式所确立的那个自我，在形成的同时也在被消解。尤其在1700行的长诗《古今相接》的写作过程中，这种

“我是我所不是的那个人”的写作主体意识，变得异常明确。

21世纪的人类置身于大转折、大幻化的环绕之中，原来我们以为已经铁定的、像福山所宣称的所谓历史之终结，其实一直还在变。范式之变，已经停不下来。从西方世界的现代性到全球范围的当代性，从全球化时代到后全球化时代，从消费至上到新冠病毒，一切坚固的东西都在塑造和形成的过程中消散了。中国也在变：该如何讲述中国故事，界定新的中国形象？中国通过介入全球的经济体系、金融系统、全球产业链、全球反恐和环保系统、语言交往系统，介入了世界事务，全世界以更为广阔的目光和声音面对中国，界定中国。这个变化是双向的：当世界正在变得越来越认不出自己时，中国反而更坚定地确认自己。这究竟是一个什么样的自我？这其中的新命名、新形象，有待我们共同考察和界定。

这里我想提一个问题。个人和时代的关系，对诗人和作家，包含了和写作的关系。中国的文学写作发生了巨大的变化，小说的变化特别明显，所追求的东西，新一代小说家和与我同龄的这代小说家，呈现出相当不同的取向。年轻一代作家的文学抱负大为减弱，各种各样的诱惑铺天盖地而来，获奖、畅销、快速成名、改编影视、一夜“网红”，还有消费的、资本的、媒体的、网络的深深介入，改变了他们的写作。写作的语速、节奏也不同。很多人使用一种键盘式语言、操作性语言在写作。这样的变化扑面而来，工具理性的东西大面积出现了，连带传播方式的变化。

我们80年代的那一批诗人又如何在变呢？不少人的写作迷失了。有人长时期行走江湖，成了符号和传奇，成了民俗。有人彻底离开了写作。当然也有人持续写作，但如你所言，如果个人写作的延长线与文学史的延长线没能并轨和接驳的话，写作是不生效的。打个比喻，80年代的诗人是开着绿皮火车在写作，而绿皮火车不可能直接在高铁轨道上伸展自己的延长线。现在是一个高铁时代，一个手机的、热搜的、“广场大妈”的时代，这当然是一个比喻性的说法，但它触及了诗歌写作的转向问题。人有时会陷入这样一种尴尬：不是说找不到问题的解决方法，而是连问题是什么都不知道。

但我在这里提出的转向问题很简单。一是诗歌写作自身的问题，简而言之，就是当代诗的写作经过40年的成长和衍变，已经形成某种公共的、固化的“写法惯例”：诗意从何而来，诗意主旨的聚散、辨识与确立，诗意后面的逻辑、理路、政治正确，诗意本身的语言织体、风格表达，已逐渐累积成“惯例”。很多诗人依靠它写作，诗越写越成为惯例“自动合成”的产物。原创性呢？例外呢？问题意识呢？

二是事关写作的不同现场。80年代的诗歌写作相对而言比较任性，比较个人化，写作现场可以是个人内心的、理想的或浪漫的，也可以是江湖的、荒漠的。但当下的写作则是一掀桌子不认80年代的现场，众多年轻诗人不再是为杂志发表和诗集出版而写，他们在手机上、在朋友圈、在公众号与热搜平台上谈诗、论诗、写诗。一个诗人假如上了热搜，诗歌上了热搜，与诗歌在纸上写、在刊物上发表、以诗集方式出版，能是一回事吗？诗歌圈也出现了“广场大妈”，这样的现场肯定会影响时代精神，影响写作定式。况且还出现了资本推手，话题引导、点击率统计、后台操作，所有这些汇在一起，构成了当下现场，影响了写作的性质。我一直说热搜是一个没有在思想的、哲学的层面被处理过的东西，诗意的深邃维度、诗歌写作的可能性、诗歌语言的多元性质，这些都不可能上热搜。我的两首近作《算法，佛法》《瓦格纳能上热搜吗？》从不同角度触及了这个问题。很奇怪，当下的中国人不以如何看待瓦格纳、莎士比亚、庄子或康德来划分不同人群的圈层，而是以如何看待特朗普来划分。

这种东西的出现对诗歌写作意味着什么？我的《自媒体时代的诗语碎

片》预设、预知了某些桥段，我想做的事情是：做出新的命名。举一个例子，我在《自媒体时代的诗语碎片》与《古今相接》中，处理了无人机这个词。无人机运用于实战之后，对战争的性质做出了根本的、概念与定义上的改变。传统战争中的男子气概、献身精神没有了，英雄没有了，神枪手没有了。无人机对战争形态和性质的种种改变异常深刻，这是一种文明转折层面的、反词层面的根本改变。因为无人机是个反词，它在词的意义上尚未命名，有待命名：而这正是我在诗歌写作中想要做的事。

对我们这个时代的新形式、新命名而言，无人机只是一个碎片般的文本例子。比如我关注算法问题，它能算到佛法头上吗？在长诗《宿墨与量子男孩》中，我关注的是量子时代的科学话语，经由诗歌话语的处理，它们发生了怎样的两相改变？各自不变的又是什么？量子论有灵魂吗？还有我在《祖柯蒂之秋》里对资本话语的处理，以及《庚子记》所处理的新冠病毒对全球化的深刻改变，都体现了某种新命名的当代冲动。时代已经这样了，诗人不去处理它，行吗？时代就在你面前，你就活在这里，你为什么只能写那种唯美的、小聪明小陶醉的、自恋的自嗨的诗，而对需要命名的东西视而不见？我如果这样选择，会觉得愧对这个时代。

所以我的写作，延长线的特质在于词与反词的重合。延长线把我的写作延伸到热搜的（反热搜的）、量子男孩的、高铁的、“广场大妈”的，这样一种综合语境、新的写作现场里。80年代的绿皮火车在21世纪的高铁轨道上不能行驶，需要换轨。要想把诗歌写到火星的现场去，就得换航天飞机，绿皮火车上不了天。诗歌写作当然是大地上的事，但它也包含了一个自古以来的律令：引导人的认知上天入地。

“文学的力量，就在于拨亮人类精神的微光”

陈彦　杨辉

2021年5月28日

肯定普通劳动者的生活和生命价值，就是作品最重要的意义

杨辉：陈彦老师，您好。很高兴能有这样一个机会，比较系统地谈谈您的创作。我们就先从新作《喜剧》说起。《喜剧》是您“转事”小说写作之后的第四部长篇小说。和之前的《主角》一样，《喜剧》也是以戏曲演员的生活和生命经验为中心，牵连出围绕戏曲演出团体的更为广阔的人间世的复杂面向。套用李敬泽老师评论《装台》时的说法，《喜剧》写了数十个人物，每个人物性情不同，追求各异，也各有眉目声口。其中最具代表性的，当属“主角”贺加贝。他对喜剧艺术的选择，以及如何处理戏曲与时代，戏曲与一时期的审美风尚，以及戏曲与观众的关系，有着自己的方式。这种方式和乃父火烧天构成了极为鲜明的对照。书中详细铺陈了他的事业和情感追求，他演艺生涯的跌宕起伏，以及与之相应的情感生活的种种挫折。他可以说是选择了一条下滑的道路，违背了乃父临终的教诲，最终所求如梦幻泡影，化烟化灰。他的生命经验也因此有了可以指称不限于戏曲相关从业者的更为普泛的意义，所以我觉得这部作品与现代以来的奠基于西方观念的小说并不相同，更为接近中国古典的“寓意作品”。就是通过对虚拟世界中的虚拟人物的生命情境的艺术处理，表达作家对于历史、现实，以及人的命运的深入思考。而且还有独特的章法结构和意象处理的方法，常常是言在此而意在彼，或意在言外，需要读者详细揣摩其中所蕴含的远较表象更为复杂的意义。

陈彦：谢谢。你读得很仔细，也很深入。这部小说写的时间比较长，2012年就有想法，开始写了一部分，但因各种原因，一直未能完成，直到去年新冠肺炎疫情突如其来，在“禁足”期间我才重新提笔续写。在断断续续写作的过程中，我的生活和写作也发生了一些变化。比如，主要精力几乎都

由现代戏转向小说创作，而工作的几次变化对我的生活观念也多少有一些影响。所以当再次提笔，一些想法也发生了变化。但我无论对于现代戏还是小说意义的理解却一以贯之，那就是一部好的作品，应该具备真实的艺术创造，应该努力塑造能够代表时代的典型人物，还应该有引人入胜的故事张力。但这些只是就外部形式而言，比这更重要的是对你描述的生活、关切的人物命运，有自己的独到的理解，或者说要有想法需要表达，到了酝酿既久，几乎不吐不快的地步，才可以正式动笔，那时候写作便可能如有神助，写得顺畅，写得痛快淋漓。

至于说注重作品的“寓意”，这可能与我之前长期从事现代戏创作有比较大的关系。现代戏写作往往都有一个出发点，要么是一种重要的社会现象引发你的关注和思考，要么是一些人的命运促使你产生创作的欲念，不管是哪一种，都是因为有一定的想法需要表达。你想知道所关注的生活、关心的人物，他们的命运、情感等问题应该怎样解决。文章合为时而著，如果没有现实关切，没有对他人命运的关切，你花费那么大力气写作干啥？像我20世纪90年代写《九岩凤》时，就是对当时社会普遍歌颂“万元户”的现象的一种反思，那就是在这些人物中间，确确实实存在着为富不仁的问题，不能一概而论。到了创作《迟开的玫瑰》时，社会上都在歌颂女强人，歌颂住别墅的女人，将她们塑造成所谓的成功人士。但你仔细想想，那些身处基层的普通人，她们可能终其一生无论怎样努力都成不了所谓的“成功人士”，难道她们的生活就没有意义，没有价值了吗？像乔雪梅为了承担家庭责任，放弃上大学深造的机会，把自己一生最好的时光奉献给家庭，奉献给他人，而不在乎自身的利害得失，这样的人物难道不值得我们尊重吗？要说作品要有意义，我觉得，肯定普通劳动者的生活和生命价值，就是作品最重要的意义。

写现代戏是这样，写小说也是这样。《西京故事》《装台》《主角》，包括刚才提到的《喜剧》，在写作之前和写作过程中，我希望能够充分表达自己对生活、对人生的思考。所以虽然一直以来我也非常关注卡夫卡、博尔赫斯、卡尔维诺这类作家的作品，但做形式的新探索并不是我的追求。我也在很多年间认真阅读中国古典小说，从志怪作品到唐传奇，再到《西游记》《三国演义》《水浒传》《红楼梦》这种“成熟”时期的作品，也包括后来晚清的谴责小说。我很喜欢这些作品，觉得作为中国作家，学习域外文学经验当然很重要，但学习本民族的思想和审美传统，肯定更重要。我在《主角》后记中说过，《红楼梦》的传统，永远值得中国作家学习，自己也在《主角》中做过一些尝试，采用过一些古典小说的笔法，尽量使作品空间更开阔，能表达更多的意义。《喜剧》也是这样。写了那么多人物和他们的生活故事，最终当然要说点什么。作者在思考，人物当然也在思考。思考喜剧的本质，人生道路的选择等问题。但又不能写得太直白，有“概念先行”之嫌，而是将这些寓意润物细无声地渗透到故事和人物中间，让它们以形象的方式鲜活地表达。这个时候，中国古典小说尤其是《红楼梦》的意趣和笔法就值得借鉴。作品要有扎实细密的生活事项的叙述，也要有在此基础上升腾出的境界或者说是意义，可能因此接近你说的“寓意作品”。而作品所要表达的“寓意”，有些是你自身的生活经验和生命经验的总结，有些则是古圣先贤已经反复谈论过的道理。怎样把这些经过你自己的生活和生命经验吸收与转化之后的“寓意”融入作品，通过艺术形象的方式表达出来，就是作家所要做的艺术创造的工作。当然，也不是所有的寓意都是作家自己充分意识到的。这里面应该还有很多无意识的表达，需要读者去想象去补充。

我一直希望能够写出有中国文化质地、体现中国人的审美情绪、反映当下中国人的生活状态的作品

杨辉：这种寓意或者说是观念，还要具体落实到作品的结构、意象上。《喜剧》中这样的富有意味的意象为数不少，像那条叫张驴儿的狗，就是作品中非常重要的一个意象或者说是“人物”，它对作品整体意蕴的形成，应该说是有着不容忽视的重要意义。不仅《喜剧》可以这样理解，其他几部长篇小说如《装台》《主角》，尤其是您的现代戏《迟开的玫瑰》《大树西迁》《西京故事》，均可从这个角度理解。比如说在《迟开的玫瑰》中，“下水道”和通下水道的许师傅出场的唱段，有着和乔雪梅的生活对应的意义；《大树西迁》中那棵橘子树，反复在剧中出现的“天地做广厦，日月做灯塔，哪里有事业，哪里有爱，那里就是家”也可以和苏毅、孟冰茜等人物的精神和生活对照。《装台》中这样有意味的形象就更多了，像刁顺子生活境况的“同义反复”，一出《人面桃花》和蔡素芬的生活遭际的“互衬”，贯穿全书的蚂蚁的意象，在书中均有着值得认真思考的寓意。而《主角》中忆秦娥生活状况基本模式的结构性“重复”，包括戏与人生的互证作用，也都说明作品的丰富的寓意。这种种意象和结构模式的设置，既拓展了作品的艺术表现力，也自然地可以理解为是对中国古典小说观念和审美表达方式创造性转换和创新性发展的一种尝试。

陈彦：我们现在谈中国古典传统或者说是中华优秀传统文化的创造性转化，可能会有人觉得是一个自外而内的状态，是要重新去学习一些新的观念，新的表达方式，来改变自己当前的写作状态，事实并非如此。其实你仔细想想，不管你是否读过《论语》《孟子》，读过《道德经》《南华经》或者《金刚经》《心经》，你生活在中国文化的大环境中，自然而然也潜移默化地受到前贤的影响。你说的话里，不由自主地会有孔子的话、老子的话、庄子的话，也可能有佛家的一些说法。这可以说是中国人文化的集体无意识，无论你是否觉察，它都存在于你的精神血脉中，影响甚至形塑着你的观念和审美的偏好，让你读到与前贤类似的说法时会感到亲切，看到带有中国古典审美意趣的作品时会有一定的共鸣，这应该说是每一个中国人先天自具的。一些人之所以没有充分意识到，或者说没有发挥出这些思想和审美观的影响，可能是缺少一个合适的外部机缘。就像我以前给很多明确表示不喜欢听秦腔的年轻朋友说过的，只要你是陕西人，长时间生活在秦腔的环境中，总有一天你对秦腔的爱会被激发，差不多也是这个道理。我开始创作现代戏时，就广泛地阅读和观看过现代戏的重要经典剧作，后来在陕西省戏曲研究院，也长期生活在古典戏曲经典传统的氛围里，你想不受它的影响都由不得你。这些经典剧作，既可能影响你的人生观念，也可能会影响到你的审美趣味。总之一句话，它会潜在地决定你的观念、你的创作。我的写作之所以时刻保持着对现实的浓厚的兴趣，关心普通人物的生活、情感和命运，也尽力讲好每一个故事，细细想来，就是拜现代戏和戏曲传统经典所赐。看得多了，理解得深入了，当自己提笔写作，无意识地受到影响，就很正常。当然，写到一定程度，也会强化个人风格，滋长写出能够体现自己的观念和审美的重要作品的欲念。这个时候，广泛吸纳各种思想和艺术经验，尤其是学习和继承传统，密切关注日新月异的现实，以创造出属于自己的风格就非常重要。此外，还因自己的写作与时代、与历史、与传统的融通而获得不断调适、不断拓展的可能。在这个过程中，广泛地阅读，广泛地吸收传统的、现代的、中国的、西方的，就很重要。《装台》《主角》和《喜剧》当然也吸收了现代小说的一些艺术技巧，但古典小说的笔法可能更明显，更有辨识度。这既和作品涉及的题材、人物有关，也和创作过程中自己有意识的追求密不可分。我一直希望能够写出有中国文化质地、体现中国人的审美情绪、反映当下中国人的生活状态的作品，所以在每一部作品中，都想做一些新的尝试。

杨辉：这些尝试的确拓展了您的作品的艺术表现力。单就小说论，每一部都有所不同。《西京故事》主要运用的还是经典的现实主义笔法，到了《装台》《主角》和《喜剧》，就有明显的在坚持现实主义精神的基础上，融通中国古典传统的意味。如果从“传统”和“现代”，或者说是中国文学“大传统”（古典文学传统）和“小传统”（“五四”以降的新文学传统）“打通”的角度来理解，可以更加妥帖地阐释您这几部作品的意义。比如说作品的核心结构，都有“循环”的特征，人物所面临的具体的境遇，也有着基本相同的模式，而在作品所敞开的复杂、宏阔的世界中，人事、物事几乎都有意无意地遵循两两相对的模式：人事的起落、成败、荣辱、进退、得失，世事的兴衰、沉浮，可谓交相互动，互相发明，共同构成了作品世界的基本“逻辑”。《装台》中的大结构如此，《主角》中各色人等的命运如此，《喜剧》中“奇”“正”人物的互衬、“正”“邪”两种道路的消长也是如此。这种结构模式，正是中国古典以《三国演义》《西游记》《红楼梦》为代表的典范作品的“结构秘法”。“结构秘法”借用的是汉学家浦安迪的观点，他认为阴阳、起落、兴废这种两两相对的状态在古典四大奇书等作品中普遍存在，构成了“二元补衬”这个“秘法”。当然，一种小结构的反复出现，也就形成了“多项周旋”这一特点。虽说有学者指出过浦安迪说法的“局限”，但我觉得这种“读法”，应该说不失为一种进入中国古典小说的路径。如浦安迪所说，这种解读只是众多路径之一种，并不能全然涵盖《红楼梦》等作品丰富复杂的意义。浦安迪的尝试，我觉得是以中国人的思维理解中国经典的有意义的努力，因为不受“五四”以来现代性观念的“限制”，也有自觉的方法论意识，他反倒可能见他人之所不见。作为中国古典文论现代转换的一种尝试，我觉得浦安迪的努力值得借鉴。更何况这样的解读方法，此前太平闲人（张新之）已有尝试，可惜的是，因为种种原因，张新之的“读法”并不被后世赞许。如果不狭隘地反对这种读法，可以沿着这个思路理解《装台》《主角》和《喜剧》，也自然会有一些源自古典思想现代转换的新的理解方式。您在写作之前或写作过程中，对这种笔法有没有明确的构想？您觉得这种读解方式是否恰切？

陈彦：作品一旦出版，似乎就成为“公共财产”，作家自己好像也没有优先的发言权。诗无达诂，或者说一千个读者眼中有一千个哈姆雷特。评论家怎样去评价，有他的自由，有他的理解，不一定必须和作家的想法完全吻合。有时候你突然读到一篇评论文章，作者说的和你的想法并不相同，但他的观点会激发你思考一些问题，甚至会拓宽你对自己作品的理解。我很喜欢读这样的评论文章。说到这几部长篇的结构，其实你可能也注意到，不单是古典小说，古典戏曲中也有大致相同的结构模式。我觉得这和民族文化精神传统有着千丝万缕的联系。你想想，一个人一直生活在《周易》《山海经》《论语》《孟子》《道德经》《南华经》等经典构筑的环境中，要说不受古人思想观念的影响，几乎是不可能的。这些经典，尤其是《周易》，在很长一段时间对人们的日常生活有着直接的影响。现代人当然已经不像古人一样，做事情前都要占卜，但你生活在大自然中，每天看到并切身体验着日出日落、月盈月亏、四季转换的天地节律，多少会感受到古人所说的“循环”的意味。《周易》在创始之初，不就是古人“仰则观象于天，俯则观法于地，观鸟兽之文和地之宜，近取诸身，远取诸物，于是始作八卦，以通神明之德，以类万物之情……”也就是说，这些理论的总结都来自当时人们的生产生活实践。当下现实当然和古人存在很大差别，但这些理论得以诞生的自然节律却从未改变，以之为参照，去写历史，写现实，写人物的命运，安排作品的结构，也可能就是顺理成章的。但在具体写作过程中，却不是有意的设置，自己此前就是这样理解人物、理解现实，在具体写作过程中，也就自然地使用了这样的结构。还需要说一句，这种结构既来源于自己对古典作品长期阅读的心得，也来源于具体的、鲜活的生活实践，并不是强行设置的结构。当然这也只是表达丰富复杂的现实的一种方式，应该说还有不同的表达方式，自己在写作过程中也在不断地探索，以期对现实生活有更好的表现。

没有生活，你的情感、你的思想也就没有了源头活水

杨辉：身在具体的现实生活中，与时代一同前进，也是您创作的重要特征，也可以说是您主动的写作追求。记得您曾多次说过，陕西当代文学的核心传统，对您的写作也有着十分重要的影响。比如您谈到柳青扎根皇甫村14年，写出经典之作《创业史》的启示；路遥坚守现实主义传统，他的写作经验之于后来者的借鉴价值。生活是创作的唯一源泉，这是写作所应遵循的重要原则之一，无论现代戏还是小说创作，道理皆是如此。但道理看似简单，具体落实于实践，却好像还面临着一些问题。比如说，每个人都在生活之中，都有具体的生活体验，但却不是所有人都能自然而然地创造出具有鲜明的时代气息和高度的现实概括力的作品。您觉得这里面的问题在哪里？需要如何理解和处理写作与生活的关系？

陈彦：写作来源于生活，这肯定是颠扑不破的道理。没有生活，你的情感、你的思想也就没有了源头活水。何况无论从事什么样的职业，身处什么样的环境，都是能够呈现生活不同样貌的“法门”。而能不能从具体的个

人生活中推衍、思考出更具代表性的意义，这一点也非常重要。像福克纳一辈子都在写他的那个邮票大小的地方，营造虚拟的约克纳帕塔法县。其中的具体的材料，都是来源于他自己的日常生活，他对那个地域的历史、风情和文化的认识。当然，他是把这些放置到整个人类的历史大幕上去思考的。正因此，他写的是美国南方的一个小小地域的故事，表达的却是整体的人类的经验。柳青其实也是这样，他放弃在北京的工作，精心选择长安县皇甫村作为深入生活的地点，在那里一待就是14年。这14年间，他就和他笔下的梁生宝、梁三老汉等人物的"原型"生活在一起，充分而且切肤地感知到他们的生活和情感状态，理解他们的希望和在实现理想的过程中的种种困难。也可以说，他是像他的一篇文章所说，是"和人民一道前进"。他的具体的关注点虽然是下堡乡皇甫村，但却是把发生在这里的具体的生活世界放在整个中国，甚至世界的大幕去思考它的意义。就像路遥后来所说的，正因既有"致广大"的思考，也有"尽精微"的具体的生活细部的铺陈，他的作品才有了澎湃的思想力量。

长期生活在陕西文化和文学的环境中，你自然而然地会受到影响。柳青、路遥、陈忠实、贾平凹他们在深入生活上都有自己的独到方式，但在将生活转化为艺术的过程中，自然也各有各的特点。由此形成了陕西文学的丰富、多样的传统。他们都扎根于自己所处的时代，思考着具体的现实的问题，也尝试着不同的艺术的表达方式。这些经验对后来的写作者都有着重要的借鉴意义。《装台》《主角》和《喜剧》写的都是戏曲舞台内外的生活故事，那是因为我有在戏曲院团数十年的生活积累。很多年间，自己平时就有意识地关注周围的人事，关注围绕戏曲演出的庞大的生活经验。这些经验积累到一定程度，就会促使你产生写作的欲念。而一旦进入写作，那些你非常熟悉的人物和他们的故事就自然而然地出现在你的眼前，等待着你将它们落在纸上。因为生活经验太丰富了，往往一部作品写完，还是觉得没有能够穷尽相关的生活积累，所以就一部一部地接着写。而在写作的过程中，也会有新的生活体验。这些体验会激发和促进你对以前的经验的思考和想象，逐渐准备成熟后，一部新的作品差不多也就水到渠成了。

杨辉：说到陕西当代文学的基本传统，有两个重要的路径或者说是两种审美表达方式值得注意。一是发端于延安文艺，经柳青进一步强化，后来又在路遥的作品中得到新的发挥的现实主义传统的路向；一是在1980年代初期，随着新时期文学的不断展开，接续中国古典传统，以开出文学的新的境界的路向，这个路向在贾平凹的作品中得到了较大的发挥。这两种路向，当然都与陕西文学和文化资源有着极为密切的关系。作为中华文化重要发源地之一，陕西有着极为悠久的历史文化，同时也有着发端于延安的红色革命文化的深厚积淀。身在这样的文化氛围中，一位写作者如有开阔的视野，有兼容并蓄的能力，那么扎根于这两种“传统”，以创造新的文学境界，可能是“无法回避的选择”。李敬泽在谈《装台》的文章中，高度评价了《装台》接续中国古典小说传统而展现的丰富的文学世界的意义。吴义勤也以“作为民族精神和美学的现实主义”为题系统且深入地阐发《主角》的价值。如果整体梳理您40余年的创作（从1979年改编《范进中举》算起），可知继承经典现实主义传统，同时融通中国古典传统，是您作品的重要特征，也是当代文学中“陕西经验”的重要部分。继承“传统”，开出新境，可以说是每一代写作者都需要思考和面对的问题。您觉得身处当下文化语境中，作家应该如何处理“传统”与“现代”，“中”与“西”的问题？

陈彦：这个问题可以看作是前一个问题的延续。道理基本也是一样的。我最初开始写作时，也像同时代的写作者一样，接受着丰富复杂的文学和文化传统。这里面有苏俄文学传统、西方现代主义后现代主义传统，当然也有西方19世纪之前的文学传统。这里边最需要提及的是，那个时候我们也读中国古典小说，当开始写作的时候，借鉴甚至模仿前辈作家，很正常，也可能是很多作家写作需要面对的阶段。在你的思想、你的生活和生命经验，包括相应的艺术经验还不成熟的时候，还没有找到属于自己的“位置”的时候，不断学习，不断探索，不断尝试，应该说是很多人都要经过的阶段。我一开始写作，也是这样。开始写现代戏《她在他们中间》，校园生活剧，并没有找到自己的语言，自己的表达方式。于是后来再尝试，再变，再努力读书，读不同时代不同地域甚至不同风格的作品，希望慢慢发现自己，发现属于自己的经验和表达方式。这可能是一个比较漫长的过程。在这个过程中，我写下了数十部现代戏，做过种种探索，直到《迟开的玫瑰》《大树西迁》《西京故事》才找到了自己的道路，也可以说自己此前的种种探索，种种经验，最后促成了这三部作品的产生。还是因为身在戏曲院团，长期与戏曲人物、经典传统交往，也就自然而然地对秦腔有认真梳理、深入理解的愿望。这就有了2006年前后在《美文》开设的专栏《说戏》。由对秦腔的起源、经典作品的理解，自然也可以发现古典戏曲中蕴含着很多古人的思想，古人的情感，古人处理现实生活的经验。你看陕西省戏曲研究院最近又在演出《双官诰》，经过这么多年后，观众还是喜欢看，就说明这里面包含着“现代价值”。包括《西游记》，其中的魔幻的特点，也说明中国古典小说中有很多“现代性”的东西，问题在于你能不能从中发掘出这些经典作品所蕴含的价值。这就需要一定的创造性转化和创新性发展。在谈到戏曲艺术的传承与创新时，我经常举的例子是秦腔大家李正敏。李正敏开始做属于自己的独特的创造的时候，有很多人不接受、不理解，觉得他没有遵循成规。但是你想想，秦腔发展到现在，数百年清晰的历史应该是没问题的。但在这个过程中，肯定一直在变，一直有大的艺术家尝试新的创造。这新的创造当然是在继承传统的基础上开始的，没有对传统的继承，当然谈不上独立的创造。但是一味固守“成规”，拒绝创新，最后也难以为继。李正敏的创造虽然一时间遭到批评，但如今谈到李正敏，那用的可是“秦腔正宗”这样的褒奖。这都说明一代一代的艺术家，需要继承传统，扎根时代，创造可以面向未来的新的传统。缺少了这个，也就缺少了根本的艺术创造的“魂魄”。

杨辉：去年在陕西美术博物馆，您提及计划写作一部以一位天文爱好者为主要人物的作品。为此，您还尽可能充分地了解陕西这一类人的生活状态。这部作品现在进展如何？您还为这部作品做过哪些写作的准备？

陈彦：除了充分、深入地了解关于天文爱好者生活的各个方面的情况外，所做的准备主要还是读书，重读之前对自己有过很大启发的经典作品。只要是为写作做准备，我的有目的和计划的阅读已经形成一个习惯，姑且称之为“反向阅读”。就是越是准备用传统的手法写，越是要下功夫读各种被认为在艺术手法上有大的创造性的作品。春节期间我又仔细重读了《尤利西斯》《追忆似水年华》，感觉就和多年前读时完全不一样，有很多新的想法。像《追忆似水年华》的宏阔、丰富、巨大的包容性，让人赞叹。普鲁斯特对现实生活，对人的内心世界，包括对艺术都有极为丰富的观察和洞见，他在作品中可以花很大篇幅去谈一幅画作，好像一下子化身为评论家一样，这些看似旁逸斜出的细节，确实扩大了作品的容量。小说有时候不能写得太精致，尤其是长篇小说，就应该有恢宏的气势，反映宏阔的现实生活和复杂的内心世界，太精雕细琢了格局就容易狭窄。这也是中国古典小说的特点。《三国演义》处理的是宏阔而繁复的历史，格局之大，气势之磅礴自不必论。像《红楼梦》这样被认为是写世情的作品，格局、气象、视野也不可谓不宏阔。当然它们和西方小说还是有一些区别的。但这些都对自己理解现实，处理复杂的世态人情有很大的启发。我还读了去年刚刚出版的拜厄特的

《巴别塔》，一部80万字左右的长篇，其宏阔和丰富也令人印象深刻。在重读卡夫卡的时候还发现一篇名为《一只狗的研究》的短篇小说。这篇小说就是以狗的口吻讲关于狗的故事，很有寓言意味。我在《喜剧》中也写了一条狗，也从它的角度讲述了它所观察到的贺加贝、潘银莲们的故事。只可惜在写作之前没有注意到卡夫卡的这篇小说，要不然《喜剧》中关于那条叫张驴儿的狗，可能还能处理得再好一些。

何来今天的蔚为壮观

——关于报告文学的对话

何建明　丁晓原

2021年6月30日

我在写作时始终坚守：对进步的大声讴歌，对丑恶的有力鞭挞

丁晓原：我记得翻译了基希报告文学名篇《秘密的中国》的周立波，在其《谈谈报告文学》一文中，曾经说过这样的话："报告文学者的写字间是整个的社会。"这是一句很有阐释空间的表述。文学有多种样式，相应地也有种种的功能与价值。一代有一代的文学，一种文体也有一种文体的规定性。报告文学这种特殊的"时代文体"，从某种意义上说，是一种独特的社会写作方式。作为一种"时代文体"，它的基本价值体现为"记录"和"报告"。何老师，你的写作差不多穿越了新时期到正在行进中的新时代。60部长篇报告文学，从获得首届鲁迅文学奖的《共和国告急》，到近期的《那山，那水》《浦东史诗》《革命者》等作品，你写作的题材题旨的特点是鲜明统一的，形成了"何建明式"的"国家叙事"特色。正因为这样，阅读你的作品，如同在观览一段有着你的观察感受和表达的当代中国史。从这一点来看，你的作品可以说是记录我们这一时代行旅和脉搏的新《史记》。我想之所以形成这样的报告文学写作世界，除了时代共有的一些"公约"以外，更与你的"个人因素"相关，这其中包括你的经历经验，你对于大时代的感知理解，还有对报告文学文体价值观的确认和坚守。对此，读者和报告文学研究者是很感兴趣的。

何建明：你的提问让我也有机会回顾一下自己的"出身"：在成为作家或者说成为具有一定知名度的作家之前，其实我一直是新闻记者，而且是一个经历不同层面、不同级别和工作长达近20年时间的新闻记者。其中有15年是在部队做新闻工作，有5年是在中央媒体，之后才到了中国作家协会。有长期新闻素质训练和实践的人从事报告文学创作的特点是，他们对社会的关注度、敏感度以及工作的"战斗性"特别强，我属于这类人。甚至我对自

己的这种经历感到庆幸，因为它使得我当时和后来从事报告文学创作，有着胜于一般作家的强项，比如采访的专业、对题材的敏感、行动迅速的职业习惯等。记者的“记录”部分和作家的“文学”部分，组合起来就可能是一名优秀的报告文学作家必备的条件。我最早是写诗歌和小说，而且当时军队作家都在写关于“自卫反击战”题材的作品，我也是其中之一，20世纪70年代末和80年代初，我写过中篇小说《第二道战壕》、长篇小说《东方毒蛇》等作品。但那时我的职务是部队的“新闻干事”，一天到晚接触的是先进典型与先进人物，又受《哥德巴赫猜想》影响，所以就开始写起报告文学了，而且越写越觉得自己可能更适合写这一类文体。23岁那年我被调到北京部队的总部机关，就因为我是全军基层新闻干事中最优秀的代表之一，而那一年我也正好获了一个全国性的报告文学奖。

新闻职业的长期训练与特殊经历，使在与我同龄相仿或之下的报告文学作家中，似乎还没有一个人可与我相比，这从另一个角度解释了有人总在问我的，“为什么那么能抓题材”“为什么总能迅速出击”“作品出手总那么快”“总不知疲倦”等疑问。

我在从事报告文学创作过程中从来没有考虑过应该写什么或不去写什么的问题，而是来什么就写什么。故读者们可以看到：我在几十年中写了那么多题材，几乎涉及了所有领域，同时又跨越了近半个世纪的漫长时间，好像很少有哪个报告文学作家能达到这种景况。另外，由于新闻职业的潜在素质，我的许多作品也都是新闻的“延伸品”：如《共和国告急》，我先是写了关于矿难的新闻，后来再深入进行文学性的调查，最后写成了获得第一届鲁迅文学奖的作品；写贵州农民黄大发的《山神》，是因为我在手机上看到了一则新闻，说贵州某山区有个村支书为了让村上的农民们吃上白米饭，带领村民用了30多年时间在悬崖上修筑了一条“天渠”。这则新闻打动了我，于是我顺着这条新闻去寻找黄大发，就写了一部关于他的报告文学。这本书感动了千千万万读者，黄大发由此也成了“感动中国”的年度人物。

新闻职业的写作特点是：关注全社会、关注时代的最强音、关注国家和世界最重要的事件。大概因为我的创作延续了这种与生俱来的新闻职业优长，所以创作的作品起点和立足点多数放在国家与时代的高度，因而被归纳成“何建明式”的“国家叙事”。

一直以来，有人在误解我和我们这些写报告文学的人，他们认为“国家叙事”或者说现在的整个报告文学界，就是在“歌颂”，在“宣传”。要我说，这些意见说对了一半，其实还有一半他们没有说，因为包括我在内的报告文学作家，其实写过许多批判性的作品，如我所写的《共和国告急》《科学大师的名利场》《落泪是金》《中国高考报告》《忠诚与背叛》《南京大屠杀全纪实》《爆炸现场》等。我写作的时候仍然坚守着一个职业新闻工作者的良知：对进步的大声去讴歌，对丑恶的同样去大声疾呼。这种价值观和创作立场，从来没有改变过。我觉得这是一个作家的良心与良知，是一个作家的基本素质。

报告文学的美，包含材料之美、故事之美、结构之美、精神之美和表达之美，以及创新之美、发现之美和视觉之美等

丁晓原：上面我们谈了你报告文学创作中“国家叙事”的特色和形成机理，也兼及了对报告文学文体价值的理解，与此相关的一个话题是值得我们讨论的。我注意到有些报告文学写作者对此有误解，认为报告文学文体的写作价值主要由其题材决定，以为只要找到了“国家叙事”的重大题材，自己的作品就会自然生成重要的意义。而事实上在主题写作中，有不少作者所写题材不可谓没有价值，但是其作品在文学界和读者那里反响相当平淡。报告文学的文体具有非虚构的特性，因此其题材的选择有某种前置性意义，但这绝不是题材决定论，也要注意遵循文学艺术创作的审美规律，将有价值的现实生活和历史存在的题材最终转化为具有审美价值的非虚构的艺术文本。当代著名哲学家、美学家马尔库塞有一段表述，对报告文学的写作是有重要的启发意义的："文学并不是因为它写的是工人阶级，写的是'革命'，因而就是革命的。文学的革命性，只有在文学关心它自身的问题，只有把它的内容转化成为形式时，才是富有意义的。因此，艺术的政治潜能仅仅存在于它自身的审美之维。"报告文学并不是因为写了重大的国家题材，它就一定具有相应的宏大意义。它的价值达成也应当"存在于它自身的审美之维"中。在我看来，在制约报告文学影响力、传播力的多种因素中，对客观存在的题材不能进行较为充分的非虚构审美转化，是其中最为突出的问题。不少报告文学作品只有政治正确而缺乏审美的维度，这是影响它高质量发展的主要症结。

我发现你对这个问题是很关注的。这从前后十多年间你对报告文学写作优先事项表述的变化可以看出。2009年你在同舒晋瑜的访谈中明确地表示："报告文学作家一是必须具备政治家素质，对社会、对时代有高起点；二是有社会学家素质，有很多知识的积累；三是必须有思想家的素质，善于思考，有对社会独立的认识，有很强的判断能力和提炼能力……最后他才应该是一名作家，有文学修养、不断进取，善于研究文体，这样才会成为一名优秀的报告文学作家。"到了2019年，你发表在《南方日报》的文章《什么是真正的"报告文学"？》，对"真正的"报告文学又做了这样的诠释："真正的优秀的报告文学作品，必定具备'报告性''新闻性'和'文学性'这三个'关键点'。""报告文学的'文学性'，是不言而喻的，它包含了作品的文学语言、文学结构和文学写作手法等文学要素。”“那些能真正震撼你的心灵世界、能真正燃烧你的情感火焰、能真正愉悦你的阅读观感的‘报告文学’，才是真正的报告文学。”这里“文学性”不仅成了“真正的”报告文学要素之一，而且你对此进行了特别的强调。这是否意味着你对报告文学的“文学性”有了更进一步的认知自觉？另外，我读你近年出版的《浦东史诗》《革命者》《大桥》等作品，感觉在写作内容的选择、材料的配置与调度、叙事的故事挖掘和人物赋能、公共叙事与个人言说等方面，做了既适配题材客体又凸显主体特性的非虚构的审美转化，体现了一种审美的国家叙事较为理想的状态。对此，你可否谈谈写作中的运思和具体的设计？

何建明：现在文坛上有一种现象其实是需要纠正的，特别是关于报告文学的评价体系。一般“圈内”对报告文学的评价仅在于以评论家的评述或几个评奖结果来论说英雄好汉，其实这是非常狭隘的，也并不那么准确。我遇到这样的事太多太多，所以现在并不太在乎某个评论家对我的作品说了什么话、我的作品有没有评上某个奖。因为我更关心的是报告文学作品本身所“报告”的对象，它的目的是否实现了，是否对社会进步、民族团结、国家发展有推动作用，这才是最重要的。也就是说，报告文学的社会功能是第一位的，其次才是文学功能，而好的文学功能必定对社会功能起着重要作用。当年我创作的《共和国告急》《落泪是金》和后来的《国家行动》《忠诚与背叛》《三牛风波》《那山，那水》等，都在社会上产生了远比文坛评价高得多的影响力。比如近作《革命者》一书，文坛上虽然也有一些好评，但在社会上获得的好评与反响，甚至远远超出了我自己的预期。首先是《革命者》的发行量，达十几万册；其次是因这书我现在应邀到各地、各单位讲党史课，忙得不亦乐乎，不到3个月时间讲了50多堂课，听众达45万多人次。有些作品对社会与建设事业的推动力也难以估量，如书写习近平“两山”理念的《那山，那水》，发行数量高达几十万册不说，单就它对全国各地深入学习落实“绿水青山就是金山银山”的生态理念和生态建设所起的作用而言，其实就可以好好总结与书写一笔。这方面，我们报告文学的理论评论是滞后的，甚至是空白的。我想说的是，报告文学除文学价值外，社会价值、时代价值恐怕更重要。

你谈到的第一个问题是题材与审美之间的关系。其实在我看来，两者是统一的，没有好的题材，所谓的审美再好，也起不到重要作用。报告文学不像小说。报告文学的选题本身具有强大的审美意识在其中。选题是一个报告文学作家对作品审美的开端与第一关。毫无疑问，在创作过程中没有审美意识和高超的实现审美所需要的写作技能，再好的题材也是浪费。报告文学的这种“巧妇”性和“原材料”的占有性都是不可或缺的。

如果论说报告文学作家的话，仅仅说他是某某方面的“专家”，本身就带有贬义，是对他的创作缺少开放性认知，因为一个优秀的报告文学作家，或者说一个报告文学大家，必须接受各式各样题材的挑战与磨砺。钻进一个行业、一种题材里进行报告文学创作，陷入的是视野的自我束缚，很难成大器。题材的张力和书写的张力，其实都是审美本身的要求。

你提出的第二层问题是非虚构写作本身的技巧与技能把握。这是文学和作品本身的关键性问题，也是区别一个新闻记者和报告文学作家的分水岭。

我前面讲到自己有20年做新闻记者的经历和经验。这是成为报告文学作家重要的基础准备，然而能不能成为优秀的报告文学作家是另一回事，就像进佛门的人并不一定都成佛一样。

成佛的过程是漫长的，甚至是极其艰苦的，而且许多时候入佛门的人还必须具有一定的天赋。报告文学创作同样如此。文学家除了会生活外，还必须具有相当的天赋，天赋在很大程度上又是在不断磨砺的过程中酝酿与积累的。而经历本身有的时候也是一种高度与审美的积聚。比如我在部队时担任过团、师、军、兵种和总部的干事，到地方后又在处、局、部级岗位上都工作过，同时也管理过那么多报刊社，任过文学刊物主编、总编、社长和负责集团管理工作，又担任了近25年的中国报告文学学会副会长、会长之职。可以这样说，一个人的经历与所承担的使命在一定程度上决定了他的政治高度、世界观、胸襟，甚至审美艺术的成熟度。

纯粹的艺术问题的探讨是无止境的。对我而言，在我任了那么多年作协领导、报刊社负责人之后，可以说经历、视野、胸襟与价值观这类问题就不再是问题了。所以在近十年的创作中，我把精力和发力点更多地放在文学和艺术本身。我一直力图做到让每一部作品都有新的高度和新的报告文学文体的体验，我要求每一部作品都达到一个同时代乃至以后一定时间内不被轻易超越的高度。最近你们可能已经注意到，像《战狼2》《烈火英雄》《红海行动》《山海情》《觉醒年代》等影视作品，多多少少都与我的作品相关联，有的是直接改编，有的则是大量引用。这说明什么？除了大家都关注现实题材创作外，还说明两个重要原因：一是我的报告文学选题的独特性和表现形式的独特性；二是我的作品故事性也就是艺术性较强。在几次会上你都多次提到《浦东史诗》，我在创作《浦东史诗》这部作品时确实是下了功夫的，除了对浦东建设的过程予以叙述之外，我还特别挖掘了浦东建设过程中的“决策之美”“建筑之美”“合作之美”。报告文学的美，包含材料之美、故事之美、结构之美、精神之美和表达之美，以及创新之美、发现之美和视觉之美等美学方面的东西和实践能力。再比如最近出版的书写乡村振兴典范——浙江德清的报告文学作品，我用的书名叫《德清清地流》，仅此书名饱含了多少艺术和审美价值在其中。这样的作品获得书写对象和读者的好评是必然的。我一直认为，像报告文学这类非虚构作品，对一个写作者来说，在有关是不是“真实”的问题上根本不用花心思了，因为这是必须的，而剩下的功夫完全的、全部的应作用在艺术上的闯关、高水准和超高水平的攀登上，不然作品就不可能是优秀的作品。而欲达到超水平发挥，就得把自己锻炼成这个领域中的“超人”——眼力、脚力、脑力、笔力都得超人一等。所以也就如你所言，我对优秀的报告文学作家的要求是：你必须具有政治家的站位与高度，你得有思想家的深刻度和穿透力，你还应该有社会学家的知识广度，你当然必须具有一个时代和人民书写者的情怀，最后你才是一名作家。另一方面你还得力图掌握小说家、诗人、戏剧家的十八般武艺。我们现在的报告文学作家中，有相当多的人只有“新闻叙事”能力，没有其他艺术家的本领，所以大大弱化了这一文体本身应有的艺术魅力。这些年我自己一方面多次在创作会议上强调这方面的要求，另一方面也一直想用自己的实践和作品来影响同行。这个任务仍然很艰巨。

我们所要做的就是，不断拔高中国式非虚构文体的艺术标准和成熟高度，写出更多经典作品

丁晓原：这两年，非虚构与报告文学的概念纠缠，造成读者、作者和评论者对相关话题的认知多少有些糊涂。甚至，现在有一些作者和编辑欲弃置报告文学，以非虚构取而代之。其实，非虚构和报告文学都是舶来品。20世纪30年代，源于欧洲的报告文学，经由日本引入我国。非虚构则是兴起于20世纪60年代的概念。有一点需要说明的是，至今欧洲一些国家还沿用报告文学的名称，由德国举办的“尤利西斯报告文学奖”即是证明，我国台湾将报告文学称之为报导文学。以我的认知，非虚构大约有这些义项：作为叙事方法，最初非虚构写作在美国其实是虚构写作，作品选取新闻题材，核心的故事是真实的，但在具体的叙事中采用了小说虚构、想象等方法，非虚构即为这类写作中的新闻叙事；作为文类的指称，我在北美的图书馆中看到，他们将图书基本分为虚构和非虚构两类，两类之中又包含了许多子类；作为写作方式，就是指作品的生成有赖于作者深入采访，进行田野调查、文献查证等，拒绝主观故意的无中生有的虚构和想象；作为作家与现实关系的精神指向，以对现实的参与关注和介入，反拨对现实的疏离，纠偏创作中的凌空蹈虚。从一定的逻辑基点上说，非虚构是一个文类的指称，报告文学是一个文体的概念，两者共有一个同心圆，只是它们的半径不一样。但这只是问题的一个方面。另外一方面，非虚构的盛装出场，非虚构的某些理念，以及有一些受到读者广泛认可的成功之作，其实可以引发我们对写实性作品进行深入思考。对于这一重要的文体话题，不知你有何见解？

何建明：关于虚构和非虚构文体，创作者和学术界有很多争议。其实在我看来，读者关注的并非文体的界定与界限，而是对非虚构作品所叙述的对象和事件本身。假如你叙写的是大家都关心的事或人物，而你没有写好，读者同样不买你账，不会看你作品、买你书；相反，你叙写的是读者所关心或者能够牵动他情感的东西，他就会去阅读、去买你书，甚至最后支持你。至于你的作品到底是虚构的还是非虚构的，读者根本不关心，或者即使知道“上当了”，也还是会甘愿“上当”。这个情况值得写非虚构（报告文学）的作家们去高度重视，因为你确实写的是“真实”的，读者也知道你说的是“真实”的，但你写了读者不喜欢看的内容、不美的内容，再非虚构又有什么用呢？

现在有一些作品，尽管客观上我们可以找出一些它内容上的不够真实之处，但由于它的切入点、关注点、叙述点，满足了广大读者对所关注问题的期待与情感需要，因此这些作品大受欢迎，这一现象值得我们真正创作非虚构的作家们去高度重视。只有反省了自己的不足，看到了别人的长处，完善和完美了你自己的文体，才有可能真正完成你的非虚构之华章。老实说，我并不怕一些有明显缺憾的所谓的“非虚构”的盛行，因为我只在追求我真正的非虚构的艺术性征程上前进，相信聪明的读者最后一定会选择自己喜欢和关心的非虚构作品。

我特别想强调一下：中国的非虚构，有着悠久的历史和漫长的实践史，我们有相当成熟和经典的作品。同时，我们伟大国家的伟大历史进程又给我们的中国式非虚构提供了比任何一个国家和民族都丰富多彩的非虚构原材料，我们所要做的事只有一个：不断拔高中国式非虚构文体的艺术标准和成熟高度，写出更多经典作品。

丁晓原：我在2011年写的一篇论述新世纪前十年报告文学创作的长篇文章中，用了一部分的篇幅专门分析了当时作者的年龄结构及其创作情况，小标题为“‘跨世纪’作家与60后‘新生代’”。这别有意味的语词表达了我对报告文学作家队伍断层的担忧，认为报告文学文体的继往开来需要“70后”“80后”这些真正的“新生代”接力创造。对这个问题你自然比我更敏感，而且你作为中国报告文学学会的会长，具有一种与职务相关联的责任感。我记得，2015年10月在山东济南举办的全国报告文学创作会上，你曾明确地提出中国报告文学学会要采取切实有力的措施，进一步加强报告文学的人才培养，造就报告文学创作的“百名强将、千人队伍”。现在我们可以欣喜地看到“70后”作家已批量地走到写作的前台，一些更年轻的“80后”作家也有不俗的表现。这是保证报告文学接续发展的最为重要的文学生产力要素。我想你对此肯定有话可说，能否和我们分享一下？另外，与此相关的就是如何评价这两年的报告文学创作。我听到了一些不同的声音，你的看法是怎样的？

何建明：我们在谈论文学的时候，一般总是在谈具体的作家和具体的作品，很少谈论一个文体的发展和这个文体的领军人物的作用及队伍的建设。我的身份是集几种角色于一体的：作品的创作者、作品的出版者和在任时间较长的文学界领导者。一个单纯的作家，很少知道一个出版者的辛酸苦辣，更不可能知道文学队伍领导者的心境与作用。我们报告文学在大文学中其实一直是“小众”，小说才是“大众”。但在实际的政治生活和社会环境中，我们的报告文学又常常被当作“文学主力军”。这是一个不对称的现象，一直以来都如此。所以我在中国作协领导岗位上时，在其他领导的支持下，开创了几个利于报告文学创作与作家队伍建设的先例：创办了《中国作家》纪实版，设立了中国作家出版集团奖、中华文学基金会茅盾文学新人奖，促成了鲁迅文学院两期报告文学高研班开班和每年一次的全国报告文学创作会举办，恢复了徐迟报告文学奖，主持选编了《报告文学年选》，协助十多个省市成立了报告文学学会，成立了青年报告文学创作委员会，促成了在南浔落成的中国报告文学馆，建立了多个中国故事写作营等，这些工作远比自己写一两部作品要费心得多，它们对中国报告文学甚至整个文学事业都具有不可估量的作用和深远意义。我们还与多个高校建立了很好的合作机制，选派一批专家和作家成为高校教授，直接带学生和授课。至于我个人这些年为基层作家看过和改过多少作品、帮助他们开研讨会、推荐出版与发表作品，甚至带他们到国外出访去扩大中国非虚构的世界影响力，就更不用说了。总之，通过大家的努力，中国当代报告文学的创作队伍已经蔚为壮观，好作品不断涌现。当然，文体本身和队伍建设尚有改进和提升的空间，相信只要让这一文体继续与国家和时代的命运同频共振，未来的前景一定是更加美好的。

生活的方方面面都隐藏着文学的萌芽

范小青　子川

2021年7月28日

我的所有的不确定性，不是在“未来”，也不是在“后来”，而是在“现在”

子川：与你相识这么多年，看了你这么多小说，却一直没有坐下来聊过小说。有我不善言辞的缘故，也有为自己找托词——不想让别的因素影响阅读小说文本的单纯度。往深处想一下，还是自己的问题更多。我口讷，现场反应常常慢半拍。再就是问与答，有个主动性与被动性问题。事实上，一个访谈或对话能否聊得流畅，设问者责任重大，故，此前所参与的各式访谈和对话，我都会选择回答而非设问。

范小青：我们相约做访谈已经有一段时间了。这是一种最最放松的相约和等待，没有压力，没有任务，没有时间，甚至没有明确的目标。谈了干吗？不知道，无所谓。真的很自在，可以不放在心上，但却又始终在心上。现在终于等到你将访谈的内容发给我了，一看，还真是脑洞大开。我从来没有见过这样的访谈，这是一个独特的新鲜的访谈，没有问我问题，或者说，你的问题感觉像是你在自言自语、自说自话。那么很好，我也喜欢自言自语、自说自话，写作本来就是自言自语、自说自话，我们就开始这样的奇异的文字之旅。

子川：可不可以先试着就几个语词交流一下？作为热身，然后再切入正题。我想先说“后来”。“后来”与“未来”不同，“未来”是不确定性的时间指向，甚或没有具体内容，有时更多只是一种主观的向往。“后来”则是一个时间副词。1995年，《作家文摘》选了一篇我写你的文章，结尾有“浮在未来洋面上的岛屿”这句话。相对于1995年，今天是未来，时间概念并不确定，而今天作为1995年的“后来”，则是确定的。

范小青：关于“后来”和“未来”，我在小说中经常用到“后来”，却很少、甚至恐怕从来没有用到过“未来”。我的所有的不确定性，不是在“未来”，也不是在“后来”，而是在“现在”。现实生活中的不确定性，来自时代的巨变，许多我们确信的东西变得面目全非，甚至十分可疑，许多我们信仰的东西坍塌了，我们正在重建，但是重建会是怎样的结果，不确定。

回到1995年，你那篇文章里的那句话，“浮在未来洋面上的岛屿”，我当年抄在了我的笔记本上，虽然没有和别人说过，不大好意思说，但心里肯定是欢乐的。再仔细一想，既然是浮在“未来”洋面上的，“现在”看不见，“后来”也看不见，那还“乐”个啥呢？我想，更多“乐”的是那种知己感，有一个人那样议论我的小说，真让人飘飘然。虽然我们谁都不知道它会不会浮在未来的洋面上，也不在意它会不会浮在未来的洋面上。

子川：现在说说“感觉”。“感觉”是一个老词。我最初接触这词，是刚恢复棋类竞赛活动的1973年，我重新走到棋类竞技赛场。记得有个高手在边上评价棋手的训练对局，时不时就冒出这句：这步棋感觉好！他说的是棋感。棋感好，指的是什么具体内容，我当时其实不大懂，只是“感觉”这词用得特别，心下便对高手崇拜得很。

范小青：“感觉”这个词，现在似乎已经被用滥了，用遍了，但是无所谓，用得再滥，用得再多，“感觉”仍然是“感觉”，是上天给予人类的特殊的珍贵的馈赠。

子川：小说家的感觉其实是一种对分寸的把握。小说家有点像大导演，不仅要布置场景、推进剧情、安排演员与分配台词，甚至还要顾及台下观众的反应，等等，一切都得在他的拿捏之中。拿捏什么？分寸。因此，传递出来的能够感知的艺术感觉，来自作者拿捏的分寸。这其实是非常非常难的事，古人云：文章千古事，得失寸心知。

范小青：这是高要求。写小说的时候，固然会要考虑东考虑西，希望周全，希望把分寸把握好，拿捏得当。但正如你所说，这是非常难的事情，有时候完全是心有余而力不足，就像跑步那样，看到前面那根胜利的红线了，但就是没有力气再冲上去。有时候会有很强的无力感，也就是说，思想达到了某处，作品却在下面徘徊。有无力感，也不是什么坏事，至少说明你已经想到些什么，那么你就有了努力的方向，你就会去设法增加你的力量，向着那个方向前行。

子川：读了你很多作品，但我在很长时间里并没有写读后感的打算。我不是评论家，想吃评论家这碗饭，不容易，何况我原就不是科班出身。再就是写你的文章的太多，有许多“大手笔”在做你的文章，我哪敢班门弄斧？最后是我也还没有找到一种可以写出别人没有的阅读感受的写法，也不敢相信自己会一篇篇写下这么多。

范小青：说实在的，别说你自己没想到，其实我更没有想到，几年里你竟陆陆续续写出了这么多篇我的小说评论文章。记得第一次看到的是那篇《当精神价值被消解》——也可能记忆有些误差，但确实是比较早的一篇吧。那篇读罢，是很惊讶的，但是感动更大于惊讶。感动于你读作品的专注和深入，感动于你读作品时变被动为主动的能力，感动于你对于我的小说的那种执着的甚至有点固执的深入肌理的剖析。

这是一种解读的超越，或者是超越的解读。我的小说，我自己知道，如果不是用心地专注地读，不是真正地走进去，别说超越的解读，即便是普通的阅读，也不一定能够读出意思来。正如我自己常说的，我的小说通常真的不适合改编成电影或电视剧，我的东西都深埋在文字之中、对话之中，解读出来是相当难的。但是你解读了，剖析了，甚至大大超越了我写作的初衷。

小说中有一块玉蝉，也确实有“缠”的意思，但可能仅仅是情感的纠缠，你却认为小说除去爱情的纠缠，还有生与死、得与失、虚与实、真与幻、过去与当下、精神与物质的种种缠绕。你是胡乱吹捧吗？好像不是。我自己再回头读它的时候，知道里边确实是有生与死、得与失、虚与实、真与幻、过去与当下、精神与物质的种种缠绕。

子川：第一次写成读你的小说的文章，从《你要开车去哪里》开始。此前，读你的小说，几乎都能读到一些有意味的东西。读有所得，是读书之所以让人兴味不衰的理由。读有所得的“得”是碎片式，且完整写出小说印象也不是纯粹读者该做的事。可这篇小说读后，我忽然有一种强烈的叙写愿望，或者说，此前我已经积累且压制了许多这样的愿望。不记得是谁说过：“等有一天，最后一个零件装好。”想必此前我只是在那些所“得”碎片中，不停地寻找我想要的零部件，期望组装出器物。到了这一天，才发现终于找到了最后一个零件。

范小青：我自己很清楚，我的小说不太适合被评论，或者换个说法，评论我的小说，有点不合算，比较费劲。别人写小说，都是往高处走，我有时候却是反其道而行之，往低处走，至少，在应该高潮迭起的时候，我甚至会故意压抑下去。这似乎是我一贯以来的写作习惯，努力地写呀写呀，努力地往前推进呀推进，终于到了关键的时候了，一切应该清楚了，可偏不说清楚，甚至偏不说，一个字没有，到了高潮的部分，突然就戛然而止，叫人呜啦不出（吴方言），就是不痛不痒，哭笑不得，叫人心里不爽。

这不是在自黑，真的是我写作时的状态，所以这样的小说，要想剖析它，分解它，是有相当难度的，让我自己来谈自己的小说的话，我肯定宁愿重新写另一篇小说去了。

瞄准生存困境，对社会变化在欢呼的同时，保持一种警觉，这是从生命的本质出发的

子川：《短信飞吧》写当代机关生活。写当代机关生活的小说在你近期短篇小说创作中所占比重还不小。小说极其敏锐地捕捉到人们习见、为之麻木而无动于衷的当下生存状态，至少有着两个层面的悖谬，其一是现代科技的进步与发展，已经扭曲甚至完全颠倒科技应用服务于发明者的初衷。当现代科技应用扭曲了生存的本旨，当人们被一些东西无情吞噬，这时，"去看一个人前前后后、反反复复、轰轰烈烈的生命，像不像一个正在消失的笑声？"对了，这篇读评文章的标题就叫《一个正在消失的笑声》。显然，面对现实生活的荒诞与悖谬，一个作家应有警觉与责任，这在你的几乎所有抒写现实生活的小说中都有充分的体现。《梦幻快递》和《五彩缤纷》也充分显现了你的这一特点。

范小青：在时代大潮中，人是渺小的，无力的，被裹挟的。社会变革，旧的将去未去，新的将来未来，这就有了裂缝，一不小心，我们就掉进裂缝中去了。甚至可以说，你再小心，也避不开这样的裂缝。因为新与旧，这不是你的个人行为，那是时代和历史。一个弱小的个人，在荒诞和悖谬中，内心其实是很苍凉的，满心满腹的无力感。

子川：如今，似乎已经很少有人能从生命本质、从社会发展趋向，揭示现代生存的困境。你的小说却始终瞄准生存困境以及繁殖它们的当代生活的种种悖谬，通常人们在这些悖谬前几乎无一例外地束手无策。当我在小说中看到"无论谁是谁非，最后鸟屎总是要拉在我们头上的"这句话，特别能感受到一种张力。

范小青：瞄准生存困境，对社会变化在欢呼的同时，保持一种警觉，

这确实是从生命的本质出发的。如果社会的发展和变化的红利，最后不是落在人的生存和存在这个根本问题上，或者说，人们在获得红利的同时，也遭遇了困境，那么我们的文学作品就有了不同的着眼点。

子川：泡沫行将破灭之际，五彩缤纷是其最后的色彩。我不知道《五彩缤纷》这个小说名，是不是包含这层含义？开卷时我想过这个问题，掩卷时便豁然开朗了。小说固然跌宕起伏，曲折迂回，不乏缤纷之杂，但你用“五彩缤纷”来做这篇小说的标题，其实有深意，有一种反讽在其中。

范小青：有的小说的标题，是用心用力想出来的，甚至到了搜肠刮肚的地步。也有的小说的标题，却是灵光闪现，突然而至。《五彩缤纷》无疑是后者。既然是突然而至的，那其中的含义，可能作者自己也不是想得很明白，或者说没有来得及想得太明白、太清楚。正如你所说，不知道《五彩缤纷》是不是包含着泡沫破灭之际最后的色彩这层意思，这个真没有。没有想那么多那么细，没有来得及，当“五彩缤纷”四个字突然冒出来的时候，一阵惊喜，就是它了。

子川：进城打工的两对小夫妻（准确的表述是未婚先孕的两对恋人），陷入同一个怪圈：当事人办证结婚的先决条件是必须买房，而本城的买房政策是必须先持有结婚证。这两个“必须”是互相缠绕却解不开的死结。

范小青：这样的死结，在新旧交替的过程中，遍地都是。我们知道，目前我们所处的这个进程，旧的规则正在打破，但还没有完全打掉，新的规则正在建立，但也没有完全建立，于是新的和旧的纠缠在一起，成了死结。

子川：这四个短篇的读评，我差不多是一口气写下的。这期间你写了不下几十篇关于当代生活的小说。我选择的这四篇，它们指向当代生活的不同现实内容，大背景相同，所揭示的都是现代生活的场景与意识流动，以及其中渗透出种种悖谬的现实行为，都是一些让人掩卷之后挥洒不去的纠结。

范小青： 我的写作的敏感点就在日常的平凡的生活之中，所以平时总觉得可以写的东西很多，生活的方方面面、角角落落，都袒露着或隐藏着文学的萌芽，都会让你激动，让你欲罢不能，不写就难受。正如你所说，我的这四篇小说指向当代生活的不同现实内容，大背景相同。如果再归纳一下，我的近十年的小说，还可以排列出更多的当代生活中的不同现实内容。那是真正的五彩缤纷。

子川： 读了《哪年夏天在海边》，我在《海天一如昨日》的开头写道："在电脑里敲出'哪年'二字，我已经没有了最初的恍惚。"是的，我记得在《收获》上第一次读到这个短篇，我就有一种被海浪晃悠的感觉。

范小青：《哪年夏天在海边》是一个寄托在爱情故事上的非爱情故事，我最近也重新读了一遍，里边几乎所有的情节，正如你的感觉，都是在海上颠簸摇晃。试想，你在海上航行，遇到了狂风巨浪，你还能看清楚什么东西？

子川：《哪年夏天在海边》的"哪"字，一开头就丢一个包袱。小说开头写道："去年夏天在海边我和何丽云一见钟情地好上了。"这里，"去年夏天在海边"，其确凿的时间坐标是"去年"，而非不确定的"哪年"。

范小青： 其实生活更多的是真实的确定的，但是因为现代生活过于光怪陆离，我们碰到的人和事太多太多，我们接收到的信息或真或假，以假乱真，亦真亦假。于是，明明是真实存在的生活，却变得恍惚，变得朦胧。现在好像谈既视感的比较多，其实从理论上说，既视感和人的大脑结构有关，明明是第一次到的地方，你却感觉以前来过，明明是一个陌生人，你却觉得什么时候见过。

子川： 印象里，你专门写感情纠葛的小说不太多。这个小说让海天成为一种象征，爱与情是永恒的生命主题，如同海天，永远一如昨日。海之上，天之下，芸芸众生，不同时代，不同环境，不同际遇，不同的价值取向等，任它有千般万般不同，爱与情，始终嵌在具体生命中，逃脱不了，仿佛是总也走不出的凹地。

范小青：我确实较少写感情纠葛的小说，即便有写，也都是比较含蓄的，或者就是借着感情纠葛表达其他想法。

子川：当你借助小说主人公的梦境写道：导师说，“我只给你设计了一次婚外恋，你超出这一次婚外恋，程序就不够用了。”我说，“我哪有。”导师又说，“是为师的三年前远见不够，现在看来，我们的预测远远赶不上社会的发展速度啊。”我笑了。有一种特别赞的心情，如果我喜欢直接交流，阅读的当时也许会给你打个电话。可我这人口讷，这一点上，我挺自卑。我没有直接用语言表达出此在的阅读感受，一切只能借助码字，我自己都觉得我这人太索然无味。当时试图表达：做小说做到这个份儿上，你真让人服气。尽管这还只是此小说中的一个闲笔。

范小青：知音难觅。你的这个笑，真是十分会心呵。写与读之间，如果常有这样的会心，写的人的情绪和干劲，还会增添十倍百倍无数倍。如果闲笔都是有意义、有张力的，小说会更丰富，更值得往里开掘。我努力。

子川：我不知道自己是不是特别容易被你的小说拨动，挺奇怪。我有时甚至很想有一个同样喜欢你作品的读者，能与我互动交流阅读体会。你写小说的过程包括后来，我们从未直接交流过，事实上，在小说审美创造与审美接受方面，我和你的共振度，或可视作读者与作者之间，似有某种合谋。

范小青：这里当然是有共振，有合谋。但我觉得还有一点也是同样重要，那就是纯粹。纯粹地读，纯粹地感受阅读小说的感受，纯粹地谈读后的感想。现代人的特征就是功利。而且对于功利的理解又非常单一：对我什么有用？我也真的很想和你交流，你这么认真、细致、深入、不厌其烦地读我的小说，并且费了许多时间、许多精力写文章，这对你有什么用？我也只能用“纯粹”两个字来回答。

子川： 小说从一开始就在找人，找呀找，人没有找到，找人的人却成了精神病人。这是一个悖论，也是一个隐喻：当人们想找到自我，竟然成为非我。小说最后以精神病院逃逸者来破局，或以此为故事的结局，你写作时是不是也像我此时的心情，其实有点难过。我又把我和你拉扯到一起。

范小青： 其实小说中的主人公到底是不是精神病，并不是问题最关键处，我自己倒不认为他是个精神病，他只是以为自己是精神病，因为他觉得一切的一切都不对了，那肯定是自己的精神出了问题。

其实呢，是谁、是哪里出了问题？问题不在他。

遗憾不仅是写作和艺术永恒的话题，也是人生永恒的话题。跨过了这个半步，另一个半步又在面前了

子川： 长篇《赤脚医生万泉和》我读得更细一些，当时还记下一些读后心得，并草拟一个文章标题——《隐蔽之花开在秋风里》，遗憾的是这篇文章后来成了收拾不好的烂尾工程，我很沮丧。

范小青： 这个标题是你的诗句啊，很打动人心的。虽然烂尾，虽然我也没有看到这篇文章，但是它已经走进我的心里了，已经在我的心里开花了。

子川： 长篇小说《香火》与《赤脚医生万泉和》的叙事背景相近，但隐含的意旨与内涵明显不同。“香火”的字面义涵盖的内容，不仅在于它揭示超越生死的一种文化图像，还在于故事的背后承载很多文化的根性。《香火》有一种极为特殊的叙事姿态。这一特殊的叙事方式，一定程度上改变了阅读者的阅读习惯。在小说现实中，跨越生死边界始终是一个难题。虽有魔幻小说在前，有穿越小说在后，它们在穿越或跨越生死边界的问题上做出了一些尝试，然而不管是哪一种，其需要处理的生死边界始终是清晰的。《香火》不是一部单纯打破或跨越生死边界的小说，而是一部根本找不到生死边界的小说。

范小青：也许，我在写作的时候，我的思维只是停留在打破或跨越生死边界这样的觉悟和境界上，但是其实在我的内心，一直是有着找不到生死边界的感受的，这和我一贯的为文习惯一脉相承。《香火》是到目前为止，我自己非常喜欢的一部长篇，我想说最喜欢，但是一直没有说，其实真的是最喜欢，只是平时较少用“最”这个极端的词。

子川：说实在的，阅读这部小说，在人物行为中判断生与死或此生与彼死上面，我花了不小的力气。由此，我想到一般读者，尤其习惯于浅阅读的读者，未必愿意这样花力气去克服阅读上的难度吧。说到难度，写作的难度与阅读的难度，对于写作者而言，同等重要。虽然难度并不等于厚度与深度，但写作的难度之所以可贵，正如人生道路，难走的路与易走的路，其不同走向一目了然。阅读的难度对于一般阅读者来说，具有挑战性。有时，因为没有充分的完全的阅读，而忽略小说题中之义是常见的事。换一个角度，难度写作也是好作品经得起一读再读的原因。《香火》是一个难度写作的典范。

范小青：在《香火》出版后不久，我写过一篇关于《香火》的小文，今天再回头看看，仍然是有感觉的：“但是事实上，一直到今天，作为《香火》的作者，我心里对于《香火》的想法，却始终还没有定型，始终没有十分的明确，甚至没有七分、五分的明确，就像《香火》这部书里，充满疑问和不确定，在虚与实之间，在生与死之间，我梳理不出应有的逻辑，也归纳不出哲理的主题，很难有条有理地分析这部小说的方方面面。”

这其实也就是《香火》的创作过程和创作特点，写作者时而是清醒的，时而是梦幻的，书中的人物时而是真实的，时而又是虚浮的，历史的方向时而是前行的，时而又是倒转的。

许多本来很踏实的东西悬浮起来，许多本来很正常的东西怪异起来，于是，渐渐地，疑惑弥漫了我们的内心，超出了我们的生命体验，动摇了我们一以贯之的对“真实”这两个字的理解。

这是我彼一时的思想状况。

如果说到阅读难度，我想，可能这部小说里太多地渗入了我的个人感受。

子川：神奇的魅力正在于此：“从存在的意义，模糊以至打破生死边界是荒谬的。而从文化的意义，每一个活人的身上，都落满逝者的影子。换一个叙说角度，也可以说是活着的人只是载体，‘替一个个逝者留下影子’。因此，把小说里这些事件与场景，仅仅看成是存在意义的事件与场景，也许是一种误读。”

《灭籍记》是另一部激起我叙写愿望的小说。还记得在报刊目录中一读到这个小说名，我就有点兴奋，很想一睹为快。把这本书读完后，我陷入深思，感觉上你似乎有意绕过了一些东西，虽然也能明白你为何要绕过或者说你无法不绕过。小说的第一句话开宗明义：我是个孙子。这让我联想到孙子的弱电管理职业以及“弱电指认”这个词。这是一部关于20世纪的大书。

范小青：不完整地写也是写，留在小说之外的东西，过来人都会联想到的。所以不完整，有时候可能也是另一种完整。

子川：小说用“灭籍”做书名，源自一个专有术语：房屋灭籍，意指房屋所有权灭失。房屋灭籍和土地灭籍，说的是物的灭籍。《灭籍记》把房屋灭籍作为一个线头，随势扯出更多的生命意义上、历史意义上的线索。这也是小说题目特别有张力的地方。

范小青：是的，这个小说，不仅仅说的是房屋。灭籍，也不仅仅是灭的房籍。历史的烟火，生命的意义，灵魂的声音，都在这里飘散，这个“籍”，是渗透在文字的经经络络里的。

子川：尽管我读过你许多作品，聊到这一段落，依旧觉得自己的阅读量或阅读深度都还够不着，我还要补课读你。你的创作量太大，怎么读也读不全，而且，有一些小说读过后，心里头枝枝蔓蔓，却逮不准，大约自己还没有读透吧，回头再补读。最近我又在读《赤脚医生万泉和》，这应当是我第三遍读了。这是一部大书。甚至，我都觉得后窑那地方，很值得你钻进去，细细啃，不急着换地方。正如我认为《赤脚医生万泉和》很值得研究者钻进去，细细啃，也不急着换地方，要做点大文章。

范小青：你所说的值得钻进去，细细啃，不急着换地方，让我心中猛地一动。确实，写过《赤脚医生万泉和》，我就换了地方，离开了后窑，但是后窑却始终在我心里，永远都在。也许有一天，我又回去了，回去多待一阵，细细地啃，再做文章。

子川：再回到短篇吧，你今天短篇上取得的成功，相对于你漫长的创作生涯，或许来得晚了点，却极其厚重，非常有价值。在这一时段而非在新时期文学现场，当年，新文学视野还是一片荒原，任何一个建筑物，哪怕一个小窝棚也可能被视作一个建筑标识。今天就不一样了，且不说已有了一大批成名的小说家，文学视野中早已是繁华闹市，处处灯红酒绿，高楼林立。这时，靠作品本身赢得如此多的关注太不容易了！

范小青：灯红酒绿，高楼林立，有人偶尔看到了一盏不太明亮的灯，很好，灯表示很开心，但是如果没有人看到，一直没有人看到，也好，灯它一直在那儿。

子川：小时候，我跟我父亲在一起的时间相对较多，他跟我说过许多朴素的道理。“衣不争分，木不争寸”就是他告诉我的道理。其实，幼时我并不太懂这话的含义，直到今天，我依旧把这话理解成：裁缝活不能有分的出入，木工活不能有寸的出入，写小说这种活计呢，该以什么尺度来衡量分寸？事实上，有时也就是那么一丁点儿尺度，甚或只是半步之遥。

范小青：呵呵，遗憾不仅是写作、是艺术永恒的话题，也是人生永恒的话题。跨过了这个半步，就不遗憾了？NO，另一个半步又在面前了。

一曲金、木、水、火、土的交响曲

赵丽宏　张炜　李东华

2021年8月18日

孩子从小读什么书长大就会成为什么人，孩子对阅读的选择就是对人生的选择，我觉得应该有意识地为孩子们做一些事情

李东华：赵丽宏老师是大家熟悉的作家，据说也是作品入选语文教材最多的作家之一。赵老师为孩子们写了很多的作品，《树孩》是第四部长篇儿童小说。您为什么想给孩子们写书呢？

赵丽宏：我写作的时间跟张炜差不多，我们都是“文革”时开始写作的文学青年，我在20世纪60年代末、70年代初开始涂鸦、写作，不是为了当作家，只是想在困苦中、孤独中通过写作走出困境。我也没有想过要当作家，写着写着就跟文学和阅读结下了不解之缘，写作也成为我一辈子的生活方式，从十七八岁一直写到现在。

我开始的写作跟儿童文学是没有关系的，从来没有萌生过专门给孩子们写作这个念头，我只是把自己想写的写出来，然后发表、出书。后来慢慢发现一件事情，我的文章不断地被收进中小学语文课本。但是说心里话，被收到课本里的文章有些并不是我喜欢的文章，我从来没有想过要写篇课文给孩子们读，但是既然变成了课文，孩子们就开始读我的文字。这种阅读，对孩子来说是被动的。

我一直很关注中国当代儿童文学，因为我觉得阅读和出版的一个最基础的事情，就是为孩子们写，让孩子们读。孩子从小读什么书长大就会成为什么人，孩子对阅读的选择就是对人生的选择，我觉得应该有意识地为孩子们做一些事情，所以就有了这样的念头。我大概是在六七年前开始涉足儿童文学创作的，写了第一部长篇儿童小说《童年河》，后面又写了《渔童》《黑木头》。《树孩》是我的第四部长篇儿童小说，这部小说跟前面三部有很大的不同，前面三部小说写的都是现实的生活——《童年河》是写我的童年时代，20世纪五六十年代的生活；《渔童》写的是20世纪60年代；《黑木头》是写当下的生活。但是《树孩》写的是一个没有具体年代的幻想故事，这个故事其实在我心里酝酿了很长时间，可以说从儿时到现在我一直在想这件事情。我觉得这个世界上任何生命，花草树木、飞禽走兽、鱼虾昆虫，它们都和人一样，是有感情的，它们有自己的喜怒哀乐，它们也可以互相交流。我小时候养过花，种过草，把种子埋到泥土里，天天浇水，看着它们发芽、长枝、抽叶，慢慢长大，最后开花结果。在这整个过程中，我觉得我一直在跟它们交流。后来我也养过各种各样的小动物，鸡、鸭、猫、麻雀、芙蓉鸟、蟋蟀、蝈蝈……我仔细观察过各种生灵的生长，能感受它们的情绪变化，它们和人有很多相通之处。总之，我一直认为，世界上所有的生命都是有关联的。

去年发生了疫情，让我有更多的时间待在家里，有更多的时间思考一些问题，也有了更多写作的时间。所以去年我写了两本书：一本是诗集《变形》，这是我对自己人生的一些回顾、反思，对生命、世界的一些思考；另外一本就是《树孩》，我依靠对世间万物的认识和想象写成了这个故事。这个故事的具体情节我就不展开了，这是一个幻想的故事，一个荒诞的故事。我曾把初稿给我儿子看，给我最亲近的一两个朋友看，他们都觉得不荒诞，反而有共鸣。大家对生命的看法其实是一样的，我把这种看法写出来，成就了这样一本书。

李东华：刚才您说并没有刻意地为孩子们写过作品，但是其实您的作品一出版孩子们就特别喜欢，这让我想起别林斯基说过的一句话：儿童文学作家应当是生就的，而不应当是造就的。这是一种天赋。我觉得赵老师就是这样一位生就的儿童文学作家。张炜老师其实也为孩子们写了很多童书，像《寻找鱼王》以及最近出版的《爱的川流不息》。您能谈谈对《树孩》的一些感受吗？

张炜：赵丽宏写出什么样优秀的作品我都不惊讶，因为他是一个诗人，他写的所有的文字我都觉得是诗。我从什么时候开始注意他的儿童文学的呢？就是从《渔童》开始，这部作品跟当下的儿童文学作品不一样，我觉得它更有厚度。这跟他人生的历练有关系，跟他长期具有的诗人的情怀、接受的诗人的训练，对意境准确的把握和营造的能力有关。所以《渔童》吸引了我，我还推荐给好多人看。

我看的他的第二本童书就是《黑木头》，我还专门写了文章在报刊发表。这本书开印就是10万册，读者反映很好。他的儿童文学作品有很多值得我学习的地方，首先就是他写的东西比我的更朴素、更接地气、更生活化。但同时他那些诗的东西是藏在里边的，而我比他稍微外露一点。功力达到一定程度之后才能呈现出这种质朴的感觉。为什么他的作品好？仔细地去享受作品里的文字和语言，可以发现藏在里边的激情和热情。

再就是内在叙述的推动力也是隐藏着的，看起来非常朴实。一开始我认为这种推动力是来自某一个情节，比如说《树孩》，还没读的时候，我以为讲的是一个野孩子逃到了林子里，经历了一系列猎奇的故事。但是读完这本书后我大吃一惊，主角严格来讲是木头——黄杨木的一段，是劫后余生的这样一个所谓的“树孩”。当然它是童话，但是反而让我想起很多不是童话的作品，如马克·吐温的《哈克贝利·费恩历险记》。看起来他在写一个童话，但是有一种像是沿着一条大河走下去的浪漫，那种河两岸的生活，那样的一种厚度、诗意、黏稠度，都融为一体。这本书我简单地概括一下，它是一曲金、木、水、火、土的交响乐：“树孩”经受着刀刻，有恐惧有快乐，它慢慢成形；突如其来的山火改变了许多；他在一条大河里漂流，在泥土里面长成一个新的生命——整个就是一曲金、木、水、火、土的交响曲，我认为它是这样一部作品。

“金、木、水、火、土的交响曲”的意义在哪里呢？它包含了中国传统的元素里最重要的再造世界、结构世界的基本元素，它靠近宏大宇宙的主题。他写森林与树木——与木的关系；写大地上的生灵、泥土、田野——与土的关系；写山火的肆意凶猛——与火的关系；写洪水漫卷一切——与水的关系；写雕刻——与金的关系，河水冲走以后，又在土地里重新发芽。“树孩”经受的到底是苦难还是再造？这就是金、木、水、火、土的交响曲。赵丽宏说他原本没有设计这个结构，是我读出来的。这就是有历练的诗人意识里面存在的东西。作家特别是诗人，感性把握直达最高艺术路径。和一般的作品的区别在于，一般作家一定是先理性把握，再加以感性把握。而这个作品是以感性把握为主，理性把握为辅。很多儿童文学作家不是这样的，所以有些作品缺乏强烈的质感。

我是一个会阅读的人，我首先会阅读，其次才是会写作。赵丽宏是个诗人作家，他的作品结构依赖感受，理性做辅助，但是更胜一筹之处在于，有时候在他还没有把握个人感受的时候，长期的诗人的训练让他一下就捕捉到了或者预设到了抵达最高层次的那个路径。所以就产生了刚才我读出来的“金、木、水、火、土”的交响曲。诗和一般的文学、其他体裁的作品相比，趣味在哪里呢？诗最了不起的特质是什么呢？是你还没有从理性上去把握这一句话的时候，甚至在你的感性还没有完全捕捉和把握的时候，通过民族的语言词汇所表达的某些东西就已经感染了你，让你获得了某种感受，这就是诗的语言，是诗和别的文字的区别。

这种能力用到儿童文学里才能产生《树孩》这样的作品。和《渔童》相比，我更喜欢《树孩》，《树孩》包含了很多永恒的元素。作者把阅读者拉到了各种各样的生活场景里，山野、邻里、小家庭、木雕商店，最后遇到了河流，完成了生命从诞生到归宿到再生这样的一个大循环，这个循环很难的，跟我刚才讲的中国再造世界、结构世界的金、木、水、火、土的文化符号是一致的，又是一个圆的循环。赵丽宏说，自己并没有把这些元素做一番归拢、整合，做一番哲学上和其他方面的设定，但是这个作品高超就高超在诗人是无所不达的，没有边界。

赵丽宏：近一两年我读了大量的书，听了大量的音乐，特别是我读了很多哲学的书。同时我也写了两本书，一本是诗集《变形》，前不久刚由人民文学出版社出版，诗集中有一首长诗《在天堂门口》，是压卷之作。我觉得我们每个人都在天地间寻找终极的真理，但是没有人找到。我们都在寻找，这个寻找的过程就是生命曲折而奇妙的过程。我在写这本诗集的同时写了《树孩》这部小说。我写的时候并不是有意识地一定要表达什么深刻的思想，就是把我平时感知到的一切，对世界、人生、生命的很多想法都通过我的故事和意象写出来。我非常欣慰读者能感知到。

我想要写一部作品，写出世间万类生灵的情感秘密，把它们之间的关爱和交流写出来

李东华：赵老师作为一个诗人和散文家的才华，给予您儿童文学创作非同一般的滋养。您深厚的人生经验和阅读经验，为您的儿童文学创作带来了与众不同的广度、深度。所以我在读《树孩》的时候，感觉到有很多经典儿童文学作品的血脉在《树孩》中默默地流淌，比如《木偶奇遇记》。所以我想问一个问题，您以前写了很多以现实题材为主的长篇小说，为什么突然要以童话这个题材来承载那样的人生经验、阅读体验以及个人的哲学思考？

赵丽宏：说出来大家不要笑，有人嘲笑过我，说赵丽宏你只会写现实

生活，没有本事写那种现实中不存在的童话，幻想你是没有的。我心里有点不服气，为什么说我没有幻想呢？小时候我是特别会胡思乱想的一个人，生活中完全没有的情景，我可以靠想象创造出来。我认为自己有这样的能力。这是我写这本小说的一个动因。另外一个原因，是酝酿在心里很多年的一些想法。我从小就认为，天地间的万物都是有感情的，我的很多个人经历不断强化着这样的感受。比如，当年在农村插队的时候，我住的那间草屋门口有一棵合欢树，那是一棵秀美多姿的树，它的羽状互生的绿叶有点像橄榄枝，初夏的时候，树上开满粉红色的、像绒毛一样的小花，很美。我每天收工回来就在这个树底下坐一会儿，感觉合欢树就像一个亲密的朋友，像一个温柔的恋人，给我安慰。后来农村开河挖沟、平整土地缺少扁担，所有可以做扁担的树全部被砍伐用来做扁担。合欢树是做扁担最好的材料，我屋前的那棵合欢树也要被砍伐。我无法阻止砍树的人，只能眼睁睁看着它在锯声中倒下，当时就感觉像是我的一个朋友被人“杀”掉了，悲伤至极，那时我才18岁。看到被砍以后的树在断面上渗出汁液，我觉得是合欢树在流血，在流眼泪。这棵树的主干被做成四根扁担，其中有一根扁担分给了我。我用扁担挑很重的泥土，这根扁担就在我肩膀上发出奇怪的声音来，声音特别响，“吱呀吱呀”，我仿佛听到这棵树在我的肩膀上哭泣。当时的感觉我曾在日记和诗里写过，我觉得这棵树是有生命的，是有感情的。还有很多这样的例子，有些我没有写，而它们一直在我的记忆中。所以我想着要写一部作品，写出世间万类生灵的情感秘密，把它们之间的关爱和交流写出来。

这部小说里面就有这样的东西，万物有灵，人能感知，但是不能跟它们说话，它们互相能讲话、能交流，跟人是无法直接交流的。所以《树孩》里面，树孩能被人看到的感情就是流眼泪，它心里悲伤了会流眼泪，只有这个能被人发现，其他都是人类对它的想象。但是，这并不妨碍人和树之间的感情互动。幻想小说的美妙之处，就是把不同生灵在生活中无法实现的感情交流，变成了真实可感的故事。

我觉得“真诚”非常重要，一个是对自己；一个是对孩子

李东华：我觉得从《童年河》到现在的《树孩》，故事性增强了，特别符合孩子的阅读趣味。张炜老师也写了很多童书，您对儿童文学界或者对儿童文学写作者有什么建议吗？

张炜：其实，从赵丽宏创作儿童文学时起，我对儿童文学就有了一些新的想法，当然大家都做出了很多的成绩，我也是跟他们学习。我觉得赵丽宏不光是这一本，他的好多本儿童文学作品都值得我们学习。他没有用惯常的儿童文学的语调去创作。有的人讲儿童文学有创作的规律和要求，这个当然是对的，但是写作是个人的，一定不要限于小格子。一个时期的语言、气息、语调——小说、散文、诗、儿童文学都有一个时期的小语调——这个总体语调一个作家要不摆脱的话，很难成为杰出的大作家。

我读《树孩》，包括先前读《渔童》和《黑木头》，这些小说超越了大众化的总体语调，有个人的语调，赵丽宏的语调和我的不一样，他的比我的更朴实、更简洁，有时候更舒朗。他省略了很多的细节，又没有空白。他的诗意、个人的营造力完全填满了作品，他的东西不缺乏细节，细节也很精妙，但是他不是简单地完全靠情节去完成，我觉得他不是，他写得很自然、简单，简约而不简陋。这一点《树孩》做得比原先那三本要好，我觉得空间感、节奏掌握得很好。赵丽宏所有作品叙述的速度都有一种均衡感，包括《黑木头》，不是让人厌烦的突然地快，突然地慢，突然地停滞不前，没有这种状态。但是又不是那种不温不火的，让你读起来缺乏激情，作家有叙述

的强劲的推动力，赵丽宏儿童文学叙述的特质值得研究儿童文学的专家们好好研究。

我看过一个儿童剧，导演让一个演小孩的演员上台的时候扎着一个“朝天锥”，告诉他上台的时候用食指指着太阳穴晃动头，一开始是好的，但是大家都那样伸出食指晃荡着脑袋往台子上跑，那就是大众的语调了。我觉得这一点赵丽宏挺了不起的，他能很自然地写自己的东西，他写得更放松，更自然，更舒朗，节奏很均衡，整个叙述的节奏、速度非常自然。我有时候掌握不了这种节奏，有时候写得特别快，有时候推动不下去，就慢下来了，我觉得他写得好。

赵丽宏：您关于文学创作的语调的说法，我非常赞同，对我很有启发。刚才李东华提了一个很好的问题，到底什么样的儿童文学作品才是好的，我们应该怎么写？其实我没有很系统地想过，我只想简单地讲两个字：“真诚”。我觉得“真诚”非常重要，一个是对自己，真诚真实地表达自己；一个是对孩子，对孩子也要真诚，要尊重孩子，把孩子当大人一样平等对待。现在的儿童文学创作有几个毛病，有些儿童文学创作媚俗，这种媚俗的气息让人非常难过，现在这种气息很多地方都存在。怎么媚俗呢？有两种，一是俯就，孩子喜欢吃甜的，就把大把的糖塞给孩子，孩子喜欢搞笑，就不断地编织搞笑段子让孩子哈哈大笑。但是这些东西对孩子是不是有用？孩子看了以后会不会留下美好的记忆并帮助他成长？大部分迎合孩子的东西是没有用的，孩子读过以后就会忘记，甚至是浪费了他们宝贵的时间。孩子阅读的时间太宝贵了。另外一种媚俗就是端着架子教育孩子，应该这样不应该那样，摆出“教师爷”的样子训导孩子。这样的态度其实也不是真诚的。我不是说我自己写得好，只是我写儿童文学作品的时候，总会有一种返老还童的感觉，感觉时光倒流，我又变成稚童、变成少年了，我用稚童、用少年的眼光看周围的世界，想自己的心事。我写每一件事情、每一句话、每一个场景，我都要求自己变成一个孩子，用一个孩子的眼光和心思来表达。这不是装出来的。文章里面出现这种媚俗的气味和腔调是很让人讨厌的。我觉得应该真诚，很自然地把自己变成一个孩子，要有一颗透明纯真的童心。没有童心的人、不尊重孩子的人是写不出好的儿童文学作品的。我这些话也许是外行的话，但这是我的真心话。

李东华：赵老师讲到为孩子写作要真诚、自然，不要装孩子腔，装儿童腔。刚才张炜老师也提到儿童文学写作不要固化，不要千人一面。结合《树孩》这本书，其实我有一个问题想问，我对书中父亲的这个形象很感兴趣，他是一个雕刻家，他把一棵已经烧焦的树，通过艺术创作让它重新拥有了生命。这其实也让我想到包括作家在内的所有艺术家都该拥有这样的力量。您当时在写这样一个父亲的形象时，灵感从何而来？

赵丽宏：其实我这个人兴趣特别广，从小对所有的艺术都有兴趣，每一样艺术我都要去了解琢磨一下，像绘画、剪纸、雕刻、音乐、舞蹈、杂技、魔术等，都很喜欢。我写木雕不是凭空写的，确实是了解的。我曾经留意观察过很多博物馆中的黄杨木雕，从明代的文物一直到今人的作品。我有个很熟悉的朋友是有名的黄杨木雕刻家，但是我只看过他的作品，没有看过他雕刻的过程。在写《树孩》之前，为了了解黄杨木雕创作的过程，我专门去了一次浙江东阳，东阳有一个木雕博物馆，在那里我看到了雕刻家创作木雕的整个过程。《树孩》中的雕刻家尽管完全是幻想出的一个人物，但是我写他雕刻创作的过程是很真实的。在小说中，雕刻家也是一个慈祥的父亲，他的生命随着树孩的诞生而结束，这是一个悲伤的故事，但并不是让人绝望的结局。他用残存的黄杨木雕刻的树孩是他创作的最后一件作品，他用了全部心力去雕塑。而这尊雕塑的原型是他的儿子春芽儿，他把自己生命最后时刻的爱和希望都凝聚融化在这件雕塑中了，其实这也是父爱的一种表现。正是雕刻家的爱和希望，把生命的力量赋予树孩，他创造的艺术才有了永恒的生命。

李东华：《树孩》特别打动我的一点就是生命的那种生生不息。同时《树孩》里那种人和自然万物之间的息息相通，那种朴素的万物有灵的理念也让我印象特别深刻。张炜老师的作品里也有这个特点，您的《海岛》里也写到小男孩和植物、小动物那样心灵相通，那种万物有灵的感觉是来自您的童年经验还是对生命的思考？

张炜：《树孩》有这么几个场面给读者留下了非常好的印象。一个是雕刻家手里的那把刀和他雕刻的过程，包括雕刻家自身。其次就是那场山火，火写得很好，而且没有火就没有后来的故事。再就是那条河流写得好，实际上金、木、水、火、土，这个“木”面临着金、火、水、土的挑战，“土”不要紧，“土”是无所不在的，是托起万物生命的基础。再就是大火、雕刻、洪水的各种经历。整个的意境、故事全都有了，这个小说的这四块结合得特别好。

再回答刚才的问题，因为我从小生活在林子里边，家的不远处有一个国有林场，那是一个杂树林子，不是人工林，是自然林，很大很大。所以我从小接触的人很少，接触的动物和植物很多。我从小跟着外祖母长大，少年特别是童年时代就是置身这样的生活环境，非常寂寞，寂寞到了极点，可是把它写出来之后，读者却觉得我的生活不寂寞，很丰富，很热闹，现在找到这样的环境很难了。所以有人看了说，你写这些东西的那个年代是很饥饿的，但文字里感觉不到，相反觉得很丰盛，所接触到的东西极端贫乏，而接触原野、各种各样的动物植物，却通向了另一极。我觉得这种呈现依靠后来的设计和构想行不通，还是跟个人的经历有关，有了那样的经历就没法写别的东西。有一个好朋友跟我讲，你已经写了一个海边的作品，这次写的又是海边。我没有办法，我小时候在海边长大，周围就是动物、海、河、林子，别的生活我没有，我写的东西都是真的。赵丽宏没有经历也不可能写这些东西。我注意到他写儿童诗，老想跟他请教怎么写儿童诗，不写不知道，一写才知道儿童诗原来非常难写。

李东华：但是您的《爱的川流不息》本身就是一部长的儿童诗。

张炜：要是用诗句表达出来我觉得我没有能力，我写过一首关于猫的儿童诗，再也写不下去了。怎样掌握火候我觉得很难。《树孩》这一类的作品和赵丽宏的诗的风格是一样的，猛地一看极其朴素，非常平静地叙述，完全是一个文学过来人的气质，但是没有诗人和散文家，特别是诗人的功力和特质做基础的话，这些文字的写法就会变得贫瘠、枯燥，没有内在的推动力。以后有机会希望赵丽宏能从儿童诗谈起，谈谈儿童文学如何摆脱大众统一的惯用的语调，突出自己的风格。他的作品里保留了他的那种饱满，自然而不贫瘠，简单而丰盈，平静又有叙述的长度和内在的强大推动力。

李东华：我最后想问赵丽宏老师一个问题，刚才张炜老师对《树孩》进行了深度解读，用到了“金、木、水、火、土”的概念，这让我觉得耳目一新，作为作者本身听到这个概括有什么感受？

赵丽宏：我觉得他一下点亮了我。我是在无意中涉及了生命的秘密，说是无意，其实这也是我一直在思考和书写的——生命到底是什么，生命的过程到底应该是什么模样？《树孩》只是我对这些问题思考的一份答卷吧。

大家对儿童文学不要有误解，以为儿童文学就是小儿科，就是给孩子看的，是最简单幼稚的，比成人文学要低一等，不是这样的。好的儿童文学是文学里最高级的文字，它非常简单、单纯，但是能让孩子喜欢，让孩子在会心一笑中触及人生的真谛。好的儿童文学不仅孩子喜欢，一定也是成人喜欢的，就像《安徒生童话》，从小读到100岁也可以。所以不要小看儿童文学，要写出既让孩子喜欢、也让成年人能读的作品，我们都要向这个境界去努力。那些用简单的、朴素的、单纯的手段、故事、语言写出的，其实是人生最深邃的一些道理。

（杨岚据三人在赵丽宏新作《树孩》发布会上的对话整理）

“我坚持文学是有基本面的”

曹文轩　邵燕君

2021年9月10日

文学性是文学的“天道”

邵燕君：您是著名的教授、作家，您的创作一直和文学研究、文学理论分不开。我记得我1980年代上大学的时候，就听过您讲的《小说的艺术》等课程，那时您已经是创作颇丰的作家了，发表了很多中短篇小说，多以小时候的乡村生活记忆为题材，只不过，那时候并没有被划为“儿童文学作家”。这么多年来，我觉得您的很多基本文学观念是一以贯之的，甚至很多时候，您会说：“我固执地认为……”我想首先请您谈谈，您最固执坚守的、最核心的文学理念是什么？

曹文轩：应该就是文学性。能够穿越时间和空间的，不会是别的，一定是文学性。而我坚持文学是有基本面的。

我的所有作品，无论从外表看上去它们有多大的差异，但从根本上来讲，都是建立在我所体悟到的那些基本面之上的。文学要不要变法？当然要，但它的变法应当是在基本面之上的变法。任何一种被命名的事物，都有它的基本性质，我们只能在承认它的基本性质之后，才能谈“变”。我常喜欢拿普通事物来喻理。比如，我说椅子：什么叫椅子呢——也就是说，椅子的基本性质是什么呢？定义是：一种可供我们安坐的物体。这就是“椅子性”。如果，这个物体不具有这个功能，那么它也就不是椅子了。事实上，椅子也一直在变法，我们能说得清楚这个世界上一共有多少种椅子吗？四条腿的，三条腿的，两条腿的，一条腿的，没有腿的。还有，古今中外，有多少种材质又有多少种风格的椅子呢？但变的不是性质——再变，椅子也不能变成剑，一把剑，是不能当椅子的。不信，你坐上去试试！

这个基本面从有文学的那一天开始就存在了，它是文学的天道。我所持有的并不是什么文学的理想，而只是坚持文学的原旨罢了。

邵燕君：文学的基本面看似“天然存在”，但您的坚持显然是有对话对象的，您对话的对象应该说这些年是在学术界更占据主流的，比如特里·伊格尔顿，他在那本影响深远的《文学原理》的开篇就提出“文学是什么？”反对将文学进行本质化的理解。伊格尔顿等研究者又被美国耶鲁大学的哈罗德·布鲁姆教授怒斥为“憎恨学派”。伊格尔顿的《文学原理》和布鲁姆的《西方正典》都是北大博士生资格考试的必读书。前些年，学生还比较冲，我记得有学生抽到某书，公开表示对作者观点不满，直言“看不下去”。老师们的观点也不一样。您显然是站在布鲁姆一边的。

曹文轩：我是在阅读《西方正典》这本书时真正认识这位著名的美国学者的。这是一位孤独的却有着巨大创造力与敏锐辨析能力的学者，他的性格中有着不合流俗的品质。《西方正典》这本书是我的一个博士生让我读的。她在电话中很兴奋地向我介绍这本书，说书中的基本观点与你——老师的观点如出一辙。我将信将疑，她就在电话的那头向我朗读了书中的一些段落。布鲁姆的一连串的表述使我感到十分惊诧，因为他所说的话与我在不同场合的表述竟是如此地不谋而合，其中有许多言辞竟然如出一辙。我们两人对我们所处时代的感受、对这个社会的疑惑、疑惑之后的言语呈现，实在不分彼此。我们在不同的空间中思考着——思考着同样的处境与问题。这个我一生大概永远不会谋面的人，使我感到无比的振奋与喜悦。我一直对自己的想法有所怀疑：你与这个时代、与那么多的人持不同学见（不是政见）、不同艺见（“艺术”的“艺”），是不是由于你的错觉、无知、浅薄与平庸呢？我常常惶惶不安。在如此心态之下，可想而知我在与《西方正典》相遇时，心情如何！

邵燕君：那么，您最赞成他的什么观点呢？

曹文轩：布鲁姆在《西方正典》中直截了当地称这个时代是一个“混

乱的时代”。

这个“混乱的时代”对“文学是什么”的问题回答得非常干脆：文学什么也不是——文学是没有本质的，文学不存在什么基本面，文学也根本不存在什么恒定不变的元素。

这一回答，以历史主义包装了自己。历史主义的基本品质是：承认世界是变化的、流动的，没有一成不变的事物，我们对历史的叙述，应与历史的变迁相呼应。它的辩证性使我们接近了事物的本质，并使我们的叙述获得了优美的弹性。但真正的历史主义并没有放弃对恒定性的认可，更没有放弃对一种方向的确立——并且这个方向是一定的。据此，历史主义始终没有放弃对价值体系的建立，始终没有怀疑历史基本面的存在。历史主义的文学批评一直坚信不疑地向我们诉说着：文学是什么、文学一定是什么。

而现在所谓的历史主义其实是相对主义，辩证性成了“世上从没有什么一成不变的东西，一切皆流，一切皆不能界定”的借口。因此，就有了一种貌似历史主义的结论：所谓文学性只是一种历史叙述而已。也就是说，从来就没有什么固定的文学性——文学性永远是一个历史性的概念，也只能是一个历史性的概念。这样，变与不变的辩证，就悄悄地、不知不觉地转变为“变就是一切”的相对主义。

相对主义宽容、大度的外表姿态，还导致了我们对文学史的无原则的原谅。由于从心中去除了一个恒定的文学标准，当我们在回顾从前的文学史时，我们似乎很成熟地说：我们不能以今天的标准来要求从前的作品。文学的标准有今天与昨天之区分吗？文学也在进化论的范畴之中吗？今天的一个意大利诗人的诗一定（至少应该）要比但丁的诗写得好吗？但丁早在1307年就写出《神曲》了，你在2018年写的诗如果不比他写得好，你还写诗干什么？你该干别的活去了，或者说你该睡觉去了。

历史是可以原谅的，但文学史却是不可以原谅的。因为历史确实是在人们的认识不断提高的状态中前进的，而文学的标准从有文学开始的那一天就确立了，文学的基本面从来就没有改变过。

重新定义“文学”是徒劳的，因为你无法获得充足的认知力量去涵盖莎士比亚和但丁，而他们就是文学。何为文学？无须界定，它存在于我们的生命之中，存在于我们情感之中，存在于一代一代人的阅读形成的共同经验之中。

邵燕君：那您认为，文学对于人类来说究竟具有什么样的意义？

曹文轩：多少年来，我就一直喜欢这样来定义文学：它的根本意义在于为人类提供良好的人性基础。如果这一定义是可以被接受的话，那么，我们就可再作追问：这个所谓的“良好的人性基础”又究竟包含了一些什么样的内容？——也就是说，它大致上都有一些什么样的维度？至少有这样一些基本维度，比如道义，比如审美，比如悲悯情怀等。

我喜欢康德，更喜欢歌德

邵燕君：您说的这些似乎更适合对于古典文学的描述，您怎么看待现代主义文学呢？

曹文轩：文学进入现代形态之后，在许多方面发生了根本性的变化，其一就是它不再做感动的文章了，非但不做，而且还在排斥这样的文章。

我对现代形态的文学深表好感。因为，是它们看到了古典形态之下的文学的种种限制，甚至是种种浅薄之处。现代派文学决心结束巴尔扎克、狄更斯的时代，自然有着极大的合理性与历史必然性。是现代形态的文学，大大地扩展了文学的主题领域，甚至可以说，是现代形态的文学，帮助我们获得了更深的思想深度。我们从对一般社会问题、人生问题、伦理问题的关注，走向了较为形而上的层面。我们开始通过文学来观看人类存在的基本状态——这些状态是从人类开始了自己的历史的那一天就已存在了的，而且必将继续存在。正是与哲学交汇的现代形态的文学帮我们脱离了许多实用主义的纠缠，而在苍茫深处，看到了这一切永在，看到了我们的宿命、我们的悲剧性的历史。然而，我们又会常常在内心诅咒现代形态的文学，因为，是它将文学带进了冷漠甚至是冷酷。也许，这并不是它的本意。我们在那些目光呆滞、行动孤僻、木讷、冷漠、对周围世界无动于衷的形象面前，以及直接面对那些阴暗潮湿、肮脏不堪的生存环境时，我们所能有的是一种地老天荒的凄清与情感的枯寂。

这里，我们不想过多地去责怪现代形态的文学。我们承认，它的动机是人道的，是善的。它确实如我们在上面分析的那样，是想揭露这个使人变得冷漠、变得无情、变得冷酷的社会与时代的，它大概想唤起的正是人们的悲悯情怀，但，它在效果上是绝对地失败了。

我们如此断言过：文学在于为人类社会的存在提供和创造一个良好的人性基础。而这一“基础”中理所当然地包含一个最重要的因素：悲悯情怀。

我们一般只注意到思想对人类进程的作用。其实，情感的作用与审美的作用一样，也绝不亚于思想的作用。情感生活是人类生活最基本的部分。一个人如果仅仅只有思想——深刻的思想，而没有情感或情感世界比较荒凉，是不可爱的。如果有人问我，你喜欢康德还是歌德，我的回答是：我喜欢康德，但我更喜欢歌德。

邵燕君：现在的学者确实很少像您这样，带着体温，带着童年种下的虔诚和热爱来讨论文学“原理”的问题了。我觉得这是您和布鲁姆最相通的地方。

曹文轩：我对文学的理解和界定，显然是非主流的，也不是流行的。几十年来，我对文学的“伺候”，一直是按我的文学理路来进行的。因为我自认为我对文学的感受，是有文学史的背景的，它们来自我对经典作品的体悟。同时，我对我的文学观始终不渝的自信和冥顽不化的坚守，很大程度上是因为我的作品一直作为有力的佐证，矗立在我的背后——在几十年时间里，它们在不断地被印刷、不断地被翻译，不仅去了欧洲，还去了拉丁美洲、非洲、大洋洲以及亚洲的许多国家。而我明白，它们之所以能够走向天边，恰恰是因为我坚守了文学应当坚守边界的理念。

邵燕君：我看到一份材料，好像您是当代作家中作品被翻译相当多的一个，而且数字高得吓人：各种翻译版本总计352种，加上港澳台繁体字版，共374种。翻译总计37个语种，发行78个国家，其中有英语、法语、德语、俄语、意大利语、西班牙语、日语、希腊语、瑞典语等，欧洲的大部分语种都有翻译，而且在当地获了很多奖项。仅《青铜葵花》一书就有近30个语种的版本。您为什么可以获得这么广泛的接受？

曹文轩：我们现在很热衷于谈论“什么样的作品可以跨越文化”，我不知道我的作品算不算已经“跨”了？但我很清醒地知道，即便是说已经“跨”了，大概还有一个漫长的“走进深处”的过程。不仅是我要面对这个过程，几乎所有已经走出去的中国作家大概都要面对这个过程。文化是民族的，人性是人类的。这个世界上并无白色人种的人性、黄色人种的人性、黑色人种的人性。无论是哪一种人种，也无论是哪一个处于不同文化背景之下的民族，就人性而言都是一样的。如果一个作家想让自己的作品走向世界——能够跨文化，那么他要做的就是他的笔触要直抵人性的层面。唯有这样，他的作品才有可能走向远方。

作为还算是比较幸运的中国作家，我愿意谈谈我的心得——它们为什么能够走到巴黎、伦敦、柏林、罗马、莫斯科、开罗、东京、开普敦等的心得。我觉得首先就是我上面谈到的基本面的问题吧。儿童文学与成人文学一样，既是文学就必有文学性——恒定不变的品质。除了坚持文学有基本面以外，我还坚持一个看法：文学与门类无关。

好小说是经得起翻译的

邵燕君：除了以上谈的基本面，您觉得还有什么东西对于文学而言是特别重要的？

曹文轩：我一直在思考一个问题：怎样的小说才算得上是好小说？我的标准是：经得起翻译。那么，又是什么样的小说才经得起翻译呢？我的答案是：讲了一个品质上乘的故事的小说。作为小说家，你必须要写一些结结实实的、角度非同寻常甚至刁钻古怪的、美妙绝伦的故事。

从前，我们将语言看得至高无上。我的朋友们都知道，我对语言非常非常在意。我对自己说，你要对每一个句子负责。但我并不赞成语言至上论——至少在小说这儿。我们显然将语言的功用夸大了。是的，我讲究语言，可是这样的讲究，只是在我的母语范畴。如果我的作品翻译成英语、法语、德语、意大利语或日语，你在汉语中追求的那一切——比如神韵、节奏、凝练和所谓韵味，还能丝毫无损地转移吗？大概很难。即使这位翻译水平再高，对你在语言方面的追求再心领神会，都是难以做到的，他只能做到“尽量”。如果翻译之后的作品，依然会在语言上让与他使用同样语言的读者称道，由衷地赞美那部作品的语言，那其实是在赞美那个翻译的语言能力。托尔斯泰的作品翻译为中文之后，我们其实已无从知晓他在俄语方面的独到运用和美学追求。但，我们在阅读了他的那些巨著之后，丝毫也不会影响我们从心灵深处认定他是一位光芒四射的文学大师，是一座耸入云霄的文学高峰。翻译成中文的托尔斯泰还是托尔斯泰，也许因为语言的转换，损失了一些，但这些损失不足以毁掉一位大师。那么，是什么保证了在语言转换后的托尔斯泰还是托尔斯泰呢？是因为庄园还在，四大家族还在，是因为他给我们讲了一个又一个辽阔宏大的俄罗斯故事。那些富有物质感的故事并没有因为从俄语世界转换到汉语世界而缺失。

让我们记住这个朴素的道理："一个男孩盘腿坐在墓碑上"，无论翻译成何种语言，这个事实都不可能被改变。

所以，我要好好讲故事。那些深刻的题旨，那些栩栩如生的人物，暗含在和活在故事中——所有一切你希冀达到的，其实都离不开一个有品质的故事。

我的见解不包括诗。

将安徒生奖章藏在一个自己都不容易找到的地方

邵燕君：作为一个作家，获得国际性大奖无论怎么说也是一个重要的里程碑。很多作家的创作会停顿一段时间，您好像是一个例外。2016年获"国际安徒生奖"以后，您好像更"高产"了，您是怎么做到的？

曹文轩：我不想让获奖成为压力，它只能成为动力。压力有可能会使你在获奖之后"江郎才尽"，再也写不出任何有价值的东西。我尽量减轻获奖的压力，尽量减弱获奖对我的影响。我告诉自己不要太在意这份荣誉，也许它并不能说明什么，能说明什么的应当是一如既往的写作。我告诉自己，要像从前一样轻松写作，绝不让获奖成为包袱和枷锁。一个作家如果不能再写作了，也就什么都不是了——当然，身体衰老另说。还好，在十分疲倦地对付了一阵媒体之后，我很快恢复到了常态，恢复到老样子。我把获奖证书和那枚有安徒生头像的奖章藏到了一个连我自己都不容易找到的地方。这种感觉很好，很清爽，就像什么也没有发生过。我在不停地写，速度比以往任何时候都快。2017年出版了《蜻蜓眼》，这是一部在我个人写作史上很重要的作品——我坚信这一点，时间将为我证明。后来写了“曹文轩新小说”系列，现已出版6部，《穿堂风》《蝙蝠香》《萤王》《草鞋湾》《寻找一只鸟》，不久前又出版了《没有街道的城市》。2020年，因为疫情我被困在了家中，我能做的就是看书写书，也许这是我写作作品最多的一年。你可以什么都不相信，但一定要相信辩证法——这是天地之间的大法——坏事完全可以变成好事。

邵燕君：在这些作品里，您好像越走越开阔，走出了“草房子”，走出了您熟悉的油麻地。

曹文轩：从《草房子》开始，我写了不少作品，但故事基本上都发生在一个叫油麻地的地方，一块如同福克纳所说的“邮票大一点”的土地。我关于人生、人性、社会的思考和美学趣味，都落实在这个地方。但大约从2015年出版的《火印》开始，我的目光从油麻地转移，接下来的《蜻蜓眼》，情况就变得越来越明朗了，我开始了我个人写作史上的“出油麻地记”。

我是一个文学写作者，同时也是一个文学研究者。我发现，在文学史上，一个作家很容易因为自己的作品过分风格化，而只能在一个狭小的范围内经营他的写作。因为批评家和读者往往以“特色”（比如地域特色）的名义，给了他鼓励和喜爱，他在不知不觉之中框定了他的写作。他受氛围的左右，将自己固定了下来，变本加厉地经营自己所谓的“特色”，将一个广阔的生活领域舍弃了，这叫画地为牢，叫作茧自缚。我回看一部文学史，还发现，这种路数的作家，基本上被定位在名家的位置上，而不是大家的位置上。托尔斯泰、雨果、海明威、茨威格、狄更斯、巴尔扎克是大家。他们所涉及的生活领域都十分广泛，不是一个地区，更不是一个村落，至少是巴黎、伦敦和彼得堡。我后来读了福克纳的更多的作品，发现评论界关于“邮票大一块地方”的说法完全是不符合事实的——事实是，福克纳书写了非常广泛的生活领域。

那么，一个作家要不要讲究自己的艺术风格？当然要。大家阅读了我的新小说之后，将会深刻地感受到，这些作品与《草房子》《青铜葵花》《细米》等作品共同操守的美学观。你可以在抹去我的名字之后，轻而易举地判断出它们是出自我之手。一如既往的情感表达方式、一如既往的时空处理方式、一如既往的忧伤和悲悯、一如既往的画面感、一如既往的情调，无不是我喜欢的。但已经不再是油麻地，有些甚至不是乡村，而是城市，甚至是北京和上海这样的大都市。2017年的《蜻蜓眼》，写了上海，甚至写了法国的马赛和里昂。我其实已经是一个很熟悉城市生活的人，我在城市生活的年头是在乡村的三倍。我觉得我现在写城市与写乡村一样顺手，完全没有问题。我有不错的关于城市的感觉，写街道与写一条乡村溪流，一样得心应手。

看上去不一样的作品，其实稍加辨认，就可以看出它们是属于同一个家族的，这个家族的徽记上明明白白地刻着三个字：曹文轩。

就这么转身了，转身也就转身了——其实我早就转身了，从《根鸟》《大王书》就开始了，但当时没有明确的意识。我觉得一切都在很自然的状态里。一个作家，特别是那些生活领域被大大扩展了的作家，总会去开采新的矿藏的。

新小说将会不断有新作品加入进来，它们是油麻地以外的大好风光。

大学对于作家的意义是什么？

邵燕君：作为当代资格比较老的“教授作家”，大学与作家的关系是您一直思考的问题，并且经过多年的身体力行，探索出令人信服的双赢路径。近年来，创意写作在中国大陆高校正呈现出蓬勃发展的势头。您其实是中国高校里最早招收写作方向硕士的导师，您的第一个学生——2004年招收的文珍，已经是北京作协的专业作家了。我记得1980年代，您就担任过作家班的导师。今年5月，北京大学文学讲习所成立，您是倡导者，并亲自担任所长，文学讲习所的名字也是您提议的。不过，很多人也一直有疑问，文学创作真的能在课堂上教授吗？大学能培养作家吗？您对这些问题怎么看？

曹文轩：“大学不培养作家”这一论断，或者说这一“规矩”的出现，自有其特定的历史原因，对其逻辑建立的起点做追根溯源式的分析，时机似乎还不成熟。与“大学不培养作家”相对应的另一个结论是“大学不养作家”。这个结论是否可靠，对其论证相对容易一些。我们对历史的遗忘，其速度之快令人吃惊。仅仅过去几十年，我们就忘记了这样一个历史事实：在中国现代文学史上，在那些占一席位置的作家之中，有相当一部分人，当年都在大学任教或经常到大学任教，鲁迅、沈从文、徐志摩、闻一多、朱自清、废名、吴组缃、林庚，等等。当今国外，有许多一流的作家在大学任教。纳博科夫、索尔·贝娄都是十分出色的大学教员，还有米兰·昆德拉等。至于不太有名的作家在大学任教的就更多了。他们开设的课程是关于文学创作的，经过多年的教学实践，现在已经有了大量这方面的教材。

大学对于作家的意义究竟是什么？我想是不是可以这样看：大学对培

养作家和维系作家的生存，提供了一个难得的环境。它除了能在理性上给予人足够的力量，让理性之光照亮自身的生活矿藏，激发出必要的艺术感觉之外，还有一个极为重要的价值——它酿造了一个作家在从事创作时所必要的冷静氛围。纳博科夫在谈到大学与作家的关系时，非常在意一种气息——学府气息。他认为当代作家极需要得到这种气息，它可以帮助作家获得一种良好的创作心态。这种肃穆而纯净的气息，将有助于作家消减在生活的滚滚洪流中滋生的浮躁气息，将会使作家获得一种与生活拉开的却反倒有助于他们分析生活的必要距离。大学的高楼深院所特有的氛围，会起一种净化作用。当年第一届作家班从鲁迅文学院正式搬进北大时，我对他们说：高楼深院将给予你们的最宝贵的东西也许并不是知识，而是一种氛围。

孙玉石先生任北大中文系主任时，曾有心恢复“作家在大学任教”这已失去的一脉。但后来因为种种原因未能做成此事。这未免是一个遗憾。若有几个作家来任教，仅课程一方面，就会增加许多新的色彩。说心里话，我颇为怀念吴组缃、林庚先生任教的时代。那些课是开发心智、养人悟性的。他们将自己个人的人生经验与情感糅进了对事物的观察和理论的建树，总能带人到新的角度上去理解生活和文学。

邵燕君：在现代大学的学科体制内，文学研究已经成为一项独立的学问，文学创作与文学批评也不再是皮毛依附的关系。很多文学批评者没有创作经验，甚至不再是热忱的读者。但近年来情况似乎在发生变化，一些著名批评家开始转向创作，成为“新锐作家”。您是否认为文学创作经验对于文学研究者来说是重要的，甚至不可或缺的？

曹文轩：作家在大学的存在，除了文学创作上的意义，我以为还有一个重要的意义，这就是：他们的研究，会使我们的学术研究出现另一种路数，从而使我们的学术研究更加立体，更加丰富。鲁迅的学问，毕竟是一个作家的学问，或者说，他如果不是一个作家，也许就做不出那样一种学问。不是说作家的学问好，而是说，我们可以看到另一种学问。这种学问与纯粹的学者做的学问，可交相辉映。

文学评论、文学教育与文学生活

汪政　王晖

2021年10月18日

仅从文学来看，几十年来，创作与理论批评一直保持着互动

王晖：人们常说“说不尽的什么什么”，套用这个句式，我们可以说“说不尽的文学批评”。近期，中央宣传部等五部门联合印发了《关于加强新时代文艺评论工作的指导意见》，从方向、标准、阵地、组织保障等方面对加强新时代文艺评论工作提出新要求。今天，跟你这位批评家畅谈文学批评，与有荣焉，也恰逢其时。作为“60后”批评家，你的“批评生涯”贯穿中国改革开放至今的40多年时间，是典型的“跨世纪批评”。这一点完全可以从你的那部2017年出版的《汪政文学评论选》中得到印证。这部论文集的第一篇《叙事行为漫论》发表于1988年，时间最近的一篇是发表于2017年的《新世纪：文学生态的修复与重建》。而近日在《文汇报》刊发的《文艺评论如何成为与大众互动的共情性语体？》则代表了你对当下文艺批评的最新思考。我想，作为一位资深批评家，你对于40多年的文学批评一定会有极具深广度的认识，能否给我们分享一下？或者就从20世纪80年代的文学批评开始？

汪政：确实是个难得的机会。我大概是从20世纪70年代末开始所谓的文学评论写作的，一晃，真的40多年过去了。不管是80年代也好，还是文艺评论、文学评论也好，都是我们感兴趣，也是人们说不尽的话题。五部门关于文艺评论的意见内容非常多，我看了以后也有许多的体会，有许多的想法。大学中文的学科分类与建设我现在已经不太清楚了，你现在还在文艺学专业吗？我之所以问这个就是缘于我对80年代的记忆，80年代是可以有许多命名的方法和角度的，比如，我觉得80年代也可以说是一个理论的年代，一个理论自觉的年代。思想解放也可以说是理论解放。从事文学评论的人都知道，文学评论是一种实践行为，也是一种理论行为，因为文学评论是一门应

用学科。80年代文学评论的繁荣，既是人们对文学，并经由文学对社会现实的回应和介入，更是人们对理论的寻找、阐释与应用。在我看来，我们太需要理论了，从对理论的兴趣到对理论的创造，到对理论的运用。

王晖：我非常认同你对80年代的命名。可以说，80年代文学研究与批评的方法论热的确是具有标志性的，在我看来这绝不仅仅是操作层面的“方法”，而是正如你所说的，是一种主动积极寻求理论源泉的高规格“批评运动”，这当中，除了传统的中国诗学批评理念和路径，更多的是在“解放思想”的语境之下，打开国门迎接西方哲学美学文化文学的蜂拥而至。这里面有以现象学、结构主义、存在主义、分析哲学等为代表的美学热、方法论热，甚至将当时时兴的自然科学领域的系统论等“三论”也疯狂收编，如果用“如饥似渴”的“拿来主义”作比，我觉得一点也不过分。商务印书馆红绿黄各色书脊的“汉译名著”、国内一些先锋学者编写的“走向未来丛书”“文艺探索书系”等，林林总总，不一而足，令我们这些大学生或者青年教师着迷。一些针对洛阳纸贵的作品的争鸣，还引发或重新引发了“文学是人学”“文学与人道主义”等大讨论。你与晓华“双打”合作的一些批评文章，对叙事学、文化学等理论的借用也是显而易见的，如你的“评论选”当中写于80年代末的一些文章。理论的自觉，或者说渴望以理论为武器进行文本和现象的解读，是当时的一大特点。从这个角度看，当时身处学校、作为教师的你与晓华，并不是文联作协系统的“专业的批评”，而是学院派批评，这当然并不是指一种中规中矩、高头讲章、术语轰炸的论文式写法，而是以灵动严谨的文字表达深刻思想与审美意识的、立足文学文体本位的“专业批评”。我是非常仰慕这样的批评的。当时有一个时髦的说法，就是“批评即选择”，作为一个实践性强的学科，文学批评的理论化某种意义上是不是也可以称之为批评的科学化？这是不是当时力求以西方理论对中国传统印象式感性批评进行现代化转化的诉求？其中是否隐含着某种“阐释的焦虑”？

汪政：你对80年代文学评论的描述如此具体，可见留下的印象之深。现在看来，这样的理论兴趣，对西方评论话语的引入甚至模仿是可以理解的，毕竟中国的理论建设荒芜了10年多，更重要的是，中国的现代化进程被耽搁了。由国家而社会，由文学创作而文学评论，这些现象与问题是连在一起的。现在，仅从文学来看，这几十年来一直是创作与理论批评在互动，可以说是同起同落。理论评论在文学发展中一直起着非常重要的作用。不过，相对而言，近20年来，理论评论的地位与作用好像较以前有所减弱，这里面的原因很多，比如理论冲动不如从前了，评论的位置后撤了，评论受学术体制的钳制越来越厉害了，尤其是市场评价的影响越来越大。我们对市场评价对文学的影响要有一个正确的认识与理解，在市场经济之下，我们对社会诸要素的认识都会改变，也应该改变，甚至应该重新命名。说个简单的，在市场经济诞生之前，我们说到文学作品，是从来不会说它是产品或商品的，虽然马克思早就谈到了精神生产，但我们其实很少真正地在市场经济的话语与思维中去讨论文学。就是在现在，我们的文艺学，我们的文学评论，还没有学会如何与市场相处，如何在市场经济下找到自己的话语位置，更少有从文学上对市场经济做出的有效的理论应对，这是我们当下评论的尴尬之一。当文学创作、传播与影响的市场化程度越来越高的时候，我们的理论评论依然在原来的路径上自说自话，确实有种落寞感与无力感。至少我是有这样的感觉的。

王晖：的确是这样。与80年代的文学批评相比，伴随着以网络为核心的融媒体时代的到来，近10年的文学批评发生了巨变，这不仅仅是指它的语境，也就是外在环境的变化，更多是它的内在要素的变化，比如批评主体的泛文学化、批评平台（媒介）的多元化、批评方式的跨学科化、批评话语的大众化（泛专业化），等等。而90年代以来形成的“专业批评”向“学院批评”的转向，“学院批评”向“论文式批评”的转向，使得我们的纯正文学批评逐渐“圈子化”，与大众、市场、传播渐行渐远，显示出面对新兴批评业态时的无力感。如何破解这些难题？我觉得你的“共情性语体”的概括很有意思，能否具体谈谈？

汪政：这个问题我们可以分开来说。首先是文学评论的学科性质、学科界限，也就是说什么是文学评论，什么不是文学评论。自从近现代文学评论独立以来，我们可能太执念于它的“纯洁性”与专业性了。其实，不仅是文学评论，许多领域都在不断提高它的专业化。专业化当然好，是进步。但是，太强调专业化也可能走偏，特别是在人文社会科学领域。现代社会的特征之一是专业化程度愈来愈高，行业间的壁垒愈来愈深。它所带来的弊端，许多人已经认识到了，乔姆斯基就曾尖锐地指出，即使在学术领域，也存在“专业主义的精神特质被用来掩盖某种‘智力的系统性腐败’，在这种腐败中，知识分子急切地在科学客观性和学术独立性的伪装下为既定利益服务”。它“将严肃的批判性工作挤了出去”。煌煌如学术者尚且这样，其他领域就可想而知了。过分地强调某种工作的专业性，实际上是阻止了其他人群的进入，特权、垄断不可避免随之产生，而这恰恰是腐败的基础，也挡住了许多源头活水。许多工作，实际上并不要具备什么专业性，并没有什么过高的技术要求，但为了使它具有专业的模样，便人为地设置许多指标，其繁文缛节有时真到了令人啼笑皆非的程度。

文艺没有哪个时代像今天这样具备如此广泛的传播能力、覆盖面与渗透性，而关于文艺的讨论也没有哪个时代像今天一样如此普及，成为一种公共交流

王晖：其实，文学和文学批评（评论）的概念也是具有时代性的，正所谓王国维的“一代有一代之文学”。关于这一点，我觉得韦勒克和沃伦说得比较清楚，在他们看来，“似乎最好还是将‘文学理论’看成是对文学的原理、文学的范畴和判断标准等一类问题的研究，并且将研究具体的文学艺术作品看成是‘文学批评’（其批评方法基本上是静态的）或看成‘文学史’。”目前国内的文艺学、中国现当代文学、戏剧与影视学等专业里面就有培养这种“专业批评”（“学院批评”）者的任务。我同意你的观点，那就是，强调文学批评或者更广泛一点的“文艺批评”的专业性并没有错，因为在我看来，这是一种基于理性和理论自觉的观照，也是对于时代文艺潮流的具有一定高度和深度的专业性把握，有利于提升社会对于批评对象的客观认知。但凡事总有度，过犹不及。以专业的名义，行壁垒垄断唯我独尊之实，就恰恰走向了批评的反面，这当然是我们不希望看到的一种局面。

汪政：对文学这样的精神活动，过分强调其职业性，提高其门槛未见得是好事，不管是创作还是评论都是如此。从创作来说，文学是每个人表达自己情感的方式，艺术起源学告诉我们，在古代，文艺与生活是密不可分的。新世纪以来，许多新的文艺业态如网络文艺、短视频、微电影、电脑艺术、新街头艺术等，都是人们在新环境中为了表达新生活而创造的新文艺。评论也是如此，有文艺创作，就会有文艺受众，有文艺受众，就会有接受反应与评价，这接受反应与评价就是文艺评论，不管它是以什么形态、由谁、在哪儿发生，它都是文艺受众对文艺创作的意见与评判，都有它发生的理由与标准。法国批评家蒂博代在《六说文学批评》中说，文学评论首先存在于读者阅读后的讨论中，他转引法国另一个批评家圣伯夫的话说，“巴黎真正的批评是在谈话中进行的。”蒂博代接着补充论述道，这种自发的批评还“存在于语言的代用品，诸如通信、日记和私人手记之中”。这种自发的批评不但在空间上分布广泛，而且在时间上体现出它的即时性，用蒂博代的话说就是它是一种“每日评论”。细想想难道不是这样？只要艺术接受天天在进行，那么，批评就必然是如影随形的，每天的。如果蒂博代看到如此文学受众有着如此高的受教育程度，而新技术、新媒体又为人们的接受反应提供了如此广阔、多样而又迅捷的空间，他一定会将欣赏者的自发的评论由“每天的评论”改为“每时的评论”。我们可能会说，这种交流并没有多少批评理论的含量，也不可能达成美学上的共识，但是，文艺没有哪个时代像今天这样具备如此广泛的传播能力、覆盖面与渗透性，而关于文艺的讨论也没有哪个时代像今天一样如此普及，成为一种公共交流。我们难道不应该对此予以关注吗？正是在这些谈论中，社会的风尚、时代的趣味与受众的需求非常及时、鲜活而丰富地呈现了出来。

王晖：你说的这些，我是感同身受的。现在的媒介环境下，可以说人人都是“作家”“摄影家”“出版家”“导演”，当然，当一部小说或者一部电影、电视剧出版、或播出、放映之后，微博、微信、弹幕、短视频等都可以迅速作出点赞或吐槽等评价，充斥大大小小用网络构筑的公共空间，因此，人人又是“评论家”。文艺比之任何时代都具有了广泛快速的传播力和影响力，批评主体和批评形态的多元化令人惊叹，文艺作品早已不是批评家批评的特权之地，而是成了大众意识形态的狂欢之所。此时此刻，作为专业的批评者，当然不能视而不见或不屑于见，而是要积极进入到文艺及其评论的现场，甚至是“出圈”和“破圈”。如果说，80年代的批评是“理论的批评”，那么，当下的批评就应该是“在场的批评”，与各色批评形成类似于你所说的“共情性语体”，最终构建一个各美其美、多元共生的“批评共同体”。所以，我理解的“在场的批评”包括：第一，理论的在场，即以系统科学的文艺理论指导阐述当下的文学创作现象，而不是学术论文式、史论式的高头讲章；第二，方法或曰路径的在场，即与当下融媒体形式的各种批评方法路径相配合、结合、融合，使传统批评方法和路径与时俱进，达到更好的批评与评论效果，真正起到“鸟之两翼”的作用；第三，情感的在场，无论是对依附纸媒传播形式传播的传统文艺形式，还是对借助互联网数媒形式传播的新兴文艺样态，都要怀有积极探索、热情鼓励、审慎观照的情感去进行批评，可以是旗帜鲜明的褒扬，也可以是“剜烂苹果”式的激浊扬清。不为人情、圈子、利益所动，只从文本、现象和问题出发。

汪政：只有在这些方面取得共识，才可能将丰富多彩的人们对文学的看法和反应作为文学评论的组成部分，也才可以进一步在媒体时代看待评论话语的多样性。比如你刚才提到的那些新媒体、融媒体，还有读书频道、读书会，微信、微博，跟帖、留言等，这些都应该纳入文艺评论之中，而且是很接地气的文艺评论。在这样的情势下，文艺评论应该与时俱进，从文章与论著本位中走出来，从行业报刊与传统媒介中走出来，从学院的学术体制中走出来，从精英与专家的职业中走出来，从理论与学术话语体系中走出来。专业的评论家与专业评论更要发挥自己的优势，同时让自己具有更多的评论形态与评论笔墨，走进新媒体，充分利用新技术环境中媒体传播形式多样、速度快、更新频率高与受众广的特点和优势，使自己的声音得到更广泛的传播，产生更大的影响，起到更实在的效果。而更重要的是专业评论与大众、新媒体互动起来，这种互动一定是建立在内容与话题基础上的。这些话题如何产生？如何面对大众评论的观点、疑问与辩驳？新技术环境中的评论话语既需要我们的核心观点与价值引领，又考验我们是否能将这些观点与价值化作新媒体的话语形态，成为与大众互动的共情性语体。

语文教学与文学批评的关系非常密切，甚至可以这样说，语文教学是一种特殊的文学批评活动

王晖：在构建“共情性语体”的过程中，建立在网络基础之上的融媒体批评，可以说是大众化批评和批评的大众化，也可以说是泛化批评和批评的泛化。就像审美渗透进日常生活一样，批评也正在普泛化。这当中，是否也存在着至少两种状况，即以获利为目的的功利性使批评异化，以全民参与为表征的狂欢化使批评复杂化。这些自然也要引起我们的密切关注。有一个现象，不知你注意到没有。你我既是文学批评者，同时也是文学教育者——你曾经做过中师校长，现在也在兼任高校中文教育工作，我也是自大学毕业后一直在高校中文系任教。文学批评者是特殊的文学接受者，即专业读者。在面对受教育对象——无论是义务教育、高中教育还是高等教育对象时，我们当然会自觉不自觉地将自己的文学观、批评观传递给他们。能否请你谈谈有关这方面的情况？

汪政：与我们前面讨论的问题相关，如果我们辩证地理解文学评论的专业化的话，就可以看出，在我们的文学教育中，文学评论其实占有相当大的比重。我曾经说过，语文教学与文学批评的关系非常密切，甚至可以这样说，语文教学是一种特殊的文学批评活动。首先，从语文教学的目标看，我们的语文教学不但要运用文学批评，而且要让学生知道基本的文学批评方法并且在学习中尝试运用，而从学生终生学习语文来讲，更要重视其这方面素质的提高。其次，从语文教学的材料看，要求我们恰当地运用文学批评方

法，以保持材料与方法的同一性。我们的教学材料大部分是传统意义上的文学作品，对它们的解读本身就是在进行文学批评。即使是那些完全实用的文体也都有潜在的文学性因素，我们也都可以从文学的角度对它们进行解读和批评。再次，不同的语文学习方法都与文学批评密切相关，如文本研习、问题探讨与活动体验都与文学评论有交叉。如果再往大里说，学生，不管大、中、小学生，文学素养对他们都太重要了，而这，都需要文学评论的介入。

王晖：语文教学作为一种文学批评活动，它的本质或许是文学批评教育活动。也就是说，无论中小学还是大学的语文（中文）教师，他是在对文学文本进行解析、欣赏当中实现对于作品的思想意义、文体特征和艺术价值的评判，自然，他的这一系列过程就是一个文学批评的示范过程，或者说是一个教育过程，使学生在听说读写当中获得对于文学作品、作家，甚至文学流派、运动等的鉴赏、认识和理解，最终形成自己的文学观、文学批评观。当然，这个教育活动并不是单向一维的，而是双向互动的。这就像美学家王朝闻所说，“欣赏活动，作为一种受教育的方式或过程，应该说不是简单地接受作品的内容。对于欣赏者自己来说，当他受形象所感动的同时，要给形象作无形的‘补充’以至‘改造’。”

汪政：对。在语文教学中渗透文学批评的意识，恰当地融会文学批评的方法，从大的方面来说是文学教育的一个组成部分，因此，我们首先面临的是观念上的问题，即充分认识到文学教育的重要性，认识到文学教育在传承经典、接受人类优秀文明成果的熏陶、促进人的全面发展中不可替代的作用，从而给语文教育中文学教育以应有的地位，还语文教科书中大量文章以文学作品的本来面目。除此，我们还应解决以下几个方面的问题。第一个问题是必须贴近文学文本。文学批评与语文教学确实是有相当的相似性。面对的对象都是文本，经常犯的错误也差不多，就是常常脱离文本。第二个问题是阐释过度。当我们为语文教学中的文本的缺位而担心时，可能会忽视走向反面的另一种极端的情况，那就是太粘着、局限于文本，以致曲解、肢解，将文本碎片化，穿凿附会，任意引申，最终的结果是杀死了文本，葬送了文本的文学生命。第三个问题是批评与阅读方法的陈旧或单一。正如我们前面所说的，可以将语文教学看作是一种特殊的文学批评活动，如果这种说法是有一定道理的话，那么必须承认，我们的方法显得过于陈旧而单一，可以说，在常规教学中，我们运用的大概都是所谓社会学的批评方法，这种格局几乎一直统治着我们的语文课堂。事实上，文学作品都是一个具体的存在，它产生的环境、背景不一样，响应的社会与人文思潮不一样，至于它们的创作者更是一个个鲜活的生命，其世界观、性格、经历、阅历、禀赋与艺术趣味更不一样，以一种方式和模式去对待千差万别的作者与文本显然是不合适的，如果再加上教科书的编排意图、教学的实现目标，就更增加了可变性。

应该重新树立文学在社会生活中的地位。而在这方面，文学评论理应发挥其应有的功用，承担应有的责任，担负起向全体社会成员宣示文学意义的责任

王晖：你讲的第一和第二个问题，实际上涉及文学教育者对文学文本的诠释问题，必须掌握一个合适的“度”，不可不及物，也不可太及物，也就是过度阐释。这正如卡勒所说，“诠释和饮食一样存在着某种‘度’，有人在该停的时候没有停下来因而犯了‘过度’饮食或‘过度’诠释的错误。”过度阐释可能产生带有阐释者个人情绪进而偏离文本本意的误读，结果是带偏受教育者对文本的认知。语文教科书或者大学中文系文学课程所选用的作品大多为中外经典，而之所以能够成为经典，其中一个重要的因素恐怕是它具有多种阐释路径和空间，以此来满足不同时代、不同阶层和文化水准的受众的“期待视野”。所以，囿于单一甚至偏狭陈旧的文学教育方式和文学批评方式，或者说，以“不变应万变”地无差别化对待实际上内涵丰富、气象万千的文学文本，除了肢解艺术、消解文学，使语文学习充满只允许有一个标准答案的无趣的“匠气”，是无论如何也满足不了当下的语文教育和文学教育、满足不了网络时代的受教育者的。现在，高校都在搞“新文科建设”，也就是在大学的基础学科里面进行文理工的交叉融合，理工科学生要学习文史哲，文科学生要学一点理工课程，强调破除学科壁垒、强化学科融合以及培养复合型人才。在这种情形下，我们怎样做文学教育，如何进行文学批评，怎样解读文学文本，其实是有很多方面值得探讨的。比如说，在谈论文学教育、文学批评的时候，我们完全可以由学校、学科、文学推及社会建设层面。在中国社会转型、文化转型的百年未有之大变局到来之时，作为文学教育者和文学批评者，我觉得我们应该清醒地认识到，在融媒体时代，以纸媒为主要介质的文学正面临着网络影像视频的巨大冲击，面临着泛娱乐化、边缘化、碎片化、浮泛化的危机。但我们不能忘记文学作为文艺之母的基本定位和培根铸魂的初心，不能忘记文学教育和文学批评对社会文明建设、公民素质提升、民族国家复兴的现实诉求和历史责任。12年前北大温儒敏教授曾提出过关注国民“文学生活”的倡议，我觉得这个倡议非常有意义。国之复兴在文化，文化核心在文学。我看你现在在文学教育与公益文学活动上花的精力不少，在你看来，重建我们新时代的文学生活，文学批评可以有怎样的作为呢？

汪政：这实在是一个太重要的问题。从电视剧《觉醒年代》中，我们可以看出在时代的变化激荡之时，文学是多么重要。难怪古人说“文章乃经国之大业，不朽之盛事”了。文学是敏感的，常常是时代的温度计、风向标。细数历史上的时代巨变，文学都是先锋，是那起于蘋末之风。而在平和之时，文学又起着传承文明、化育民众、创造与保护价值的功用。在所有的艺术中，只有文学是以语词的方式直接参与文明价值的创造与传播。从这些方面说，文学被边缘化不是文学的悲哀，而是社会、时代与文明的悲哀。因此，应该重新树立文学在社会生活中的地位。而在这方面，文学评论理应发挥其应有的功用，承担应有的责任。它是桥梁，是管道，担负着向全体社会成员宣示文学意义的责任，而不仅仅是在专业的圈子里进行同质的话语重复，要普及文学知识，领读文学经典，沟通创作接受，打通文学艺术的上下游……现在，我们有许多的条件：全民受教育程度提高，媒体发达，平台众多，政府又通过全民阅读等给予大力支持，所以，关键是我们的文学评论家自己能否意识到文学与社会建设的关系，能否在新的文化层面进行文学的再教育、再启蒙与再普及。不管什么学科与领域，其真正的存在都必须与生活在一起，只有与生活在一起，它才是活的，正在进行时的，也才是生长的，可以永续发展的。我觉得我们今天说到现在，才有了那么一点意思，才说到了文学与文学评论真正的价值，而实现这些价值的路线图似乎也有点道理，是可以在实践上进行的，从文学评论到文学教育，再到文学评论的社会化与文学的生活化，这不是一个良性的循环吗？

北回归线上的“转身”

范稳　李云雷

2021年11月22日

像脱贫攻坚这样划时代的伟大战役，作家首先应该在场。他应该既是一个参与者、发现者，同时也是一个记录者

李云雷：多年以来，您的长篇小说创作产生了深远影响，您的“藏地三部曲”《水乳大地》《悲悯大地》《大地雅歌》以及《重庆之眼》《吾血吾土》等作品，建构了一个丰富而绚丽多姿的艺术世界，在文学界与社会上有广泛的影响，《水乳大地》还入选了新中国70年70部长篇小说典藏。您在此前创作的长篇小说主要是历史题材，但《太阳转身》却转而书写现实题材，请您总结一下历史题材长篇小说的创作经验，并谈谈您这次选择书写现实题材的原因。

范稳：说到历史题材小说，人们总会引用意大利历史学家、文艺批评家和哲学家克罗齐的名言：“一切真历史都是当代史。”要理解清楚这句话要从很多个角度、不同的路径去诠释。我不认为自己是个创作纯历史题材小说的作家，我只是一个有历史感的作家。有的作家很有现实感、现代感，而我可能在面对历史事件和历史人物时，感知力比较强。我常常在史料中找到灵感，我能在尘封的往事中看到人物形象、故事情节、历史意义，甚至早已消失在时光隧道深处的历史语境，我也能比较顺利地还原。以史为鉴，是我们的文化传统。历史小说一个重要的功能就是尽可能用文学的真实去还原历史的真相。历史小说是用一个个鲜活的文学人物为某一段历史作出生动形象的注释，从司马迁的《史记》以来无不是这样。这就是文学在历史中的最大作用。

不过，我的作品大多与现当代有关。我打量历史的目光大体不会超过100年，因为我总是在当下的生活中找到它与历史相互印证的某种意义，或者在历史事件、历史人物中看到他们对当下生活的影响。一部长篇小说的深度，由许多因素决定，但一定与时间有关，与历史的纵深处相连。更何况，任何历史题材的小说，其实都是写给当代人看的，对现实有借鉴意义的小说，才是好的历史小说。因此朱光潜先生说："着重历史的现时性，其实就是着重历史与生活的联贯。"这个"联贯"非常重要。我的"藏地三部曲"和之后的《吾血吾土》《重庆之眼》，其实都是和当下生活紧密相连的。《水乳大地》《悲悯大地》《大地雅歌》写了藏区100年的历史变迁，从20世纪初一直写到20世纪末；两部抗战题材的作品《吾血吾土》和《重庆之眼》虽然着眼点在抗战时期，但也写到了战后，直到改革开放，时间跨度有半个多世纪。因此我认为这些作品都不算是纯粹的历史小说。《太阳转身》虽然是一部现实题材的长篇小说，但它的时间轴线也拉了30多年，如果算上乡村的文化与历史，则更长，它也有历史前进步履的跫音。我总认为，对一部长篇而言，线性的时间是很重要的，不然你怎么让自己的人物有历史感和厚重感呢？你又怎么让人物的命运在一个大时代中有跌宕起伏的回旋空间呢？尤其是涉及脱贫攻坚这样宏大的主题，我们除了要找到战胜贫困的力量之外，也得探寻一下贫困的历史原因。而我们的历史，即便它刚刚才翻过并不久远的几页，却仍然还有许多空白需要一个作家为它做出文学的填空。

李云雷：脱贫攻坚是我们国家的一件大事，也具有世界性的影响和全人类的意义，但作为小说创作的题材较难把握，您在《太阳转身》中写到云南边疆地区的脱贫攻坚有其特殊性，请您谈谈您是如何发现这一题材的，您在处理题材时对脱贫攻坚有什么深入的思考？

范稳：你提到了题材的发现。这是一个很专业、很关键的问题。尤其对于长篇写作来说，题材的发现与选择尤为重要。问题是你如何去发现。无论什么样的题材，能否胜任是个关键。胜任跟作家个人的文学天赋有关，也跟准备相连。再好的题材，准备不充分，就像打仗前粮草不到位一样。尤其是从事长篇小说写作的作家。当你动手写一部长篇时，那就相当于进行一次大战役，或者跑一次马拉松。想一想当你着手这两件事情时，你都该做些什么吧。

我认为，一个热爱生活的作家应该有一双文化的慧眼，去发现生活中的大美，也即采取一种文化发现型的写作方式。文化发现型的写作就是作家在人类文化遗产或现实生活中去寻找文学的富矿。深入生活、扎根人民，实际上就是让我们到现实生活和历史文化中去发现。人的经历总是有限的，人的回忆就像一座矿山，也有挖干开掘尽的时候，这个时候作家就要把眼光放在远处，放在他乡，放在火热的大时代中去发现，去重新开辟新的写作资源。如果作家没有去发现那未曾被眼睛看到的大美，去寻找那未曾让心灵抵达的大善，去诠释某种文化的厚重、历史的丰沛、文明的灿烂以及生活的多元和火热，文学的创新与发展就举步维艰，我们的作品就永远没有分量。我们的写作也就只是在兜圈子，或者重复前人的经验。

像脱贫攻坚这样划时代的伟大战役，作家首先应该在场。他应该既是一个参与者、发现者，同时也是一个记录者。也许对于小说创作而言，“热炒热卖”式的写作、“直奔主题”的写作，会显得缺少理性审视和深度思考。但一个作家深入到脱贫攻坚第一线，恰如海明威当年奔赴西班牙战场。有些写作模式，作家在场永远正确。投身到火热的现实生活当中去，理应是作家的一种自觉行为。自脱贫攻坚战役打响以来，云南就是主战场。由于历史和地域方面的原因，这里民族众多，又地处边疆，社会发育相对较晚。全省贫困面积大，贫困程度深，脱贫攻坚任务之难、之艰巨，可想而知。我所去的文山壮族苗族自治州，就是一个集边疆、多民族、贫困于一体的地方。因为地处边境一线，20世纪七八十年代它还处于战争状态，它开放的时间比内地晚了十余年。20世纪90年代我们去边境一线出差都还要开“边境通行证”。因此，文山州的脱贫，就显得特别具有典型意义，或者用文学的话语来说，特别具有辨识度。其实，文山州的脱贫工作也干得相当不错，我去那里之前，已从有关媒体上得到过一些信息。他们向大山要路，他们向石漠化要地，他们像当年参加边境保卫战那样义无反顾地向贫困宣战。在这个和平的年代，我在那里却感受到了战争的气氛，感受到了上战场的豪迈。一场战役的胜利，必须是决策英明，部署得当，上下齐心，将士用命，方能攻坚克难、无往而不胜。我在边境一线采访时，时常和那些经历过战火历练的人们打交道，他们当年是战场上的英雄，现在是脱贫攻坚的主力和领路人。这些人身上展现出来的优秀品质和英雄气概，时常在感染着我，激发着我的写作欲望。他们不应该贫困，边境线上的村寨更不应该贫困。每一个村口，每一条村道，都是国门所在。边疆脱贫了，边境线就稳固了；边境线稳固了，国家就安宁了。

李云雷：您在《太阳转身》中写到的南山村，有从明朝开始光荣戍边的历史，也是20世纪七八十年代边境战争的前线，小说中又写到20世纪90年代之后村中很多人因为贫穷参与到贩卖人口的罪行之中，经过政府治理整顿，情况才好转，后来村党小组组长曹前宽花了十几年工夫修通了公路，成为脱贫攻坚的一个典型。不少小说在处理相似题材时，都会选择回避所谓敏感话题或社会阴暗面，但您不仅没有回避，反而将之有机地转化为小说内容的一部分，请问您处理这些题材时有没有顾虑，有什么思考？

范稳：无论是单个的人还是某个社会群体，导致犯罪的因素是多方面的。而贫困导致的犯罪，是一个世界性的话题。一个作家不可能回避人性的丑恶，正如一部文学作品无法回避一些社会的阴暗面。如果顾虑重重，写作将无意义。太阳底下总有阴影，人生的道路总是曲折漫长。谁也不能保证不走弯路。我们中国人总体是善良的，“人之初，性本善”，生活的砥砺会让一些人穷且益坚，也难免会让一些人沉沦堕落。这就是我们必须面对的现实。如果我们知道在一些人身上，犯罪的根源是贫困，那么战胜贫困就最为有效的杜绝了犯罪。这不正是我们打这场脱贫攻坚战的意义所在吗？今天乡村的巨变显而易见，村人的文明素质显著提升。但你打开任何一个村寨的历史，都会发现，在改革开放之前，穷困像一座大山那样压在人们身上，而在改革开放之初，社会出现了贫富差别，总会有一些人乱了阵脚，丧失了伦理道德底线。教育缺失，法制不健全，交通闭塞，生存环境恶劣，生产方式落后，这是时代发展中必然要经历的阶段。作为大时代中的每一个普通人，都得接受时代洪流的洗礼。不是每一个人都能经得住考验，人性中的弱点、缺点、短板，是人之为人的真实面，也是一部文学作品全面性、真实性、丰富性的形象注脚。

英雄就是那种在危难时刻敢于上前一步的人，在平凡的生活中有担当的人，在真理、正义面前有坚守的人，英雄也会是那些无论何种情况下都能恪守良知和道德水准的人

李云雷：在《太阳转身》中，卓世民、兰高荣两个退休老警察破获乡下儿童侬阳阳失踪一案写得跌宕起伏，极为精彩，它也是小说中的重要线索，但从小说类型来说，小说中这条线索的写法类似于侦探小说，但您又融入了大量关于社会、历史、文化问题的思考，使之成为一个侦探社会、文化问题的小说。您有没有考虑过小说类型的问题，是否借鉴了侦探小说的某些写法，又如何使之成为一种“纯文学”意义上的作品？

范稳：小说是有类型的，作家也是可以分类的。不同类型的作家写不同类型、不同风格的作品。作家的个性、学养、文化背景、人生命运、写作姿态等因素，决定了作家的作品风格和类型。福克纳写邮票大的故乡；海明威周游世界，一会儿非洲，一会儿西班牙；而乔伊斯、卡夫卡，则深入到人类灵魂的深处。他们都是伟大的作家，但他们写的是不同类型的小说。我也希望写适合我这种性格类型的作品，比如我坚信丰富多彩的生活不会让小说家陷入绝望，丰富灿烂的民族文化也不会让我们当今的文学陷入苍白。我不是一个侦探小说家，但可以借鉴侦探小说或者犯罪小说的一些手法。文学史上这样的例子不胜枚举。雨果的《悲惨世界》里那个警察沙威，虽然是个反派角色，但却是一个非常成功的人物形象。所谓“纯文学”意义，不过是在写作中更多地关注人性，关注社会问题，关注文化与历史，关注人的尊严、奉献、坚韧、大爱、正直、良善、牺牲精神这样一些高贵的品质。写作的意义不仅仅是要带给读者阅读的快感，还要提升其审美能力和思考能力，丰富其知识面，拓展读者想象力的边界。其实在这样的写作中，作家也在不断地“开疆拓土”，我的每一部长篇都会涉及不同的社会生活面，不同的民族文化与历史，这对我来说都是一个学习的过程，是补人生的课。我需要做大量的田野调查才能动笔，走村串寨、风餐露宿，多年来已经是我的一种常态。这时我就是一个文化人类学意义上的“侦探”了。我们面对的生活如此多样化，我们的文化如此丰沛灿烂，作家不过是大海边上的拾贝者而已。

李云雷：在这部小说中，您塑造了卓世民和曹前宽两个不同类型的英雄形象，卓世民是抱病参与破案的退休警察，曹前宽是数十年如一日为村里修公路的当代愚公，他们都参与过二三十年前那场战争，分别是受伤的战士和支前民兵连长，身上都有军人的正义感和崇高色彩，请问您如何看待当代文艺作品中的英雄，您在这部作品中塑造这两种英雄形象有什么考虑?

范稳：不论在哪种社会体制下，英雄都是需要赞美的。当代文艺作品中的英雄形象，有写得非常好的，也有写得比较概念化的。概念化、程式化的英雄形象容易引起读者的反感。其实英雄就是那种在危难时刻敢于上前一步的人，在平凡的生活中有担当的人，在真理、正义面前有坚守的人，英雄也会是那些无论何种情况下都能恪守良知和道德水准的人。我在马关县罗家坪村，采访过村委会主任熊光斌，他是个身经百战的老支前民兵，但他却朴实得让人不敢相信他曾经经历过那些战火。各种枪械他都会操作，他曾经给侦察兵带路，多次深入敌后，也曾经在一场战斗中为了掩护战友，操作高射机枪平射了半个多小时，把自己的耳朵都震出了血。现在熊光斌却是全村致富的带头人，他的村庄黄土净路、新房比邻、鲜花盛开、果实累累。如果不听熊光斌讲当年那些战斗经历，有谁能想到这里曾经是前线呢？我作品中另一个原型人物是西畴县岩头村的李华明，他就是那个带领全村人用了12年时间才挖通一条路的老村长。他后来荣膺“全国脱贫攻坚先进个人”光荣称号，受到党中央、国务院的表彰。这是一个像大山一样坚硬倔强的山野汉子。我三次去到他家里，和他吃住在一起。这两个奋战在脱贫攻坚第一线的普通人都是我的人物原型。至于卓世民的人物原型，则是一个身份特殊、身经百战的老警察，我从他朴素随和的言谈举止中，感受到一个多次出生入死之人的淡定和谦逊。他们演绎着传奇的非凡人生，但他们并不以英雄自居，可他们名副其实地是我们这个社会的脊梁。在和平的年代，我们依然需要英雄，呼唤英雄，礼赞英雄。

李云雷：您是汉族人，但作品中总少不了少数民族元素，您的“藏地三部曲”对藏族同胞的生活和文化有深刻的理解与精彩的表现，在《太阳转身》中，您又以卓世民研究人类学的女儿卓婉玉，以及失踪儿童侬阳阳身为壮族人的父母侬建光、韦小香这样两条线索相互交织，浓墨重彩地为我们呈现了壮族同胞的生活、历史与文化，并对其如何现代化做了深入思考。请问您关注少数民族是否仅仅是因为您生活在多民族地区的云南，您对少数民族问题的关注与思考是从什么时候开始的，在作品中又是如何表现的？

范稳：我在云南生活工作了30多年，云南多元的民族文化养育了我的创作激情和灵感。从我大学毕业那年来到云南工作时起，我就对这里的民族文化深感兴趣。过去我认为不同的文化背景滋养不同的作家作品，后来在民族地区跑得多了，包括在藏区挂职体验生活，我慢慢意识到一个民族的文化与历史是可以学习的。当你有了一双文化发现的慧眼时，不同的文化背景就不再是一种障碍。当我们以文化发现的眼光去民族地区深入生活、虚心向一个民族的文化学习时，我们就会找到自己所需要的东西。另一方面，不同的文化背景让我们对民族地区的文化有比较和鉴别的可能。这并不是说汉文化就有多少优势，而是你在文化差异中容易找到灵感。这种差异性就像水有了落差，便会产生能量，它常常会成为我写作的原动力。更何况，每一个少数民族都有自己的创世史诗和神话，都有自己的一套文化生态，这里面有许多很优秀的东西，亟待人们去发现、去呈现。我总是以一种相对现代性的眼光去发现民族地区的文化现象，许多事物如果你没有走到、看到，你就永远想象不到。你哪怕多跑一个村庄，自己也会多长一分见闻。因此，走出书斋，在大地漫游，对一个写作者来说，是绝对必需的。

李云雷：在《太阳转身》中，既有少数民族的风情，也有异域的风光与文化，您在小说中特别写到了L国都弄镇的赌场、江湖和黑恶势力，小说中最动人心弦的那场追击，以及卓世民壮烈牺牲时达到的故事高潮，都发生在国境线附近，您还写到了“沙帕”飞地的独特历史、政府对南山村等边疆村庄的新政策，您生活在云南，是否对曾经的前线和现在的国境线有独特的感情？请谈谈您的认识和理解。

范稳：我刚参加工作时，边境战事正酣。虽无缘上前线，但那时单位上经常组织我们去慰问那些从前线下来的将士。那些士兵当时和我一样年轻，他们的人生却因为参加了保家卫国的战争而有了光彩，这着实令人羡慕。在创作《太阳转身》前，我沿着边境线采访，踏勘当年的战场，营房、堑壕、哨卡、猫耳洞、界碑、国门，这些曾经也是我们的青春记忆。我总认为一个中国人一生中应该去看看我们的界碑，在边境线上走一走，了解一些边疆地区的人文和历史，这样会更加深他的疆域概念和国家认同感。在云南边境的许多地方，国界蜿蜒在崇山峻岭中，它是看不见的，你一个不小心，可能就“出国”了。在边境线上的村庄里，村人种一块地的西瓜，可能要“出国”去摘收。国境线虽然是无形的，但它在每一个边地人心目中又重如千钧。他们都是些平凡普通的戍边人，我认为我有责任为他们书写。

李云雷：《太阳转身》中有很多条线索，卓世民、兰高荣追踪破案的线索，曹前宽为村里修路的线索，卓婉玉研究人类学的线索，依建光、韦小香从壮族山寨到城市打工、又回归山寨的线索，以及褚志、林芳的发家史，曹前贵、五嬢的罪恶史等，您在写作和构思的时候，如何将众多的线索结构在一起成为一个艺术整体？

范稳：这是一个技术问题，也是长篇小说应该追求的结构美学。在同一时空下，不同的人在演绎不同的命运，但每一个人的人生都与他人有关。而在一个大时代里，人们的言行和其命运的最终走向总是带有时代的烙印和特征。因此，每一种人生都折射着时代的光芒。这种光芒或明或暗，或长或短，同样需要我们去捕捉、发现、比对、呈现。长篇小说这种体裁决定了它的丰富性和多线索性，它是一幅徐徐展开的画卷，最好能像《清明上河图》那样包罗万象、事无巨细：民族、民俗、文化、历史以及都市、乡村、社会各阶层和人生百态一应俱全。这是我心目中长篇小说的样子。至于如何将众多的线索撒得开又收得拢，我想不同的作家有不同的路数。这既跟经验有关，也跟创作者本人对作品的理解相关。我尚算是一个比较讲究文体结构的作家，我总认为长篇小说这种体裁给予了作家追求文本实验的空间，我曾经在自己的“藏地三部曲”和《吾血吾土》中做了比较大胆的文本形式实验，一种独特的、适合作品内容的形式，可以丰富文本内容本身。

许多时候不是我们在选择生活，而是生活在拣选我们

李云雷：李耀鹏、孟繁华在评论文章《光荣与梦想的传奇》中指出：“范稳的《太阳转身》是‘新人民性’写作的典范，这部新作以新的‘社会主义现实主义’的美学原则内在地接续了《三里湾》《暴风骤雨》和《创业史》等开创的文学传统，是对延安文学精神的当代继承和复活。”请问您如何理解“新人民性”写作、延安文学精神，您在写作中是如何将“以人民为中心的创作导向”具体在文本中加以实践的？

范稳：“以人民为中心的创作导向”，就是“新人民性”的写作路径，或者说，“新人民性”就是要求作家坚持“以人民为中心的创作导向”。作家深入到生活第一线中去，以真实准确地反映生活现实为创作的首要准则，创作出来的作品才可具备人民性，也才能为人民群众所接受。我在前面已经说到，作家深入生活应是一种自觉行为。多年来我已经形成这样一种创作习惯：每当要进行一部新长篇的写作时，第一步是做大量的田野调查，这个时间至少是半年到一年。我也曾经说过，大地是我的另一间“书房”，我在这间“书房”里受益良多。我感到庆幸的是，我生活和工作在一个多民族的省份云南，25个少数民族都有自己独特的历史文化与生态体系，都有自己的神话传说、英雄人物、生存智慧和爱情故事。对于一个写作者来说，各民族文化是我们取之不尽的资源。尽管我是汉族人，和他们有着不同的血脉，说着不同的语言，有文化隔阂感和陌生感，要走进这些少数民族，

有许多困难和障碍需要克服。而要尝试着书写一个民族的历史与现实，就像要翻越一座大雪山一样，需要从山脚下一步一步地往上攀越。俯身下去，手足并用，洒下汗水，付出真诚，像一个虔诚的朝圣者一样。大地上生长的万物和它养育的人们，从来都是一个作家不可替代的老师。在这个老师面前，你是永远毕不了业的学生。在完成田野调查工作之后，第二步就是案头工作了，你得阅读史料、整理采访笔记、构思人物、安排结构等，然后第三步才开始动笔写作。这是生活教给我的写作习惯，我像服从某种自然规律一样听命于它。这是我的文学写作福音，更是我被一种民族文化挑选后的荣幸与责任。许多时候我认为不是我们在选择生活，而是生活在拣选我们。你是否有足够的能力去响应生活的召唤，你是否有满腔的热情去拥抱生活的馈赠。尤其是在我们这个伟大的时代里，一个作家想象力以外的火热现实、生活方式、历史文化、人生经历，都构成了丰富而多样的小说世界。作为一名热爱生活的作家，我们只有履行自己该承担的文学使命和责任。

李云雷：“太阳转身”是一个美好的意象，这既是对“北回归线”的诗意化描述，也是对卓世民、曹前宽等英雄的象征性礼赞，请问您是如何找到“太阳转身”这一意象的？这一“转身”是否也与您的创作转向有关，下一部作品您是延续历史题材创作，还是继续现实题材创作？

范稳：北回归线穿过云南的两个州市，分别是普洱市和文山州，在普洱市的墨江县和文山州的西畴县都有北回归线纪念广场。太阳在天上行走，地上的人们赋予它诗意的想象。它升起或落下，它炽热或冷漠，都是一个个的隐喻。正如我在书中写到的那样，太阳崇拜是人类最为古老的崇拜，不论是东方还是西方，不论是过去还是现在，太阳总是神一样的存在。在北回归线经过的地方，人们对太阳自然又有一份特殊的感情。我努力去捕捉这种情感，尤其是在云南的民族地区，那种最为原始的、拙朴的面对太阳的想象力，是最原生态的文学素材。比如书中写到的那个壮族村寨的人们，他们崇拜太阳，敬畏太阳，敬畏到担心太阳会丢失。在他们的祭祀太阳的古歌中，太阳一度转身离去。而现实是，一方面，祭祀太阳的古歌还在一代又一代地传唱，村人的生活却正在发生着天翻地覆的变化。年轻的后生们或考上大学、或外出打工做生意。他们洗净腿上的泥，成为城里人，或者再从城里回到乡下，已然是全新的人，融入了现代社会生活的人。我在一个壮族寨子参观过一个村史展览室，或者说是一个小小的乡村博物馆，那里陈列着最为原始的木质农耕工具、织布机、马帮用具等。这些农具村人用了上千年，到今天，壮族人传统的稻作文明不断增添进新的内容：科技种田让亩产翻番，耕牛被微耕机取代，马帮被汽车取代，羊肠小道开拓成柏油马路，移动电话进入家家户户……太阳还是那个太阳，地上的人们已然华丽转身。这是这个大时代的社会现实对我的启发，我为那些在现实生活中完成了命运转身的人们感到欣慰。当然也包括我作品里的主人翁卓世民，他过去是叱咤风云的铁血警察，退休后是社区居民，当别人有难时挺身而出，转过身来还是一个铁骨铮铮的英雄。在这个百年未有之大变局的伟大时代，每一个人都在努力紧跟时代的步履，都在或多或少地变换着身份，追求文明，追求进步，追求富裕，追求高品质的生活方式。如果我们在那个乡村博物馆里抚今追昔、睹物思史，就不能不为边地村寨的进步而感到欣慰，不能不为自己是一名见证者和参与者而感到自豪。因此我在作品中写道："太阳从这个北回归线上的村庄转身，不是悄然离去，而是王者归来。"

至于我的下一部作品，目前还在酝酿中。过去我的写作大多是以历史为主，现实为辅，现在也许会偏现实题材一点。这也算是一种"转身"吧。

多棱镜下的文艺之光

欧阳黔森　颜同林

2021年12月20日

文学创作的起点、文体与意义

颜同林：熟悉您创作经历和道路的读者都知道，您在创作起步阶段便尝试从各种文体开始练习，最早的作品集是1994年的《有目光看久》，此书由贵州民族出版社出版。我没记错的话，书的封面以蓝色为基调，由贵州文坛前辈蹇先艾先生题签。内容收录了散文、小说、诗歌等大量作品，这种多样化、多文类的文学创作实践，对您之后的创作有何深远影响？

欧阳黔森：《有目光看久》这本集子，是我的第一本小书，收录的是我早年间创作的一些散文、诗歌、小说，都是20世纪八九十年代在贵州省内外各报纸杂志刊登过的文艺作品。这本册子现在市面上已很难找到，我有时间偶尔还从书柜里找出来翻一翻，它就像个久别重逢的故人一样值得回忆。当时收录的都是短文章，以短小、精悍为原则，5000字以上的文章都没有选录进去。这本书呈现的是我早期写作时期的样子。我在文学道路上蹒跚学步的时候，就开始了各种文体的尝试，诗歌也好，散文也好，小说也好，都斗胆地写一写，没有多少顾忌。那时年轻，有梦想，胆子也很大，自以为文学创作很简单，都想露几手。慢慢也开始写长一些的文章，好玩、冒险，以为随便一写就会发表，如果出名了还会改变生活。尽管初生牛犊不怕虎，但还是碰了不少壁，桌子上曾经堆了不少退稿信，但是我不怕失败，往往是推倒重来，直到能不断发表，路子也更顺利了。现在回忆起写作之路，确实有一种美丽的冲动的感觉，有苦有乐。还有一些作品是在地质工作之余突然有了灵感，忙拿笔记下来的文字，那时的想法是多写多练，闯出一条自己的路来。看着陆续发表的大小文章，内心的那种愉悦感、成就感溢于言表，现在回想起来都会发出会心一笑。

很多作家都回忆过自己的早期创作，都很兴奋、难忘。一个作家早期的文学写作，是一种难得的经历，不可重复的经历，具有尝试、练笔、探索的性质。记得那个时候的文学创作题材主要有以下几类：一类是咏叹青春、爱情的，抒发人生梦想的，真是豪情满怀；一类是写贵州独特的风景、风光以及周围人情风俗的，有人有故事，多半都是真实的；还有一类是记录贵州地质工作生活的，我对地质工作熟悉。那时写得很苦很多，也很快乐，立足的是身边的生活，一直没有离开贵州地域来写。

颜同林：您的早期创作确实很特别很重要。我从一些创作札记类的文章中，发现您对诗歌创作情有独钟，最近几年还频频看到您在《诗刊》《星星》《边疆文学》等杂志上发表诗作。您如何看待诗歌的大众化与小众化特点？您觉得诗歌创作对您的精神视野意味着什么？同时，我还发现，在您的小说创作中也常杂糅进自己创作的诗歌，形成某种互文性特征，您是如何看待这一现象的？

欧阳黔森：诗歌是大众的还是小众的，一直以来都是一个备受争议的问题，比如“平民化”和“贵族化”的对立，比如“民间写作”和“知识分子写作”的论争，等等。在我看来，诗歌是心灵的回声，首先是写给自己的。诗歌表达自己瞬时的微妙思绪，或者伤春悲秋，或者哲学思辨，带有“私人化”的味道，它传播范围有限，不必苛求大众的理解。但小众化的诗歌会走进艰涩难懂、自我陶醉的死胡同，也可能远离时代、脱离人民生活。我个人倾向于大众化的诗歌，如果要问我的诗歌观，那就是诗歌创作要主题鲜明，立意独特，想象力强。这样便于广泛地反映现实生活，背后有生活的坚实基础。诗歌只有走向人民大众才有生命力，只有反映时代精神才有震撼力。像我的《那是中国神奇的版图》《贵州精神》《民族的记忆》等，都尝试这样去写。

我最初发表诗作是在1980年代中期，以前写得多，写得疯狂，后来写得少了，但一直都不曾真正放下。诗歌是一种特殊的文学体裁，关乎心灵，关乎个体，也关乎社会，是对社会生活最集中的反映。写好诗不容易，读到一首好诗真是一种美好的精神享受。诗歌创作拓展了我的精神世界，提升了我的审美品位，是我兴之所至时刻的一种情绪释放。

我有一些小说糅进了自己的诗歌，是出于两方面的考虑：一是以前读章回体小说，都有以诗为证的内容，有诗歌作为小说的补充，现代小说家如沈从文等，他们也有一些作品插入了山歌等内容，我无形中受到影响，自己试着去写，为小说的叙事平添了几分诗意，多了诗性的品质；二是借助诗歌，小说主题得以凸显甚至升华，传达出某种情感倾向，因为小说的内容和诗歌的内容，有相同的方面，可以合拍。这是一种尝试，使得小说叙事具有两个声部，共同完成主题表达的意图，算是一种文体形式上的探索吧。

颜同林：您的《十八块地》发表在《当代》1999年第6期，被评论界视为您走上专业创作之路的一个标志。《十八块地》包括《卢竹儿》《鲁娟娟》《萧家兄妹》在内，它们在您的作品集结中，有时出现在散文集中，有时出现在小说集中，在文体上有某种模糊性，您如何看待这种模糊化现象？作为您转型时期带有突破性的代表作品，《十八块地》的内容与您早期的知青农场经历相关，您如何看待这段经历的重要性？

欧阳黔森：《十八块地》是我对地质农场知青经历的回忆，是写实的，里面写的都是曾经发生的故事，人物也是以我熟悉的朋友为原型的。一开始是想把它当成回忆性散文来写，但写出来一看，有故事、有情节，人物形象也立得起来，称它是小说也没什么过不去的。在《当代》发表作品之前，我也发表了很多文字，但那是我第一次在全国重要的文学期刊上发表作品，带有创作起点、发轫的意思。小说和散文这两种体裁有一些模糊性、交叉性，不好严格地区分，记得其他一些作家的创作也有这种现象，在小说理论上还有诗化小说、散文化小说的各种说法呢!

我时常说，每一个作家都活在自己的时代里，都生活在特定的地域背景中。我出生在贵州铜仁一个地质工人家庭，青年时代又在地质队自办的农场里待了几年，这段经历、这块地方于我是有重要意义的，养成了我直言、乐观、能吃苦的性子。地质农场的生活虽然艰辛，物质条件也很简陋，但我们彼此之间互相帮助、扶持，发生了许多有意思的事情，所以我并没有觉得有多苦。现在回想起来，那段记忆多是美好和欢乐的，感情也是真挚又纯粹的。我用笔写下自己的青春，写下那段艰难却美好的岁月，不只是《十八块地》，在我的长篇小说《非爱时间》里也有关于农场生活的描写，毕竟对于我来说，那是一种别样的财富。

从小说到影视：沉甸甸的收获

颜同林：据我的阅读所及，您有20多篇短篇小说发表在《人民文学》《中国作家》《当代》《十月》等众多刊物上，虽然从数量上看并不是太多，但每一篇都写得很有个性，属于少而精的类型。著名批评家孟繁华主编的“短篇王文丛”中有您的短篇小说集《味道》，也是一个有力的说明。按您自己的说法，您最为看重的是短篇小说，在短篇小说创作方面您有何经验？近几年您的短篇小说创作发表很少，今后在这一方面有什么新的设想？如何看待短篇小说作为自己创作的标识这一问题？

欧阳黔森：在我的经验中，短篇小说可称得上是一种快乐的形式。有几个原因，一是短篇小说本身篇幅短小，生活的一个片段或是一个小故事，就构成了它的主体。创作时也不需要耗费太多体力，构思好了一挥而就，往往在兴奋点还没消失的时候小说就已经完成了；二是短篇小说的创作是自由的，没有太多限制，题材灵活、精要，一刹那的想法都可以变成现实。作家只需要抓住故事的爆发点，靠“片段”或者说“爆点”取胜，炫目得很；三是写好短篇小说，在文坛能站得住脚。国内文坛也好，国际文坛也罢，就有一些作家靠短篇小说成为大师。比如法国的莫泊桑、俄国的契诃夫、中国的蒲松龄。鲁迅在小说上也只有《呐喊》《彷徨》《故事新编》三部短篇小说集，但谁也不能否认鲁迅在小说史上的地位；四是在贵州文学史上，短篇小说一直是作家的长项，比如蹇先艾、何士光，都是靠短篇小说牢牢地站稳在文学史上，谁也否认不了。

短篇小说虽然篇幅很短，但包含的内容也可以多，可以杂，主题也可以很集中。现在大家的阅读时间都越来越少，短篇的优势就凸显了出来。它就像浓缩液一样，提供的营养是一样的。我经常和文友们聊天，对于作者来说，短篇是一口气写完的，还必须能够让读者一口气读完。

像我的《断河》《敲狗》《有人醒在我梦中》等短篇小说，经常得到读者的好评，能让读者记住你的一些作品，很不容易了。我很看重我的这些文字，以后愿意继续把短篇小说写得更好一些，更精一些。

颜同林：与短篇小说相比，您还有近10篇中篇小说发表，譬如《白多黑少》《水晶山谷》《八棵苞谷》，譬如《村长唐三草》《武陵山人杨七郎》，都是十分耐读的作品。这些作品，哪些是您比较满意的，为什么？您认为中篇小说的写作难度在哪里？

欧阳黔森：我比较满意的都是那些地域性强的作品。众所周知，越是民族的就越是世界的。同样，越是地域的就越是不可重复的。我的中篇小说，数量上也同样不多，但每一篇的内容不同，写法上也很不相同，相同的则多半是写贵州题材的，承载着独特的地域文化。贵州的地域文化具有自己的特点和鲜明个性，对文学创作带来的影响是巨大的，这是我们宝贵的精神财富。蹇先艾、何士光的众多小说，都是反映黔北的生活，像蹇先艾的《水葬》《在贵州道上》、何士光的《乡场上》《种包谷的老人》等，就是非常典型的代表。在我的中篇小说中，比如以武陵山脉为背景的《村长唐三草》《武陵山人杨七郎》，以喀斯特地貌的苗岭为故事发生地的《八棵苞谷》，都融入了贵州的地域文化，表现的山区生活典型，刻画的人物真实可信，也是我比较满意的作品。

中篇小说是一种比较适中的文体，长短适中、节奏适中，自有一份优雅和从容在里面。一方面，它能够张弛有度、收放自如，另一方面，它有较高的艺术自由度，有较大的发挥空间。同时又有约束性，让作家既不拘谨，也不肆意。小说的长短，不应只是以字数的多少来区分，而是应该从完整性角度来划分。中篇小说是为讲述一个完整的故事而存在的。中篇小说写作有难度，不能轻易写好，因为一个好的完整的故事，需要起伏的情节，需要典型的细节，也需要丰满的人物。

颜同林：与中、短篇小说相比，您在长篇小说创作上已经有多部作品问世，从《非爱时间》到《雄关漫道》，从《绝地逢生》到《奢香夫人》等。每一部长篇小说的题材都不雷同，有都市题材、革命历史题材、少数民族题材等。您觉得与短篇小说相比，长篇小说创作有什么文体的优势？您以后还会写什么题材的长篇小说，为此做了哪些积累？

欧阳黔森：很多优秀的作家都不是一上来就可以驾驭长篇小说的，都需要经过短篇、中篇的磨炼、积累，一步步过渡到长篇写作。这个过渡的阶段比较漫长，但这是一种飞跃，一种实质性的由蛹到蝶的飞跃。我个人的创作经历是从诗歌、散文开始，慢慢到短、中、长篇小说的，遵循着由短到长的写作规律，所以深知这个过程的重要性。

长篇小说有叙事的时间长度，有历史的纵深空间，讲究故事结构、人物关联，体量很大，也最能体现一个作家的实力。与短篇、中篇小说相比，长篇小说可以“藏拙”，因为它可以考量的因素很多，综合性最强。比如写长篇小说，语言欠功夫，故事可以讲好一点，故事不好，人物可以塑造好一点，总之可以弥补，对作品好坏的评判并不会集中到一点上去。

以后有机会我还会继续写长篇小说，继续走现实主义的创作道路，以贵州本土题材为主，比如乡村振兴之类的题材。贵州文艺工作者必须深入生活、扎根人民，讲好贵州故事。

颜同林：从小说家到编剧是一个身份转换的过程，有些作家很顺利，有些相反，您属于前者。自从2006年推出20集连续剧《雄关漫道》以来，您一头扎进影视剧创作，编剧、导演、制片各类工作都身体力行过，编剧或制片的影视剧在全国影响力很大。您是如何看待这种转型的，其中又经历了哪些最为艰难的过程？

欧阳黔森：十几年来，我从事编剧的影视剧很多，经历相当丰富，还有好事者赐我“金牌编剧”的头衔。但是，我更喜欢小说家的身份，中国当代作家多数都不太愿意介绍自己是编剧。这是一个奇怪的现象，值得思考。从事编剧工作是偶然的，最初我是被动介入，记得第一部影视剧是《雄关漫道》，是贵州省委宣传部委派给我的重要创作任务，后来像《绝地逢生》《奢香夫人》《二十四道拐》等电视剧也都同样如此。所以在一些场合，我总说自己是一名文化战士，有义务接受省里安排的创作任务，时刻像一名战士一样，在等待号角吹响，一旦听令便跃出战壕冲锋陷阵，攻无不克，战无不胜。作为一名文艺界的士兵，除了有态度，还要有情怀，有担当，有使命感。

颇为艰难的编剧经历，要算我接受编剧《雄关漫道》任务的那一回。2006年是长征胜利70周年，省里决定将我与陶纯的革命历史小说《雄关漫道》改编成同名电视剧，向长征胜利70周年献礼。没有退路可走了，压力可想而知。我是初次踏入影视圈，没有经验，时间也十分紧迫，我与陶纯写了又改，改了再重写，几番下来，拍摄和剧本修改几乎同步进行。开机后我就待在剧组，从小说到剧本，一共两个多月极其紧张的编剧生活，自己各方面超常发挥到了极限。那些日子我瘦了15斤，大家开玩笑说我减肥成功。值得欣慰的是结果很好，《雄关漫道》于2006年10月在中央电视台一套黄金时间播出后，引发了社会的轰动效应。被誉为史诗片《长征》的姊妹片，填补了工农红军第二方面军这一影视题材的空白。后来，《雄关漫道》获得了全国“五个一工程”奖，全国电视“金鹰奖”“飞天奖”等大奖，至今想起都很提气。从这之后，我编剧的作品多了，获奖也多了，为贵州打造出《绝地逢生》《奢香夫人》《二十四道拐》《伟大的转折》《花繁叶茂》等15部影视作品。当然，在编剧、导演、制片人的工作中，经历的人与事特别丰富，酸甜苦辣都有，三天三夜都说不完的。

写小说和写剧本差异很大，需要不断变换创作思维。从作家到编剧的身份转变，最艰难的应该是对文学作品的改编。如何保留原著的精神、意图，使其不走样、不变形，最为关键。

颜同林：电视剧和电影是两种不同的文艺形式，不管是电视剧还是电影，您都有不少力作出现。譬如电视剧有《绝地逢生》《奢香夫人》《伟大的转折》《花繁叶茂》等，电影有《旷继勋蓬遂起义》《云下的日子》《幸存日》《极度危机》等，您在题材上是如何做到出彩的？这些影视作品多半都是表现贵州题材的，具体原因又是什么？

欧阳黔森：我觉得这些影视剧的题材之所以出彩，首先要艺术感觉敏锐，时代感鲜明。重要的一点是要创新，深入体验现实生活，揣摩广大观众的心灵需求。一个成功的编剧，首先应该具备敏锐的洞察力和穿透力。我曾有一个归纳，就是影视剧不能缺乏深度、缺乏广度、缺乏温度，如果缺乏这三样，作品就没有灵魂了，不可能引起广大观众的共鸣。

选择贵州题材，直接的原因是，我长年累月在贵州生活，经常深入生活，扎根贵州乡间，对贵州的历史文化、地域背景、现实状况了如指掌。贵州拥有丰富多彩的历史文化、红色文化和民族文化，对之进行挖掘、整理和创新，就能源源不断得到资源和力量。像《奢香夫人》《伟大的转折》《花繁叶茂》等剧就是这样。

奏响文艺主旋律：为人民写作仍在路上

颜同林：最近几年，在脱贫攻坚报告文学领域，您也有不少作品问世，在《人民文学》头条就发表了四篇，产生了极其重要的影响。《江山如此多娇》是2021年由百花文艺出版社出版的，我十分偏爱这本报告文学集，预测该书今后会有持续性的影响。在此图书的封面，印有三行字：2020年主题出版重点出版物；向人民报告——中国脱贫攻坚报告文学丛书；中国作家协会脱贫攻坚题材报告文学创作工程。学界对这部集子有哪些评价？这部集子在全国同类报告文学中有什么特色、价值与地位？这一题材与习近平总书记关于文艺工作的重要论述有何时代关联？您有哪些创作时经历过的故事印象特别深刻？

欧阳黔森：《江山如此多娇》这本书，是我最近几年花大力气用心创作的，读者反响很好，我也很高兴。2021年6月，中国作家协会创研部、贵州省作家协会、天津出版传媒集团联合在北京开了一次研讨会。一批著名评论家、出版家齐聚一堂，给我很多鼓励，至今回忆起来十分温暖。这里，我想借用两位评论家的话来回答。一是北京大学陈晓明教授，他用“大题小做、大道至简、大局有序、大情显实”四句话来评价。二是《文艺报》原总编辑范咏戈，他说《江山如此多娇》是一部脱贫攻坚的进阶之作，是一部聚点成面的贵州扶贫图鉴，是能够留下来的，也是不可替代的一个珍贵的文本。谢谢评论家们的肯定与鼓励，也谢谢读者的肯定与认可。

党的十八大以来，中国作家们认真贯彻落实习近平总书记关于文艺工作的重要论述，充分发挥报告文学作为文艺轻骑兵的文体优势，真实、广阔、多维地反映现实生活，真正在讲好中国脱贫故事、塑造时代新人、描绘农村变革等方面大展身手。记得在2019年，中国作协开展“脱贫攻坚题材报告文学创作工程”，在全国遴选组织了25位优秀作家参与这一工程。很幸运，我就是这些作家中的一位。这几年，我大部分时间深入脱贫攻坚第一线，跟老百姓在一起，脚上沾满泥土，作品散发出泥土的芬芳。

记得在毕节海雀村采访，有这样一个故事，有一个扶贫干部去贫困户家，反反复复去了15趟，但老大娘还是不认识他，因为老大娘96岁，老糊涂了。我就问他，我说你去了15趟，老人家都记不得你。这名干部说了一句话，他说她不知道我是谁没关系，因为我知道她是谁。这句话非常感人，反映了扶贫干部的生活，是奉献，是无私。我觉得扶贫干部真的不容易，他们也是上有父母、拖儿带女，但是在脱贫攻坚一线，他们处处为老百姓谋福利，是新时代最可爱的人。这样感人的人和事多得很，数不过来啊。

颜同林：党的十八大以来，贵州处于全国脱贫攻坚的主战场。来自省内外的作家以此为题材，创作了大量的脱贫攻坚题材报告文学，真实、广阔、多层面地反映了贵州的脱贫实践。在这一主战场，您不但有重要的报告文学问世，而且还有特别的一点，就是将报告文学改编成了同一题材的影视剧，也产生了轰动效应。您在报告文学与影视剧两者之间如何取舍、结合？在驾驭脱贫攻坚题材报告文学和同题材的影视剧方面，积累了哪些经验？

欧阳黔森：在将报告文学改编成影视剧方面，已播映的是《花繁叶茂》，在央视播出后赢得了全国观众的喜爱，题材聚焦于遵义花茂村的脱贫致富。我觉得在改编过程中要做到思想性与艺术性充分融合，制作要精良，电视剧在承载社会主义核心价值观的同时，宣传教育与大众娱乐并重，在两者之间寻求到一种新的平衡。

影视剧是视觉艺术，报告文学是语言艺术。报告文学的特点是非虚构，强调真实性、现实性、当下性。它是生活化的，可以通过画面、声音再度艺术化。这几年我在报告文学的创作过程中，目睹了在这场如火如荼的脱贫攻坚战中，那些奋斗在一线的党员干部、致富带头人等典型人物有血有肉、可歌可泣的故事，以及普通百姓的获得感、幸福感，这些人与事，以及脱贫攻坚的精神始终感动着我。将他们搬上银幕，让更多人知道，就是接受了一次次灵魂的洗礼。

颜同林：在您的文艺创作领域，贵州题材、贵州元素是最为典型的。一有机会，您更愿意走村过寨，深入乡村、厂矿，用双脚丈量贵州这片神奇的土地。您在调研采访中，是如何做到与文艺创作结合起来的？在我看来，这是一种以人民为中心，又十分接地气的创作路子，您乐在其中，忙在其中，有什么鲜明的时代特征？

欧阳黔森：作为一名新时代的文艺工作者，进行文艺创作时要时刻谨记自己的历史责任。文艺工作者要紧贴时代脉搏，深入生活，到群众中去，将双脚踩在大地上，才能出精品力作。在贵州文艺界，我们积极推动文艺“沉下去”，组织文艺工作者“深入生活、扎根人民”也是这个目的。作为管理者与服务者，我也是尽量身体力行、接地气，靠作品说话，带动文艺风气走到良性轨道上来。讲好贵州故事，也是讲好中国故事的一部分。这样才能创作出人民喜闻乐见的优秀作品，才能无愧于这个伟大的时代。

颜同林：及时敏锐地捕捉时代脉搏、正面回应社会的重大关切，在您的文艺创作中都比较突出，您认为作为一名文艺工作者，如何将自己的个性、品格融入创作？有什么样的经验和教训值得与大家分享？

欧阳黔森：主旋律文艺涉及文艺工作的立场、价值，也涉及文艺工作者的历史观、人生观等重要问题。什么是主旋律文艺呢？就是符合中华民族优秀传统文化的、符合社会主义核心价值观的文艺作品。有历史责任感的作家，就是要理直气壮地将社会主义核心价值观作为文艺作品的内核，作为生命个体的精神支点。归根结底就一句话：我是谁，为了谁？文艺工作者要牢牢记住这一点。

每一个故事都是一颗种子

莫言　张清华

2022年1月19日

小说本身具有像树木一样的自我成长过程，跟人一样

张清华： 莫言老师好！我们先从《晚熟的人》开始吧。《晚熟的人》是您获诺贝尔文学奖之后创作的小说结集，汇集了这几年创作的短篇小说。出版以后读者反响热烈，您自己关于这个小说集有些什么想法？

莫言： 实际上，这个小说集的创作过程是很漫长的，其中有几篇是2012年春天的时候写的，当时有一个朋友把我拉到西安，在秦岭附近一个比较安静的地方住下来，开始创作。大概写了六七个短篇小说的草稿，后来因为发生了一些事情，就把整个创作搁下了。直到2017年的时候，我又把这些小说拿出来重新整理了一下，陆陆续续在一些刊物上发表。

我曾说过，小说本身具有像树木一样的自我成长过程，跟人一样。人一直在不断成长，小孩长大，大人变老，小说也是有生命的东西。当然，我指的是那种有人物原型的小说，比如《等待摩西》这篇小说，摩西就是有人物原型的。这个人是我的一个小学同学，许多年前也曾经见过，后来传说他失踪了，他的太太和孩子在家里苦苦地等待。大概几十年后一次偶然的机会，我碰到了他的弟弟，问起他来："你哥还没消息吗？"他说回来了。所以，现实生活当中确实有这么一个事件和人物。当然小说里所描写的很多事情跟他是没有关系的，但是这个小说的核心部分——就是突然失踪30年的人又突然回来的事件，确实是有原型的。我写到他的太太每天提着一个糨糊桶，拿着一摞传单，在来来往往的货车上贴寻人启事。直到我在写这个小说的时候，这个人还没有消息，我心里想他肯定已经不存在了，多年来没有任何音讯，怎么可能还活着呢？但是，他的突然回来，让我感觉这个小说没有完成，应该继续往下写，于是就有了《等待摩西》。所以我说，人在成长，小说也在成长。作家还是应该跟当下的生活保持一种密切的联系，才能够获

得最鲜活的、最感人的、最令人信服的素材。

还有一篇小说叫《贼指花》，它在我电脑里“趴”了起码有20年了。题目最早叫作《三回船》，因为我在写它的时候，想起小时候在故乡看过的一出地方小戏——茂腔戏，名字就叫《三回船》。当然，这出戏演的是新人新故事，讲一个二流子天天梳着大背头、穿着皮鞋，到处追求姑娘的故事。当然，那个时代的姑娘肯定不会喜欢这样的二流子，他尽管漂亮、有才华，但是不爱劳动，所以她们不会爱他。这出戏给我留下了很深的印象。

《三回船》讲的也是新事新办，跟农村的爱情婚姻新故事有关系。我就想，这个小说应该发生在三条船上。第一条船当然是在小说所描写的松花江上。20世纪80年代，一帮文学青年喜欢混迹于各种刊物组织的笔会，笔会期间会发生各种各样的故事。然后，这个故事应该发展到另外一条大江上去，最后肯定还要结束在这二者之外的另一条江上。但后来我觉得叫《三回船》也不太好，原来那个戏讲的是划着船走了，突然回来，又走了，又回来，这叫三回船。那么，这个故事发生在三条江的三条船上，到底题目叫什么呢？有一段时间，我想给这个故事起个名字叫“船上浪漫曲”，后来找不到一个精妙的结尾方法，也就放弃了，感觉没有意思。但是故事的核心一直没想好怎么处理，就一直搁置到了2020年的疫情期间。

张清华：最后的这个结局是后来想到的吗？

莫言：就是在疫情期间，突然脑子里面灵光一现，这个小说终于有了核心故事，《贼指花》围绕着一个小偷来写。那么到底谁是小偷，最后我也没给读者一个特别明确的答复，但我想读者肯定还是能够看出来的。那么，这个小说实际上也是一个成长的小说，它本身是依傍了我几十年前一次参加笔会的经历和感受，搁置许久，直至去年突然完成。就像一粒种子埋在那个地方，等待阳光、温度、水分和合适的机会，然后破土而出，长成一棵小树。这个故事也是有很长的跨度的，总的来说，这个集子中的小说，都是有这种漫长的酝酿史，然后被一鼓作气地完成。

张清华：我有两个比较明显的印象，一个就是这些小说的时间跨度都很长，以《等待摩西》为例，还有像《左镰》等几篇写故乡人物的小说，时间的跨度几乎都达三四十年。那么，其中人物的命运，自然就和当代历史沧海桑田的变化之间，构成了互相投射和依托的关系，让人看了以后，在感慨人物命运的同时，也感慨当代社会生活与世道人心的巨大变化。当然，这里面也有作者——也就是您自己在里面的那种感觉，有时候是不言自明的，有时候是跃然纸上的。还有一点，就是故事性非常强，写法有改变，但是又有不变，那就是您小说里总会有精妙的故事，甚至非常离奇的情节。以《贼指花》为例，最后的结局非常出人意料，但是细想，又在情理之中，这也符合您小说引人入胜的一贯特点，故事性和戏剧性都非常强。变的一面在于，故事的写法似乎有很明显的变化，有返璞归真、洗尽铅华的感觉。您过去的小说写得都是淋漓尽致、非常饱满，但现在感觉特别简约和朴素。过去我喜欢称您的小说是一种“饱和式叙述”，而现在，您也是在用“减法”了。从叙述的笔法上来讲，比过去要平实和质朴了很多。那么，这其中的“变”和“不变”，您是怎么理解的？

莫言：尽管这本书是一个中短篇小说集，但实际上还是很连贯的。因为叙事主人公，也就是叙事者的视角身份是固定的。包括我在获奖之前写的那几篇，也是一个作家回家的“还乡”小说。当然这是中国现当代文学里一个重要的文学类型，从鲁迅开始就写这样的小说。近百年的历史间，描写知识分子回乡的小说，其中折射出的物是人非、恍若隔世的感觉，以及跟乡亲们之间的那种隔膜感，在20世纪80年代之后，我们这批作家全都学习过来了，几乎每一个好像都写过类似题材的作品。《晚熟的人》的风格，也算是延续了现代文学中以鲁迅为代表的那批作家的还乡小说的风格。

也毋庸讳言，从我后来写的几篇小说里面，能够明显看出作家身份的变化，坦率地说，2012年前后回家，乡亲们对我的态度有明显的变化。我当然认为自己没什么变化，但是大家都认为你变了，你也很难否认。就是像这样一种个人处境的变化，影响了我对事物的看法，也提供了我过去未曾有过的观察问题的一些视角。就是过去忽略了的，现在可能凸显出来了，过去一直熟视无睹的，现在突然有了新的发现。这也是小说集中每一篇都有很长的时间跨度的主要原因。知识分子回乡的小说基本都是有时间跨度的，他是拿现在跟自己的童年记忆进行比较——他现在回到的故乡跟他记忆当中的故乡相比较。所以，鲁迅的《祝福》《社戏》《故乡》这些小说里面具备的这些特征，我想在《晚熟的人》里面也是有的。

当然也有不一样，毕竟我描写的是我所经历过的中国农村的几十年，跟鲁迅以及与他同时代的作家们所描写的几十年有很大差别。许多梦想中的东西，现在都变成了现实。最近这些年来，我感受的事物太多了，类似的小说应该还可以写一大批，现在储存在我的头脑中的小说记忆库里的人物故事还非常丰富。

但是这个风格的变化，是不是跟年龄有关系？20世纪80年代初期，我毕竟很年轻，只有30来岁，长期感觉到有话要说，终于得到发言权，得到随心所欲地甚至是为所欲为地，使用语言来挥洒、铺张、铺叙自己情感的机会，有一种初生牛犊不怕虎的蛮劲儿。但现在，我已经年近古稀，想那样写自己都不答应了，觉得既浪费了自己的才华和情感，也给读者的阅读造成了不必要的障碍。当然，从文学研究的角度来讲，我想你们也不会轻易否定我在那个时期的创作，甚至有人会认为现在我已把过去那些东西都丢掉了，感到遗憾。但是对我来讲，发展到这样一种方式，用这样一种情感的度来写小说，也是一种必然。

张清华：到了2012年，您也觉出了环境对您的一些影响。坦率地讲，得诺贝尔文学奖以后，对您原有的写作观、态度和方法，还有风格，有没有直接的影响？

莫言：我认为还是有一些的。刚开始我一直犹豫不决，很多东西轻易不敢下笔，还是有所顾忌——如果我是一个年轻作家，这样写没有问题，但现在我是一个“老作家”了，而且又是一个得过什么奖的作家，如果这样写的话，人家会挑毛病。有这种顾虑，这也是我有五六年迟迟没有动笔的原因。

2017年，我回头把当时在西安写的那几个小说拿出来看的时候，还是感觉那几个作品写得太老实了，没有必要那么拘谨。所以写到《火把与口哨》，尤其是《贼指花》的时候，我还是恢复到以前那种心态了——我不管你们了，我还是这样写，至于读者怎样看这个小说，那就是读者的问题了。我不可能准确地揣摩到读者的阅读喜好，只能说感觉到这样写我认为是好的，就这样写。一个人要客观评价自己是很难的，我想读者或者评论家读我的小说，也许会发现是不是“诺奖”在某种意义上捆住了我的一部分想象力。

我写这样一批小说，是希望能够让大家从这些人物身上看到自己和身边的人

张清华：我注意到您的一些小说发表的时候，有时就叫《一斗阁笔记》。笔记显然是和中国传统文学、中国古典小说的文体有或多或少的联系。事实上我很清楚您与这个传统之间的瓜葛由来已久，但我这里要代读者问一下：您是否确实在自觉传承中国文学的旧传统，有没有这方面的考虑？

莫言：我没有特别刻意地去追求这个。但当年读笔记小说时，还是留下了深刻的印象。尤其在读汪曾祺、阿城的一些小说的时候，发现他们的作品带着明显的笔记小说风格，汪曾祺甚至还改写过好多篇《聊斋》的故事。我在20世纪90年代的时候，也曾经改写过50篇《聊斋》故事。早期那些特别短的小说，实际上就可以算作笔记体小说。这两年我已经写了36篇了，好像还有将近20篇没有整理，我将来的计划是写100篇，出个小册子。

张清华：笔记的写法具有放松、随意和文体模糊化的特点，有时候像是散文，有时候又像是小说；有时候像是实录，有时候像是虚构。《晚熟的人》里也似乎隐约体现了这样的一些特点。

莫言：笔记小说应该分出几类，一类就是聊斋体，包括纪晓岚的《阅微草堂笔记》等，谈狐、谈鬼、谈逸闻奇事；还有一种就是诗话体，写诗人故事。我记得清朝很多官员写了很多类似的故事，记录的大都是朝廷里的大臣们，他们当时都是科举出身，能写各种各样的诗。我写的《一斗阁笔记》已经发表了36篇，形式和内容都非常自由，有的完全可以当作短篇小说来读，有的就是诗歌。其中一篇写的是，有一天晚上我在办公室里面埋头写诗，突然进来一个天文系的学生，对我说："老师，我听说你在写诗，我刚刚发明了一个写诗的软件，我给你装上你试试？"我说："那好，你给我装上吧。"装上以后，他说："老师你试验一下。"我说："好，怎么试验呢？"他说："你说几个关键词吧，要写什么？"我说："送别、初秋、伤感、男女、江边……"输入了一些关键词以后，他说："老师，你要五言的还是七言的？"我说："七言的。"他又问："是要七绝还是要七律？"我说："七律。"他说："老师，出来了。"我一看，完全符合律诗的格式，一首也还说得过去的诗就写出来了。当然，这三首诗都是我自己写的，我借着这样的一个编的故事，把我的诗说成了电脑写的。然后有的人当真了，说这个电脑写的诗还真不错，还问真有这个软件吗？我说："有，你要吗？我给你装上。"但实际上，这是我编的一个故事。它算是小说还是纪实呢？这就很难说了，但用这样一种方式来婉转地或者曲曲折折地发表一下自己写的所谓的旧体诗，我觉得还蛮好玩的。这就是真正的作者隐藏到背后去了，如果有人骂的话，那你骂电脑去，跟我没关系。当然还有一些带着明显的民间故事的风格，传奇、故事、轶闻趣事，甚至我想还可以把《一斗阁笔记》这种风格更加多样化，把某年某月我在部队宣传科写的新闻简报，因为什么事情写的一份检查、写给谁的一封信，都作为篇目放进去。这些完全可以虚构，只是用这样一种方式来拓展笔记小说的外延。

张清华：中国古代的笔记小说确乎也是这样的，有很多是以实录的形式虚构，或是在虚构中设置了很多实录，很难去证实或证伪。

莫言：总之，我想是极其随便、极其自由的，读者也会读得妙趣横生。我记得曾写过一个举人参加科举考试的故事，举人作了一篇全部用鸟字边写成的八股文，刘墉当时是主考官，一看说"不行"，里面有一个生编的字，取消了举人和秀才的名号。过了几年这个小子又来了，这次做了一篇全部用马字边写的文章。刘大人一看，说这个小子压不住了，才华太大了。《一斗阁笔记》的风格，在《晚熟的人》里确实没有直接体现，我还是有所保留的。我写《一斗阁笔记》，是一种戏谑、游戏的心态，跟自己和读者开善意的玩笑，通过这种方式戏谑人生，让大家看破某些华丽、庄严的外衣背后的一些东西。但是写像《晚熟的人》这样的传统小说，我还是非常认真的，没把特别戏谑的恶作剧写法放进去，但现在想来，是不是也保守了些呢？难道所谓的严肃小说真的那么严肃吗？实际上也未必。《一斗阁笔记》里的各种尝试，实际上完全可以放到写《晚熟的人》之类的小说里去。用这样一种自由的、随意的、不做作的方式来讲述故事，也许会让读者感觉到更加轻松。

张清华： 我对《晚熟的人》里面的人物很感兴趣，他们多数是一些有鲜明历史印记的人，有特殊符号意义的人，比如说那个到老了还要战斗的村书记，再比如那个流氓无产者武功。这些人身上还带有非常多历史的痕迹，但也走到了现实之中，来到了当下。我看您的小说里面，对他们的态度，总体上是悲悯和宽宥，细部是有厌恶甚至还有痛恨。那么，您是怎么对这些人物进行定位的呢？

莫言： 刚才我们谈到，《晚熟的人》的特征之一，就是每个故事的历史跨度都很长，每个人物的历史也都很长。那么，对这部分人你刚才讲的，我是完全同意的，就是对他们是一种宽宥的态度，就是说，我认为他们这样做都是历史造成的，是有深刻的历史原因的，但是另外一方面也有批判。有的人性格当中本身就包含了让他一辈子不得安宁，也害得别人不得安宁的这样一些坏的东西。

我写这样一批小说，并不仅仅是为了让大家明白，在我们的历史过程当中曾经有过这样一批人，而是希望能够让大家从这些人物身上看到自己和身边的人。武功这样的人已经变成一个老人了，很快就要死掉了。在那样一个环境里，他用那种方式来抗争，同时他要作恶。这个时候，他就是一个残忍的弱者、凶残的弱者。在目前这个网络时代，像武功这样的人，可谓比比皆是。他以他的弱小来获取他的利益，当他被欺负的时候就说自己是弱小的。但是他作的恶，他对别人的伤害一点不比强者对弱者的伤害小。

张清华： 这就是汉娜·阿伦特所说的“平庸之恶”。武功这个人非常典型，他是以弱者的名义横行霸道，也伤害到很多人。

莫言： 他干了没有底线的坏事——我弱小，我欺负比我更弱小的人。

我打不过你，但是你老婆孩子打不过我。只要你不把我打死，我就去打那个孩子。你小孩两岁，怀抱里的孩子能打得过我吗？

张清华：阿Q也是这样，阿Q不是也欺负王胡、吴妈吗？

莫言：这也是跟阿Q一样的，阿Q确实始终没有在这个社会里绝迹。

张清华：所以这批作品我认为依然有早期作品的批判性，也有鲁迅对人性的反思，对国民劣根性的批判，仍然能够看到这些影子。

莫言：我现在觉得，要重新定位好人和坏人。在《地主的眼神》里，我对一类“地主”人物重新进行了一种客观的定位，他是地主确实很可怜，但是他本身也很坏。他对他的儿媳妇，对小说里的儿童，也是非常凶残的。

历史学家往往着眼于大的方面，而作家首先关注的是个体

张清华：我这个年龄的人，对于老家的那些农民也有一些记忆。但这么多年过去，觉得小时候的理解太浅了，直到中年才会感觉到他们的丰富，他们身上恒在的那些善与恶。那些人中间，有一个从假洋鬼子到阿Q再到王胡、小D的鄙视链、压迫链，都在其中挣扎，没有办法把他们的善恶区分开来。

莫言：这就是人世，这就是丰富的乡村社会，随着年龄的增长，我们实际上都在产生一种非常可贵的东西，就是宽容之心。过去认为大逆不道的很多东西，现在回头一看觉得很有道理，没有必要去谴责人家，我觉得应该认识到乡村社会存在的巨大的包容性。

张清华：《贼指花》让我感觉到您在人性的探究方面有了更多哲学的意趣，假如说前面的几个小说都是历史的和伦理的内容比较多，那这个小说里面的哲学含义则比较深。关于“贼”的主题，中国古代文学里面很多，

《水浒传》里面这些人物到底是匪还是好汉，是贼还是英雄，会有完全不同的认知。俄罗斯文学里也有很多类似的故事，陀思妥耶夫斯基、安德烈耶夫等好多作家都写过关于贼的小说。他们的作品中很多都在探究人性里面的“贼性”，虽然我们每个人不见得是法律或道德意义上的贼，但是从人性的某个侧面，我们难道没有“窥探”过别人，“觊觎”过别人的秘密？没有“惦记”过别人的财物？难道就没有贪欲，没有刺探别人的内心的想法吗？所以，贼性是人性里面非常深层次的一个东西。这个小说在这方面有特别丰富和广泛的一种指涉，不知道您写的时候是怎么想的，最后居然是最像正面人物的、毕生与贼为敌的一个人，是一个真正的贼，所以贼无处不在。

莫言：你把这个小说深化了一下。确实广义的贼心每个人都有，但有的人就在想出手的那一刻，又被道德纪律限制住了，有的人则没有被限制住。还有一种贼就是他本身不是贼，但是突然出现了一个让他当贼的机会，那他面临着一个巨大的考验。大庭广众下突然来了好吃的，我们当然为了面子、为了尊严不可能去吃，那如果一个人独居一室呢？吃了一口没人追究呢？那就很难说是什么情况了。克制跟道德约束，实际上是每个人一生中都会面临许多次的考验。在《贼指花》里面，我没把这个贼当作一个坏人来写，我甚至是用一种特别钦佩的情绪来写他，特别欣赏他。这也符合我亲身经历的一件事的心态，就是看到他伸手捉苍蝇、那么潇洒地把酒瓶子甩到身后那个垃圾桶里去的身手，看到他那么仗义，尤其对女性的一种呵护，那真是一个君子，真是一个绅士。所以最后，当“我”知道他是贼的时候，“我”也大吃一惊，怎么会是他呢？

张清华：还有一点很重要，把“我”自己也摆进去了，叙事人“我”也被人家怀疑和叙述为“贼”，这也生发出了更敏感的意义。

莫言：是啊，人家认为“我”是贼，“我”也很冤枉，辩解又很无力，所以小说中出现了这一节，是个意外的深度。但从主要的故事逻辑中看，结果就是你认为最不可能做贼的那个人是贼。而且，整个看下来，你也不会认为他做的这一件事是多么下贱，是多么不可原谅。你会以为，他做这件事是有原因的——我当时想，他也许就是在对这个吹牛的家伙实施一种惩罚，你当众炫耀你的破钱包，吹牛皮嘛。总之我没有把这个贼当坏人来写，我甚至感觉到他还是一个人的性格的多重表现，他在出手救美的时候，没有想要表演；他在惩罚坏人的时候，也是完全发自内心的。这个人的多面性，都是他的性格的重要构成部分。我想，像《贼指花》这样的小说，批判性就不要那么明确。

张清华：确实，它是对人性的一种深度分析，是一种“关于贼的精神现象学”的讨论，或是一种犯罪心理学的阐释。我们再来聊聊另一个话题，从个人来说，您经历了那么多历史变化，人生中有如此多的故事，每一个时代在您身上是否留下了不同的印记？换句话说，您觉得个人和历史和时代的关系是怎样的？

莫言：我们这一代人，可以说是经历了新中国成立以来的许多重大历史事件。无数个人的历史编织成了大的历史，历史学家往往着眼于大的方面，而作家首先关注的是个体，个体的生命、感受和命运。无数的个体怎么产生影响力，一个历史事件又怎样影响到无数的个体，这是作家应该关注的，也是我写历史小说所遵循的。用个体的角度来观察整个的历史过程，用感情的方式来把握人跟人之间的关系，这样的小说就是类似《丰乳肥臀》的作品。

张清华：这些年您的作品被大量翻译成外文，产生了世界范围的影响。但是中国文学总体上走出去的程度还远远不够，仍然面临着很多障碍。在您看来，中国文学应该如何走出去？

莫言：这个只能是一步一步来，不要着急。首先还是要写好，依靠一些别的手段把一本书推出去，可能会取得不小的影响。但要真想成为一部文学经典，影响到外国人的心灵，我们可以回头想一想托尔斯泰、陀思妥耶夫斯基，想一想这些外国的伟大作家的作品为什么会影响我们，那我们就知道应该怎么做了。真正要变成影响西方读者心灵的作品，当然离不开好的翻译，但最根本的还是要自己的文本过硬。对作家来讲，首先还是坐下来把小说写好，同时也需要有关部门的帮助。在对外翻译推介这一方面，我们这两年已经做了大量工作，我们必须认识到，当今这个时代已经不是托尔斯泰、巴尔扎克的那个时代了，那个时代的作家确实是社会当中最引人瞩目的明星，那个时候阅读的就是小说、诗歌，能看的就是舞剧、歌剧、话剧。在现在这个信息化的时代里，怎么样让自己的小说变成外国读者手里捧着的读物，这个过程太漫长，也太困难了。

张清华：最后，希望您能够谈一谈对文学批评的看法。现在的文学批评不是那么尽如人意，好像还不如豆瓣等媒体对读者的影响大。

莫言：文学批评和创作的关系也是个老话题了。这种东西都是阶段性的，就像鱼汛一样，一个大潮过来，一网捉了很多鱼；鱼汛不来，好几天捕不到一条鱼。好小说和好作家也是这样，一波一波的。现在我们的期望太高了，希望每年都涌现出来很多杰出作家，希望每一个作家每年都写出惊天动地的好小说，这不可能。那反过来用这样的标准来要求评论家也不对，你要求每一个评论家的每一篇文章都掷地有声，有新的发现，那不是也很荒诞吗？所以，优秀的评论家并不是说他不写平庸的文章，而是他在写了很多平庸的文章之后，会偶尔写出几篇有见解的经典性文章，这就跟小说家一样。

张清华：您的长篇新作什么时候能出来？准备写一个大部头的作品吗？

莫言：这个不太好预告，慢慢来吧，倾毕生之力来。现在我也犹豫不决，到底是向李洱学习，写一部70万字的作品呢，还是就写一部三四十万字甚至二三十万字的。写着看看，是个什么样就是什么样。

作家凭什么让人阅读

韩少功　南翔

2022年2月18日

我还是一直希望文学贴近现场，贴近灵魂，成为时代的精神回应。这种回应当然有多种方式

南翔：韩老师，您好！此前，我一直在想您为什么这么受读者欢迎。第一，您是中国当代作家中辨识度极高的一个作家，您的任何作品把作者名字隐去，读者读一个片段，就知道是您的；第二，审美意识非常强，韩老师的语言不管是虚构还是非虚构，都有您自己独特的审美追求；第三，创新意识非常突出，每写一本书都不希望跟自己之前的重叠，每一本都不相同；第四，思辨性强，作家一般是用形象思维，但您的逻辑思维能力、思辨力非常突出，尤其最近的散文和随笔，机锋随处可见。

《人生忽然》这本书分三部分，一部分是“读大地”，您写去欧洲、日本，以及在不同国家的不同感受；第二部分是“读时代”，这部分我读得特别慢，里面有很多当下的元素，丰富而复杂，对于所有我们表示肯定、欢呼、乐观的现象和见解、收益，您都要问一问，表示犹豫、怀疑甚至质询；最后一部分是“读自己”，您拿出了很多日记，日记可能最能见出一个人的过往，很可惜这些日记不全，有几年的没有保存下来。正是这些日记让我们可以看出您在写作之初，已经为写作做好了充分的准备。我想先请您谈谈自己的一些感受。

韩少功：在眼下这个时代，读书好像是一件很难的事情，需要我们的很多机构，比如政府、大学、企业经常花钱花人力来动员，举办诸如读书周、读书月之类的活动。这本身很奇怪。以前我们说，书是人的精神食粮，难道有吃饭周、吃饭月的活动吗？可见人们有了“厌食症”，经常只是刷抖音、刷段子，晚上看一眼电视连续剧。这当然也都是文化，问题不在于你是读屏幕还是读纸媒，问题是我们读书是为什么。现代人其实有很多难题和焦虑，房价问题、孩子问题、国际问题，如此等等。但这些问题怎样找到解决的办法？读书能帮上忙吗？

记得20世纪80年代的时候，文学特别让人向往，处于高光位置。中国作协在北京开会，来了很多外面的人，一打听都是剧协、音协、美协的，好多人专门跑来听会，因为文学富有影响力感召力，充满精神的能量。但40年过去，文学已今非昔比，有时候出版社给我寄一箱箱的书，挑来挑去，只能挑出一两本有价值的，绝大部分是泡沫，又矫情又空洞。读了十几页还是脑子空空。在互联网上，“文青”“文艺腔”甚至“中文系的”，都成了负面词语，指那些不靠谱、颠三倒四的人。我也是中文系毕业的，这让我也万分羞愧。我们的文学干什么去了？

可能我的想法不合时宜，但我还是一直希望文学贴近现场，贴近灵魂，成为时代的精神回应。这种回应当然有多种方式，比方我写过不少小说，以后还会写。现代人眼下不是信息短缺，而是信息过剩，是信息量太大、太乱、太杂，需要清理、筛选、组织、消化的能力。那么，做这种事的时候，散文随笔可能就更方便，更有效率。当然，我不愿做一般的学术写作，比如遇到引文，我会尽量简短，不用深奥的理论去麻烦读者。但是我会特别关切很多理念的现场语境，比如这话是谁说的，是针对什么说的，是在什么情况下说的。这样，我不能不用尽量感性的方式去还原历史的现场与细节，于是写作又回到文学性了，文体就“不伦不类”“不三不四”了。

南翔：我记得七八年前请您做一次讲座，约了很长时间才实现，因为您说想把更多时间留给自己行走、思考、写作。《人生忽然》这本书里关于大地的部分写到您走到南美洲，看到地域差别、文化差别、言语差别。南美洲给您印象最深的是什么？有没有什么文化反差？

韩少功：南美洲是一个地理概念，拉丁美洲是一个文化概念，后者比前者的涵盖范围更大。拉丁文化来自欧洲，在美洲形成了欧洲的文化延伸和文化变种，所以故事得先从“拉丁欧洲”开始。这是一个很多教科书缺失的知识点。德国学者韦伯把欧洲一分为二，一个是新教的欧洲，英国、德国、瑞士以及整个北欧等属于这部分，二是南部的天主教欧洲，即我说的“拉丁欧洲”，包括意大利、葡萄牙、西班牙、法国大部分等。在韦伯的眼里，新教欧洲创造了资本主义，其最初的传统核心是“理性化”，是狂热地爱劳动、爱节俭等。那么南边呢？差不多就是一些好吃懒做、不务正业的浪荡男女，是韦伯最瞧不起的废人和渣渣。后来，欧洲人到了美洲，新教人群大多去了北美，拉丁人群大多去了南美，大体情况是这样，虽然双方各有一些对方血缘或文化的“飞地”，有一点犬牙交错。

现在美洲南北差距很大，整个拉丁美洲的产业研发收入总和，只有美国的1／200。当然还有文化的差别、宗教的差别、肤色和人种的差别等。了解这一切，了解这一切后面的各种因缘，对于我们了解资本主义、了解世界是非常重要的补课。否则，很多朋友嘴里只有笼统的“欧洲”“西方”“国外”，只有几枚道德标签到处贴。不要看中国人满世界去旅游和淘货，中国人对世界的认识还远未结束。物理学家霍金说过：“知识最大的敌人不是无知，而是对知识的幻觉。”

南翔： 北欧、南欧、东欧我们是知道的。但是您把它从文化、宗教背景划分，开发北美洲的是新教徒，新教主要是在美国和加拿大，其他的到了南边，形成经济上的巨大差别。是不是韦伯所说的新教伦理精神，勤奋、克己、节俭，使得他们有一种产出和富裕？包括提倡慈善。中南美洲似乎显得乱糟糟的，墨西哥、巴西的贫民窟让人目瞪口呆，这好像也没有什么办法可以解决。

韩少功： 那种贫民窟的汪洋大海，确实让人震惊，当然是政策失败的严重后果，用他们自己人的话来说，“这一届人民不行”，几乎都是些吃喝玩乐散漫放荡的主。发了工资后，第二天能在大醉中醒来按时上班的，已是最好的员工。约会迟到不超过半小时的，已是最好的客户。他们对贫穷恨之入骨，但一旦经济上违约，做生意拉胯，却又振振有词地说“你们中国人为什么要做金钱的奴隶？”那里盛产“魔幻现实主义”的文学，肯定也事出有因。他们的浪漫差不多就是散漫，常常靠军人政权才获得一点组织化和执行力。但他们的音乐、美术、舞蹈、足球、涂鸦等，都千奇百怪出神入化，美女和帅哥特别多，特别可爱。那么，他们需要发展经济吗？他们又如何能实现经济发展？这些灵魂之问，也是对中国人的考题，既可给我们以启发，也是对我们的警示。

南翔：很多人写过游记，您前面写的几篇游记里融入了很多思考，并非单纯的游记。我们再来比较另外一个国家，您写到一个日本朋友加藤的故事，并由此写了对日本的一些看法和印象。您怎么看待这样一个国家和它的文化？

韩少功：人总是各种各样的，很难有一个典型能用来代表整个民族。在这一篇里，我写的“加藤”不是实名，但故事完全真实。加藤的外祖父是任职伪满洲国的县长，被苏联红军枪毙了，但他全家又一直是“亲华派”，包括翻译《毛泽东选集》。很多日本人的故事，看起来和中国人的故事同样复杂。

一般来说，我觉得亚洲人对亚洲人有时候会苛刻一些，就像乡下人都容易高看城里人，但乡下人之间反而容易相互苛刻，相互看不起。很多日本人曾把中国人看成野蛮民族，觉得侵略和殖民有理；反过来，很多中国人动不动就“小日本”，觉得黄面孔怎么说也是“假洋鬼子”，要比欧美白人低下一等。这就有亚洲人的毛病了，有“欧洲中心主义”的心态了。日本有很多天生的弱项，比如在日本九州挖不出什么历史文物，让日本很没面子。日本也没有什么资源，没什么石油、矿产，而且还多发地震。但日本人把工业搞得很强，因此我很好奇，想知道是什么样的历史原因，让他们更早进入工业化快车道，让中、日两国走向了不同的发展道路。

我觉得相距这么近的两个邻国，相互之间还是知之太少、知之太粗、知之太浅，是说不过去的。凡有人群的地方都有上中下，少数极右翼政客不应该成为中日双方人民理解和沟通的障碍。我很高兴这篇文章译成日文发表，也很高兴在中国台湾见到一个日本读者，他说读了这篇文章以后特别激动。我愿意为中日之间的沟通做一点小小的添砖加瓦的事。

百多年来的历史实践，使我们有理由对那些基本命题给予进一步的检验、怀疑、反思以及超越。这也许是我们向前人致敬的最好方式

南翔：韩老师的思考触角比较多，有些地方非常深入，有些地方自己也在犹豫。比如您在海南生活了30多个年头，虽然中间常常回湖南。我们知道海南这块土地有自己的特质，包括文化、历史，乃至革命的资源。红色娘子军就是非常重要的一个存在。您写文章的时候先会想起自己下放的经历，后来再涉及前往红色娘子军故地的感受，尤其到了琼海的感受。2003年这篇文章在《当代》发表时，一些真正的娘子军战士已经年迈，有的人的生活状况也不太如意。您在文章里写到看到这些情况的时候，有一种说不出来的感受，并由此思考了很多历史现实方方面面多重的关联。您的实际感受是怎样的？到目前为止怎么样评价这一代人的牺牲，甚至不止一代人的牺牲？包括您后来在很多散文中涉及一个主题——革命的意义，我想这也是我们很多人一直都在思考的问题，怎样思考这种关系？

韩少功：我是1988年迁居海南的，诸多体会之一，是对海南的女性特别敬佩。是不是男人大多出海打鱼、闯南洋了，反正海南的女人特别能吃苦耐劳，脾气很好，去田里干活，下海打鱼，开店做生意，甚至在当年组成红色娘子军，冲锋陷阵扛住“半边天”。当然，她们的故事也有辛酸和沉重，包括有些娘子军战士，后来在某些事件的冲击下蒙受冤屈。

有一年，我在某地挂职锻炼，一个财政局局长来汇报税收情况，让我大吃一惊，发现这个县的个人所得税占全部税收的1／4。我问这里有这么多有钱人吗？对方吞吞吐吐，后来才知道那不过是对不正当行业的“征税”，不好叫什么名目。而且这种行业还涉及餐饮、旅馆、服装、美容、医药、交通等更多税种，更让人震惊。中国的改革开放走过了一个不断探索、摸石头过河，包括试错和纠偏的过程。我并不是要“装圣母”，但不能忍受一部分人的“人性解放”建立在对更多人的压迫和欺凌之上。正是在那里，我对中国道路，包括中国的红色娘子军有了新的认识。革命当然是暴力，是破坏，是狂飙，是把天捅下来，但革命是卑贱者最后的权利，是没有任何和平改良可能的时候两害相权取其轻。我们确有必要反思历史，但没理由因此而把引起革命的原因，把人世间的不平和不公，当作美好事物敲锣打鼓地迎回来。

南翔：“读大地”之后是“读时代”，这一部分的内容更丰富，给我印象比较深的有三个词，一个叫“实践盲区”，一个叫“实践窄道”，一个叫“实践浮影”。我们现在全世界都在搞高科技，都想占领高科技的制高点，但是这个投入非常大，不是所有国家都能搞得起来，比如说像高能粒子对撞机，动不动几百亿上千亿的投入。另外在市场经济时代，好多我们最需要的东西也可能没有人搞。为什么呢？资本是逐利的。这样就会出现很多盲区，需要搞的没有钱投入，不需要搞的因为利润大，反而投入很多。再者，我们现在的分工非常细。包括学科也是这样，我曾经让中文系学生学习作对联，因为在我看来对联里包含了很多语文的内容，但是学生跟我说他是学现当代文学的，不是学古典文学的，不会作对联。现在文学作品评奖也是，分门别类划分很细，报告文学就是报告文学，散文就是散文，好似两不相干。今天下午我参加一个评选，有一本书是散文作品，但每篇散文前都有一段诗，评委就提出异议了，说无法归类在散文类别下。刚才路上您也说了一件很有趣的事情，就是当年有个书店把您的长篇小说《马桥词典》放在了工具书一栏。

韩少功：对的，后来有个读者看到给书店写信，说你们那个书摆错了，《马桥词典》是小说。这个书店还挺负责任的，隔了一个月给读者回信说他们认真研究过这本书，认为没有摆错。

南翔：《人生忽然》写到“实践浮影”。不说现在很多人真正意义上的动手能力越来越弱，就是需要所学的知识互相打通的地方，也是彼此隔膜，到处是“门禁”。我之前碰到一个大学同事，她曾是舞蹈系的系主任，她跟我开玩笑说舞蹈系进教师也强调招博士，招来舞蹈学博士或许可以写论文，但不会跳舞。您特别强调专业打通与实践能力的重要，我们知道您还回到写《马桥词典》的地方自己种菜，那么您怎么看实践和理论之间的关联？

韩少功：人类的知识越来越多了，但这通常是指书本知识、间接的知识，而直接知识、实践的知识却相对地越来越少。所谓“巨婴”，“巨”在文凭上，“婴”在实践上，在很大程度上就是脱离实践的那种。不到100年前，中国的军队就是农民的军队，一个连长或营长还要带一个文书官，负责看公文、看地图。到现在，我们的文盲率降到4%以下，高校毛入学率达到了50%左右，这是挺好的事。但也带来一个问题，我们是通过读书、读屏来认识世界，那么书本知识是不是特别可靠？不一定。举一个小例子：据统计，美国每年医疗开支的一半，用于病人生命的最后60天，很多高级的仪器、昂贵的药物都花在植物人、准植物人身上。还有是花在治疗性无能、谢顶上。但很多非洲的地方病，还有全球几千种罕见病，同样是病，同样人命关天，同样是探知人体奥秘的宝贵入口，但因为不具有商业意义，相关的购买力弱，就总是被医药商们及研发机构弃之而去，病人只能等死。市场和资本的逻辑是，一切都是为了卖，不卖没有意义。在这种情况下，在知识生产看似高歌猛进之下，是不是有隐患、有盲区、有失衡、有严重的扭曲？

由此可知，“科学主义”的神话是大可怀疑的。科学并非无所不知，被市场和资本所制约的主流科学，甚至从未打算有问必答和有疑必究。坦白地说，我这一类文章是想回应“五四”以来启蒙主义的基本命题。比如那时有一个德先生、一个赛先生，还有一个莫小姐，是指民主、科学、道德。但百多年来的历史实践，使我们有理由对那些基本命题给予进一步的检验、怀疑、反思以及超越。这也许是我们向前人致敬的最好方式。

我说得对不对，并不要紧。重要的是，作家总得有点感受、知识、思想的干货，否则你凭什么让人家来读？

女性独立是乌托邦吗？

金仁顺　艾伟

2022年3月16日

这种写作有点儿像老摄影底片，能看到上面模模糊糊的影像，但没有相纸和显影剂，底片上面的人和物，以及风景，影影绰绰的，它们真实存在，但我们却看不到真面目和细微处

艾伟：你的近作《宥真》《小野先生》《众生》《为了告别的聚会》这批小说或散文，似乎和以前作品相比在地理空间的写作上有所改变，往往有一个国际化的背景，《宥真》的故事发生在美国和韩国，《小野先生》则发生在日本和长春，《为了告别的聚会》讲的就是一次国际笔会，你把自己放入这些作品中，使得这些作品和你的经历有某种程度的关联，在这些作品中，你试图打破纪实和虚构的界限，“我”一直在里面，像一个亲历者娓娓道来，有一种散文化的倾向。我们都知道，散文一般来说是不能“虚构”的，小说却要虚构，你决定用这种方式写作时，是想创造不是虚构之虚构的效果吗？

金仁顺：你这么一说，还真是的。虽然不是故意为之，但近期这几个作品确实是有这么一个共同性，“不是虚构的虚构”，概括得很精准。

写完《纪念我的朋友金枝》后，差不多有三四年的时间，我没写小说。写作是一种本能，同时也是一种技艺。久不写，难免生疏；而生疏，会让人生怯。这和刚开始写作时的状态不同。那时候也生疏，但初生牛犊不怕虎，什么故事都敢想，什么饼都敢画，偶尔还妄想着，自己在白纸上画得挺新挺美。人到中年，知道天高地厚，个人渺小，开始有世情苍凉的心境，开始审视生命经验。《宥真》《众生》《小野先生》有相同的特质：即小说是虚构的，但故事、人物，很多细节是非虚构的。这些真实的经验方便我快速回到小说写作的状态中来。这三个短篇小说，虚虚实实，实实虚虚。我身在其中，以旁观者的立场目睹人事浮沉变迁，悲喜交集。这种写作有点儿像老摄影底片，能看到上面模模糊糊的影像，但没有相纸和显影剂，底片上面的人和物，以及风景，影影绰绰的，它们真实存在，但我们却看不到真面目和细微处。我把这些人和故事写出来，我的视线就是相纸和显影剂，很主观，所以，这些故事是小说不是散文。《为了告别的聚会》里面人物和故事不乏传奇和曲折，但确是实打实的“非虚构”。“地理空间”，是不是意味着“中年心境”？年轻时写作，只看前方；但人到中年，“开来”的力量日渐消减，倒是频频回首“既往”，好奇自己如何就成了今天的模样，一个人的变迁是不是能代表一群人的沧海桑田？

《众生》里面的12个人物，都是我30年前认识或者见过的人；《小野先生》的原型是我20年前见过的一个日本教授，而宥真也是认识10年的朋友了。倏忽之间，却顾所来径，苍苍横翠微。

艾伟：《为了告别的聚会》是以散文的面目出现的，可以认为是你的亲身经历，但是我们写作的人都明白，从来就没有所谓的纪实，所有的书写都是选择的结果，事实上，读《聚会》时，有些场景，特别是最后喝酒闲聊的部分，非常像一篇小说的结尾，所以这个文本非常奇特，几乎具有小说的元素，人物、经历、情感，甚至不经意的故事，当然形式上完全是散文的，我想你也是把它当作散文来写的。你觉得散文可以虚构吗？可以多大程度地“虚构”？

金仁顺：《为了告别的聚会》是个非常特殊的、值得把全部过程记录下来的笔会，会议之前我注意到此次笔会的主题是：沟通与交流的平台。到了首尔我才知道这个“平台”是为散居在世界各地的有朝鲜血统的作家诗人们举办的。我在这篇文章里面记录的一切都是真实的，包括一汤一饭。我在会议现场，经常会被某位讲述者的经历震撼到，我觉得我要记录下来这种震撼。

你可以说它像小说，但它不是。如果是小说，那这个故事完全是另外一个面貌。而且也不可能是一个故事啊，每个人在大会上的发言不过30分钟，可他们身后的故事至少要20万字。

散文可不可以虚构？答案见仁见智。我的回答是不可以。理由其实倒不是作家的写作方式问题。我跟周晓枫曾谈过这个话题，她反问我，如果事情是真实存在的，或者情感、情绪都是真实的，只是挪移了一下，那这算不算虚构？现在，我是从读者角度来回答这个问题的，读小说和读散文，心情截然不同。小说是虚构的艺术，女孩子坐着床单上了天，我们会觉得哇，这细节写得太棒了，魔幻现实主义真牛！但散文如果这么写，读者会骂人的吧？作家当我们没智商吗？我们为什么读散文，不就是读那份真实吗？你现在跟我说坐着床单能上天，那是不是跺跺鞋跟就能下地狱？

我们不是为了故事去读散文的，读散文是因为文字，因为思想，因为启示，甚至因为某种调调，最重要的是真实。那些从真实事件里面榨出来的点点滴滴，如果有虚构，岂不是眼泪里面掺了自来水，不止很煞风景，还会让读者觉得受了欺骗。

因为喜欢，写物的时候难免笔端多流连；写人的时候我会下意识地节制，因为人同此心，既然是共情的，又何必那么琐碎？

艾伟：我特别喜欢《为了告别的聚会》里关于美食的描述。我喜欢美食，但我从来不会记住美食的名字，更不知道制作方法。在描写美食方面，你非常有天赋，经常把我看得满嘴生津。在《小野先生》和《宥真》里同样也有美食的描述。我很羡慕你能把吃过的东西一一道来，并且我相信文字显然胜过真实的食物。我有时候想，其实我们浙江有非常好的美食，但这反倒让我对美食熟视无睹。当然任何地方都有美食，但你笔下的美食，活色生香，非常精细，没有“北方”的那种豪放感，反倒让人感到十分南方。这一方面同你的文字气息有关，你的文字有一种相当典雅的古典气息。另外一方面我觉得你写食物相当有情感，反倒是在写人物时，文字会变得克制而冷静，这让我感到在你的潜意识里，对人和对物似乎有不同的态度。

金仁顺：我对美食一往情深。食物代表太多东西了，形而下的时候可以涵盖所有烟火气，形而上的时候又能一行白鹭上青天。食物对于个体而言，差不多是人一生成长的脉络。我常想，如果用一生吃的食物来写一部长篇小说，是不是会很好看？

我们常说，但愿人长久。人不可能长久，年年岁岁花相似，岁岁年年人不同。山川草木，随着四季变化，但每一季都是相似的；人却是生老病死，和自然比起来，算是“速朽”的。物比人存在的时间长多了，也有意义多了，博物馆里盛载的历史是以物来设定的，人，无论哪朝哪代，都是白骨。那些迷恋古董的人，迷美迷物还是迷时间？我觉得都有。物品和美食一样，出自人手，而人会消逝，物品和美食却可以流传。和物品比起来，人多了灵魂，以及其他的东西，人是创造者、改革家。人的不确实性太多了。因为喜欢，写物的时候难免笔端多流连；写人的时候我会下意识地节制，因为人同此心，既然是共情的，又何必那么琐碎？说重点就够了。

艾伟：我们都知道任何文章都会有一个中心思想。《聚会》这篇散文讲的是朝鲜族“离散者”的聚会，而事实上这些人并不懂朝鲜语，他们已经有了自己的文化，在我看到最后的时候，实际上我看到了人们共同创造的某种“致幻剂”，在那一刻，他们关于血缘关于民族的共同想象让他们开始有了一种类似“民族”的情感。但实际上，他们从本质上已经是另一种文化的人，已不是朝鲜族人，所以当我看到他们最后的行为，我觉得他们的想象和他们的真实情感是有差距的，因为他们在用自己国家的文化表达这种“民族”情感，这相当不合拍，有错位，而正是这种错位，更让我感到某种生命在世的飘零感。同时我相信，这只是转瞬即逝的一刻，在他们离开时，回到各自的生活时，也许那一刻会给他们梦境般的感觉，他们也许会在那个场景中看到一个陌生的自己。

金仁顺：是的。清醒其实从来没有缺席过。这些来自不同国家的、父辈或者祖父辈有着相同血缘的作家诗人们，行为举止已经深深打上了各自水土的烙印，美国式的微笑、日本式的鞠躬、丹麦式的矜持等，这些东西都是边界的一部分，这个笔会把大家聚集起来，寻根溯源，这中间有相当一部分人当年是遗孤，回到他们一出生就被抛弃的地方，他们内心的复杂程度可想而知。说实话，光是他们没有拒绝，能来参加这个集会，都是巨大的勇气。作家和诗人，都是对世界和自我不断产生怀疑的群体，怎么可能通过一次聚会就有了“民族”的情感。“民族”的血缘是大家共同的，这不是自己能选择的，但除了血缘以外，每个人都有自己的想法，如人饮水，冷暖自知。而主办方也没有打什么感情牌，他们选择的主题中正平和：沟通与交流的平台。让来自不同国家，有着不同年龄、不同经历的作家和诗人们彼此沟通、交流，让这些人与韩国的作家诗人们沟通、交流，更有一层，是每一位作家诗人，与自己的过往、民族身份，来一场深度的沟通与交流。这个意义是渺小的、个体的，也是伟大的、影响深远的。

艾伟：《小野先生》这个短篇很大的篇幅写在现在进行时中，对长春这座城市有细微的描述，你所描述的地点和建筑显然经过精心的挑选，试图和长春这座城市的“特殊历史”相联结，通向那个幽深的历史深处以及历史的经历者。老小野先生，这位侵略者和杀人者是通过小野先生（一位东北亚历史研究者）的转述而显现的，在这篇小说中，写老小野先生的笔墨并不多，他却是小说的一个核心人物。这篇小说中有三重时间，一是当下，二是战后日本，三是战争中的长春，比重是当下最重，战争最少，在三重时间的比例安排中，你显然更多着眼于当下甚至未来，你试图在这个文本中探讨过去的战争对当下或战争的后代以及经历战争的人所造成的精神困境。这个小说另一个让人印象深刻的方面是小说中所展示的"历史正确"，一种中国式的关于那场战争的叙事，即两国人民都是受害者，在这样一种视野下，长春变成了小野先生的"心灵幽深之地"，而老小野先生坚定地认为他的战友不配"死在一块洁白干净的床单上"，他也不配，老小野先生因此变成了一个赎罪者。但有意思的是在小说的最后，我们看到你似乎要的更多，那个"时光隧道"（我称之为三重时间）主题再次显现，假设老小野先生从时间深处走来见到儿子小野先生，他也只好装作不认识儿子。这有很深的隐喻，一方面人总是会不自觉地不想让孩子（后代）看见自己的"恶"；另一方面在更大的意义上，也不能不说其就是反映现实的状况，对一种类似于"责任的逃避"的提醒。

金仁顺：这是一篇写"痛感"的小说。对于一部分人而言，伤害和伤痛是一过性的，但对于另外一群人而言，伤害和伤痛是缓释的，时间的流逝不会让伤害和伤痛减弱，反而日渐强化，使之深陷其中不能自拔。这些人是悲剧的，也是令人动容和尊敬的。老小野先生参加过侵华战争，做过错事，他漫长的余生沉浸在羞愧之中，无法解脱。战争有台前和台后，这些都是大家关注的，但战争同时还有散场后的余韵，锣鼓喧嚣戏已了，余韵进入了个体生命，有些人转头遗忘；有些人"三月不知肉味"；还有些人，要用整个余生来消化。写《小野先生》是想重述反省的意义和价值，而个体悲欢，也能像一滴水滴折射战争的粗暴和摧毁性。另外，这是一篇写长春的小说。这是我第一次明确地把一个地点写进我的小说里面。我在长春生活了30多年，早就成了这个城市的一分子，我和这个城市心心相印，对它曾经遭遇过的炮火、侵略、摧残，我要做点什么。

我不是女权主义者，我是女性主义者。差一个字，谬以千里

艾伟： 你大部分小说都涉及男女之间的情爱，《爱情诗》《彼此》《云雀》等，在阅读这些小说时，能感觉到你对情爱的看法基本上是悲观的、缺乏信心的。至少在小说里，你不太相信男女之间的专一性，在情爱问题上你设置了一个宽阔的地带，你的小说里男人天然有这个地带，男人或多或少都很“自由”，他们总是喜欢用暧昧不明来对待情爱关系，他们的“前史”也相对复杂，不过我觉得在你的小说里那些男人并不重要，重要的是小说里的女人，她们不再像古典小说中的女性，具有那种“爱”与“欲”之间的清晰界定，既没有了像《安娜·卡列尼娜》中安娜式的“专一”性，也没有了在“爱”的幻想下沉溺于“欲望”的包法利夫人的自我欺骗性。在你的小说里，女性在对待情爱时似乎不再需要安娜式的精神性，也不需要像包法利夫人那样自我制造一种虚幻的“爱”，我想说的是，你的这些女主角的行为经常被瞬间而来的情绪所俘获，她们的生命经验里“爱”和“欲”之间不再那么泾渭分明，它们变得很复杂（即我前面所说的宽阔地带），比如在《彼此》里，曾受到郑昊伤害的黎亚非在自己再婚的婚礼上再次扑到前夫郑昊的怀抱中。这看起来像是女性某种眩晕的时刻，实际上我觉得深藏着你对女性的个人洞见。

金仁顺： 也没有“大部分小说都涉及男女之间的情爱”吧。在说起我的小说时，经常有人这么评价我。每次我都觉得有些困惑，我有那么专注地写男女情爱吗？并没有啊。我想写的是人与人之间的关系，以及在关系中形

成的微妙。《彼此》里面的郑昊和黎亚非，固然有郑昊前女友在他们结婚时的恶意设局，但他们之后在婚姻生活中，没有积极地沟通、和解，这才是他们婚姻解体的关键。在我看来，现代婚姻里面的“冷暴力”极其可怕，是一种新的“傲慢与偏见”，傲慢让人懒得去追根究底，偏见让人选择不原谅。在《彼此》里面，大家都看到了黎亚非的婚外情，却没有几个人注意到她婚姻内部的悲剧。换言之，我们总是注意到了大声说话的人，而忽略了那些沉默的人，而沉默中负载的东西比喧哗深沉得多、悲剧得多。

安娜·卡列尼娜和包法利夫人，是世界文学史上两个闪闪发光的人物。托尔斯泰和福楼拜，两位男作家把女性写得如此动人、深刻，很了不起。如你所说，她们是“爱”与“欲”的形象代言人。在今天，女人的“爱”和“欲”变得没有那么强烈了。对于部分高知阶层和白领女性而言，甚至可以说可有可无。越来越多的女性把生存质量的高低从依附男人的状况中转移出来，“我命由我定”，经济上的独立自主才是女性的刚需，爱和欲不过是陪衬。“仓廪实，而知礼节”，经济独立让女性活得有尊严，让她们的视野更宽广，对社会的抚恤和回馈也越来越多。

艾伟：你的回答印证了我的判断，即你在写你笔下的女性时，表面上看有所谓的情绪“俘获”时刻，其实基本上她们一直保持一定程度的理性和优雅，也因此你的小说文本总是非常节制和暧昧不明，而我认为暧昧不明是特别好的品质。关于节制问题，可能是因为短篇小说的篇幅和长篇小说有根本性的不同，短篇确实需要节制。但是即便你不承认你的小说更多涉及男女关系，那么在写具体的男女关系时，你还是省略了某种如安娜所需要面临的尖锐的问题，把它归为精神性问题也好，情爱问题也罢，我觉得这其中一定有着你对女性的根本看法，作者总是照自己的理解去想象人的，不是吗？从这个意义上，我特别喜欢你的《喷泉》，这篇小说里我看到一股野性的力量，从人物的情感深处爆发出来，也因此我感到人物有那种特别强悍的生命力。我个人觉得在你的写作中，这个文本有一种“质变”，或者说是某种异数般的存在，它没有你此前小说里的那种酷酷的“小资产阶级”情调（这里的“小资”仅仅是指风格，而且我认为是一种蛮迷人的风格），而是回到女性更本质更粗野的内部。在《喷泉》里，我感觉到所谓“安娜”式问题的存在，而正是这些“问题”带给文本更深入的力量。

金仁顺：我少年时代是在一个煤矿区长大的。在我刚刚写作时，我写了很多以煤矿为背景的小说。但后来写城市题材比较多，“小资”兮兮的比较多。（我这也不是自嘲，是客观描述）在《彼此》《云雀》这批小说写出来后，大家对我的“标签化”归类好像更确定了，仿佛我的写作题材就是在城市里，就是情感关系，就是阳春白雪。被这么归类当然有些不甘心不服气啊，我想给大家来一篇接地气儿的，我的地气比谁都深，一接就能接到地底下几百米。这就是《喷泉》的由来。煤矿生活虽然是在我的少年时代，但影响深远，矿区里的人都有股野性，有股义气，有玩命的狠劲儿。有这种性情打底，人与人的爱恨都是强烈的，大开大合。《喷泉》虽然是个悲剧，但调子却异常明亮，爱和恨、欲望，浓度和纯度都非常高，相比之下，其他的小说优雅或许有，但温暾却是真的。但这篇小说的气质还是未能跳脱出多远，也可能我写作久了，真的就有了某种腔调吧。去年年底我把《喷泉》改成了一个小剧场独幕剧。对故事做了很大的调整，但三个人物的性情、性格以及行动逻辑没变，这个剧演出之后，差不多人人都爱上了吴爱云，她明亮且非常动人。

艾伟：总的来说，我觉得在你的小说里一点都看不见女权，而且我认为你对男性特别宽容。你小说里的男人，是一种有力量的存在，他们通常优雅得体，生活优渥，出轨或移情别恋当然也是经常的事，但在你的文本里，男人身上发生的这些事只是“现象学”，你把他们当作天然如此，你没有抱怨，当然也没有批判，在你的小说里，你从来不追究男人的道德问题，对女人也是如此，不追究。这一点很好，我认为这是小说家应该做的。所以，我觉得你是个对男女之间的权力关系没有挑战或反抗的女作家，而只是细微观察这一秩序下男人或女人这一古老关系的现代模式。所以，有一次我看到你的访谈中谈到你是个女权主义者时，我不能认同，我觉得你不是，你在小说里对男人宽容极了。我认同你前面所说的话，你其实是一个女性独立主义者，在你的观念里，女性独立比什么都重要，没有男人也可以活得很好。这也是长篇《春香》的基本观念。在《春香》里，倒确实存在某种意义上的女性中心主义，我视之为一首关于女性独立人格的赞美诗。总体而言，无论《春香》，还是你那些关于两性关系的短篇，你对男女关系写作的基调是悲观的，也许正是这种悲观让你心怀宽容。

金仁顺：我不是女权主义者，我是女性主义者。差一个字，谬以千里。《春香》这部小说也不是女权主义小说，而是女性主义小说。或者如你所说——“女性独立小说”。《春香传》是朝鲜半岛流传了300多年的民间故事，那个时候的朝鲜男尊女卑，门第划分极其严苛，女性生活没有尊严，更谈不上自我。在《春香传》里面，女人对男人要绝对顺从，勇于自我奉献和牺牲，那么最后会有男人来救赎她们，从此过上幸福的生活。这样的内容，居然是半岛最著名的民间故事，南原地区现在还有个“春香”小姐的选美活动。我想写另外一本《春香》，我的春香没有“传”，不是用来流传的，只是证明一种可能性：女人有能力靠自己过上也许说不上幸福，但却自由的生活。《春香》里面的女人没有女性中心，恰恰相反，香夫人被男人抛弃，春香是个非婚生女，银吉被夫家嫌弃遭退婚，小单是个罪犯的女儿，这些女人是当时社会的“负面”人群，她们集合在香榭，香夫人利用自己的智慧，让她们衣食富足，实现了“负负得正”。但即便如此，香夫人也忧虑春香的未来，因为她知道，她们的美好生活是个意外，是当时严苛社会制度下偷来的“浮生半日闲”。因此她处心积虑，安排春香嫁入豪门，但春香最终选择留在香榭，豪门固然可以遮风挡雨，但自由更可贵，而且在香夫人生病后，她要担起护佑香榭的职责。对于女人而言，如果生存问题自己能够解决，爱情不过是锦上添的几笔花花草草。你说得很对，我对男人没有褒贬，我从来没抹杀过男人的影响力，但我对女性确实是偏爱的，我愿意花费更多的心思和笔墨让女人们摇曳生姿、楚楚动人。

《心居》中都是好人，只是分寸的把握不同

滕肖澜　张英

2022年4月18日

“人生常有意外，有些是噱头，锦上添花的；有些却是要命的，输了便再难翻盘。”在滕肖澜的长篇小说《心居》中，这是打动太多读者的一句话。

如今，小说变成了电视剧，滕肖澜也从小说家变成了编剧。该怎么把这句话翻译给观众呢？于是，便有了在真实性与戏剧性之间，如何把握分寸的问题。

用滕肖澜的话说，就是：“一方面我当然希望它是非常非常真实的，让读者、让观众看了以后会说，没错，这个就是我们现在过的日子。我希望能够达成这样一种状态。另一方面，作为一个剧集来说，肯定也需要有冲突、有戏剧性在里边。”

这是一个艰难的平衡。有趣的是，少有人看出来，《心居》本身就是一个关于如何把握分寸感、如何求得平衡的故事：有的人坚持住了，实现了自我；有的人一念之差，走向溃败。

生活不再是非黑即白，因为决定命运的因素太多，它让所有人生都成了变动的X。取舍之间，变量如此纷繁，靠传统、靠经验、靠父母、靠内心善的直觉……这些都不足以依靠，甚至坚持本身，也成了奢侈品。

《心居》的真实感，来自对这种无奈的纷繁的呈现，而《心居》改编本身，也经受了无限纷繁的冲击。

已很难说清谁是上海人

张英：你写《心居》这部小说时，是什么原因，让你想到创作一个以房子为核心主题的作品的？你在写这个作品时，除了房子以外，关于社会或家庭，还有什么想要表达的？

滕肖澜：我当时写《心居》时，其实就是想写一部比较能够反映上海当下各阶层老百姓生活的作品，我希望能够尽可能真实地反映这几年城市百姓的生存状态。房子应该说是一个切入点。我们都知道，在上海，房子是绕不过去的一个话题。我将房子作为切入点，会比较贴切，也更容易介入，所以就有了《心居》。

《心居》是一部反映当下上海各个阶层老百姓生存状态的剧，它的"心"和"居"中，"居"是房子，我是把"心"放在"居"前面的，也就是说房子是切入点，但我更多的是想写人跟人的关系，就想写像顾家这么一个大家庭衍生出来的形形色色的人，他们对未来的希望，以及他们为了心中所想、心中所愿，怎样去奋斗、怎样去努力地生活——这个是我想写的。

我想写的就是普通老百姓怎样为了心中理想，不断地去努力，而这个努力的分寸感，又是怎么去把握的……

张英：小说里分"新上海人"和"老上海人"两个群体，在他们当中，也会有一些冲突。就你看，"新上海人"和"老上海人"分别有什么特点？

滕肖澜：其实我觉得，今时今日，我们再来讨论"新上海人"和"老上海人"，这两个群体是越来越难界定了。我小的时候，区别就特别明显，上海人都是说上海话的，如果你不说上海话，我们就觉得你肯定不是上海人。但现在完全不一样，因为现在上海是一个海纳百川的城市，不停有新的人才进入，各方面的人到这个城市来，把城市人的结构变得越来越多元化，上海也是越来越包容。所以，现在很难界定。

刚开始，你是从别的地方过来的，但你很快融入这个城市，相对再新一点来上海的人，你又变成"老上海人"了，这个概念本来就是不停变换的，现在"老上海人"也很难说讲上海话的就是"老上海人"。不同人的思路乃至方方面面，已经完全融入了这座城市，但他们可能上海话未必说得那么好。“新上海人”和“老上海人”这个概念是比较难界定的。

张英：你应该也是上海人吧，《心居》里面写到这样一个上海家庭，有十几口人，经常家庭聚会，非常热闹，有各种家长里短，这样的家庭状况在当下的上海还经常出现吗？

滕肖澜：有。至少我们家是一个大家庭，就会经常这样的。阿姨、舅舅，他们的小辈……都在一起，每次聚在一起，也有差不多十几口到二十口人了。据我所知，这样的一个大家庭平时不一定住在一起，但定期会有聚餐，会有相聚的时刻，我觉得蛮多人家都是这样的。平时可能不住在一起，但是到了一定的时间，过一两个礼拜，或者是逢年过节，在一起聚一聚，圆台面铺开，现在更多的不在家里吃，可能会在饭店，或者以其他形式相聚。我觉得，对于目前很多上海家庭来说，这种习惯都是保留的。

张英：上海人的家庭观念特别重吗？

滕肖澜：我觉得对于所有中国人来说，家庭观念都是存在的，这个不好比较，我也不知道上海人是不是家庭观念特别重，反正我周围看到的、了解到的，上海人确实比较在意亲情，会有这样的一种仪式感——亲戚们要在一起，聊一聊，吃顿饭，或者怎么样，那种感觉还是在的。相当数量的人家都保留了这种习惯。

张英：随着《白鹿原》《平凡的世界》《人世间》等经典文学获奖作品改编成影视作品，文学作品和影视作品的结合越来越紧密，你觉得这对文学创作会有什么影响？

滕肖澜：我觉得这应该是一个比较好的生态的转化，其实是相互成就、双赢的过程。好的文学作品提供这样的模板给影视，影视用更加多元、更加丰富、受众面也更广的方式，把它呈现出来，我觉得还是挺好的。

对于施源，我有一点感同身受

张英：剧本《心居》保留了你原著中哪些核心部分，舍弃了哪些部分？如此取舍的背后，有怎样的考量？

滕肖澜：从小说到剧本，有一个二度创作的情况在里面。

在小说中，我是以一次大家庭聚餐开的头，所有的人物一下子都上来了，小说是我的主观角度，所以我可以通过我的笔，把所有人物的关系写出来，但这在剧本里肯定是不行的。剧本里如果一下子上来这么多人，不可能像小说那样让人物都自报家门，很多东西到了剧本里，会更加集中。小说会写得相对随意一些，节奏进展得会比较缓慢一些。但剧本就不行，开始几集，变动比较大，我们整个主创团队会想，到底切入点是怎么样的。你必须有这样的核心，能快速让观众了解到你要展现给他们什么东西。写剧本考虑的东西比较多。

小说就是娓娓道来，更多是我主观情绪的一个宣泄。剧本里更多是客观的，要考虑到观众的接受程度，我们会把更多的人物、事件，都尽可能地交代得清楚明了，用画面的形式呈现出来。

张英：创作《心居》时，除了刚才讲的大家庭，还有哪些是来自你的亲身经历，或者是你身边人的故事？

滕肖澜：完全亲身经历的部分并不是非常多。可能会看到周围人的生活，或者说是平时生活中某一个点触动了我……一般都是这样的，并不是说这个是我的亲身经历，也不是说是身边人的经历。

写到《心居》中的施源时，有一点感同身受。我本身也是知青子女，我父母早期是到外地去的，我小时候在上海外婆家长大，但施源的境遇跟我不太一样，他比我惨很多，但我能体会到他和父母迫切想要回到上海的心情，这是感同身受的部分。相比土生土长的上海人来说，他对这个城市多了一份若即若离的感情成分。写到施源时，我自己会特别心酸，包括剧本里讲到他为了回上海，怎样努力地读书，希望能够考回上海，最后因为他母亲的误操作，真的是无意的、非常悲剧的误操作，导致他不能回上海。写到这些，我多少会有一点点感同身受。我们这一批知青子女，也感受到我们父辈那一代从上海离开，到外地去，迫切希望叶落归根的感觉。如果说，《心居》中有哪些是我自己的个人情感，可能就偏向于施源这部分。

张英：你在《心居》中写顾清俞和冯晓琴她们之间的矛盾，戏剧张力还是比较充分的，你是如何把握这两个女性之间的关系的？她们俩的关系微妙，既不完全敌对，又不完全亲密，怎么才能呈现好？

滕肖澜：这个剧是双女主，乍一看她们天然敌对——冯晓琴是一个外地的媳妇，非常能干，落在顾清俞的眼里，这个弟媳妇好像想法特别多。我希望不止她们两个，剧中所有人物，我希望他们都不是为了冲突而冲突。

每一个人物的构置，特别是在这种家庭剧里，如果就因为有一个人特别会挑事，那么所有冲突都因他挑事而起，那我觉得不太有劲。比较合适的状态是每个人都只是想让自己达成心中的一种理想状态，为此而不停地在努力，我不会希望触及他人，侵犯他人的利益，这个是没有的。但每个人都是在想让自己过得更好的过程中，不可避免地跟他人产生交集，交集当中会有冲突。我觉得，剧中所有的人物都是这样的，没有一个人是传统意义上的坏人。

冯晓琴跟顾清俞，大家都是女人，从女人的角度，我觉得她们都是比较通情达理的，她们不是那种很闹的人。冯晓琴，她是外地媳妇，她也没有攻击性，她一开始真的也是想在上海好好地过日子，想要家里人都好好的。她的丈夫相对来说懦弱一些，她希望通过她的一些督促，可以让这个丈夫更上进，可以让他们的小家庭过上好日子。

顾清俞本身对冯晓琴也没有恶意，这个弟媳妇很能干，冯晓琴为了这个家、为了这个弟弟，付出了很多，她都是看在眼里的，所以她跟冯晓琴一开始不存在“因为你是外来媳妇，我要跟你过不去”，或者冯晓琴觉得“你就是上海大姑子，高高在上”，这些基本都是没有的。她们也是在后面一系列的事情中，不可避免地“事赶事”，慢慢有了一些冲突。但一开始，每个人的出发点都是为了这个家好，她们表现出来的，都还是通情达理，甚至是息事宁人。冯晓琴对顾清俞比较尊重，顾清俞知道冯晓琴比较强势，一般也不跟她计较。这两个女主角是这样的关系。

小说更感性，剧本需要理性思维

张英：你是《心居》的小说作者，也是电视剧的编剧，从小说到电视剧，创作上有什么不同？

滕肖澜：因为小说和剧本毕竟是两种不同的艺术形式。小说可以娓娓道来，比较任性随意，而剧本则要在短时间内抓住观众，需要考虑得会更多。我是一个愿意尝试新事物的人，写惯了小说，也想试试剧本的创作。

《心居》剧本的创作过程总体还比较顺利。导演、制片和策划等整个主创团队都非常专业，效率也很高，每次稿子交过去，很快就有反馈，给的都是很具体的意见，即便是需要修改，他们也不是单纯的否定，而是会帮我一起想细节和桥段，重新架构，给了我这个“新人”很多帮助。

我很感激他们，尤其是滕华涛导演，他是能快速引导编剧进入状态、找到感觉的导演。万事开头难，剧本前5集的改动次数最多。前后差不多写了六七稿吧，到后面就慢慢顺畅了，改得也相对少了。

张英：这个剧本从诞生到定稿，经历了几个版本的修改？导演、制片和平台方对剧本提出怎样的意见，后来你做了怎样的改动？

滕肖澜：我有点记不清改了几版。在我印象中，前面几集相对来说改的次数多一点，到后面其实还好。前10集左右，因为是开头，万事开头难，而且小说跟剧本不同，小说写得比较写意一些，剧本需要具体落实到怎么切入。在前期，我们前前后后折腾了几稿。我记得，前几集大概写了五六稿，有一些改动比较大，有一些改动不是很大，差不多是五六稿。

张英：许多读者读了你的小说，觉得里面人物的对话挺精彩，因为你使用了一些沪上的方言。你觉得上海本地的方言有什么特点？你觉得方言的使用在小说中起到了什么样的作用？

滕肖澜：方言的使用可以使作品看上去更有地域特色，这是肯定的。我的小说里相对多一些，在剧本里还好，因为牵扯到演员念台词。电视剧毕竟不是小说，小说里可能会写着写着多一些方言，电视剧里演员是用普通话说，不可能老让他用上海话来表达。

我在写台词时，尽可能用一点方言，但是这种方言不是说一定要用上海话才能说的，有一些东西可能用普通话也能说出来，但这个词就不是北方观众常说的——用普通话确实也能说，可一听，又感觉这个确实是上海话。我会更多地使用这种有上海特色的普通话，而不是那种非常明显的、完完全全的本土上海话。

张英：在创作这部小说，以及后面创作剧本时，有没有你觉得很困难、挑战很大的阶段？哪些给你印象特别深刻？

滕肖澜：我觉得开头麻烦一点：怎么样切入，怎么样一上来让观众清楚了解到，这个剧想表达什么东西，但是又要有铺垫。

小说毕竟跟剧本不一样，小说很多是从作者角度进行主观感情的宣泄，我相对处理得比较随意，想怎么写就怎么写，有些地方前面没有交代，后面补上一笔，也不会显得特别突兀。剧本就要更清楚明了，很多我的小说里一笔带过的东西，我可能前因后果没交代得很清楚，但这些东西放在剧本里就要写得特别清楚。我感觉，我在写剧本时不停地问自己，他为什么要这么做？他的想法到底是怎么样的？他的牵引是怎么样的？他这么做了以后，造成的后果又是怎么样的……会有很多特别的地方。

小说的表达比较感性，剧本创作需要的理性思维会稍微多一点，而且小说是个人创作，剧本是主创团队大家一起讨论的结果，我觉得小说跟剧本还是不一样的。对我来说，开头部分该怎么进入，我会多思考一点。

张英：这种现实题材剧本创作，跟其他剧本有什么不同？

滕肖澜：我没有创作过其他题材的作品，我的小说一般都是写现实的。现实题材还是要把握住真实性跟戏剧性之间分寸的问题，特别是写普通百姓过日子的小说，一方面我当然希望它是非常非常真实的，让读者，让观众，看了以后会说没错，这个就是我们现在过的日子，我希望能够达成这样的一种状态。另一方面，作为一个剧集来说，肯定也需要有冲突、有戏剧性在里边，这些也是要考量分寸的，怎么样既真实，又能引起观众的兴趣，两者之间要找到一个平衡点。

对我来说，我觉得其实归根到底还是真实。我写每一个人物时，会站在他的角度，想他会怎么想，把每个人物都想得比较透。每个人物都想透了以后，出来的每一个东西就都是合理的——毕竟，每个人从自己的角度看，行为都是合理的。但是，他的合理可能在对方看来，就会触碰到他的红线，冲突就由此而来。每个人的行为其实都是在自己的合理范围内展开。

娓娓道来，让冲突显得既是真实的，又是合情合理的，这个是我考虑得比较多的一个地方。

没有好人坏人，只是分寸差别

张英：《心居》中有许多女性角色，比如冯茜茜，也挺有特色，她在剧情中间可能还发生了一些转变。你在创作中，对女性题材有没有偏爱？或者说您怎样通过小说去展现这些新时代女性的精神？

滕肖澜：这个小说除了双女主之外，还有冯茜茜、葛玥……年轻女性有好几位，我对她们，包括冯茜茜，她算是反面人物，我对她也还是怀有一种深深的怜惜。因为一开始，冯茜茜仅仅是想实现自己的梦想，她自己家庭条件各方面不是很好，但她是一个非常努力、非常聪明的姑娘，包括我在台词里也有说，如果她能够在上海好好地读书，她的境遇完全不是这样，人在不同的境遇之下，所做的选择有时候真的是挺无奈的。包括冯茜茜跟冯晓琴两姐妹之间的差别，她们俩是很努力、很聪明的一对姐妹，但是到最后，为什么冯晓琴实现自我了——通过很积极向上的方式实现自我了，冯茜茜却有点迷失了自己。在剧本中，两姐妹最后有交心的成分在，就是一句话——你怎么来把握努力的分寸，努力生活跟不择手段之间的区别到底在哪里？这可能也是《心居》这个作品从头到尾一直都在探索的一个问题。里面每一个人的出发点都是不坏的，都是积极的，很多时候，是分寸没把握好。一开始，大家觉得冯晓琴这样一个女性会怎么怎么样，但她恰恰把握住了那个分寸，她真的是非常努力，非常向善，最后获得了她的人生价值，但是冯茜茜差了一点，一步走错，步步错，就是一个分寸的问题在这里。

葛玥是养尊处优的一个大小姐，在剧集的前面部分，也是显得波澜不惊，她的个性相对来说也比较老实，但恰恰是这样的一个女性，她的特定遭遇，也会引爆出她的生命力——生命力也是《心居》中关于女性的一个关键词。女性是充满着生命力的，不管是遭遇了怎样的境遇，不管是什么样的性格，到某种特定的时候，都会有她的一个选择。她的人生价值的选择，有她生命力体现的一部分。

张英：关于爱情，小说中对若有似无的爱情、情感关系有所琢磨，最后他们并没有圆满地在一起，想问问你，这样安排有什么深意？

滕肖澜：倒也不是故意不让他们在一起的，比如顾清俞到最后，经历过那么多事情以后，她人已经通达了，应该可以这么说，她爱过也被爱过，被伤过也伤过人。但到了那个时候，她整个人已经不是之前棱角分明的“白富美”的角色，从她的角度，她是成熟起来了，她比较通达了，不用通过爱情，强行弄爱情“大团圆”，不需要的，因为她已经是一个成熟的人，已经达到了心灵上对自己的和解也好，对自己的完善也好，她是达到了这样的一个状态。

冯晓琴也是这样的，我也没有刻意要她一定跟谁，当然之前会有一点爱情的东西在里面，最后我觉得，其实很多事自然而然，在其他地方获得自己的价值，爱情这块顺其自然，我也没有说得非常明显。

对两个女主来说，都是顺其自然，找到自己的人生，在听从内心的安排、寻到了心之居所之后，很多事是顺其自然的那种感觉。

张英：你刚才也提到这是一部双女主剧，其中也探讨了很多女性成长的问题，想了解一下，你怎么看待这种女性题材剧的流行，以及你觉得现在观众真正想看什么样的女性题材剧？

滕肖澜：这方面的剧我看得也不是非常多，也不一定能回答得非常完整。从我自己而言，我们没有必要刻意给写女性的作品打上什么标签，写女性好像是怎么怎么样。我觉得很多时候，每一位女性会随着自己境遇的变化，自然而然地成长起来。这里边比如冯晓琴跟顾清俞，她们看似完全是两条平行线，她们的家庭背景、她们的教育状况、她们所属的阶层身份……都是完全不一样的。她们都是一路走来以后，最终找到最适合自己的，无论是生活上、事业上、价值上……她们各自不同，但是各自都找到了一个最适合自己的生活方式。

创作首先是要真实，其次是跟本人恰如其分。我不是很喜欢说女性题材剧一定要怎么样；在爱情上，会不会有一个与众不同的什么东西；在价值观上，一定要怎么样。我觉得，创作更多的其实是恰如其分地反映每一个女性跟她自己最贴合、最舒服的一个状态，我觉得应该是这样。

我不知道这么说是不是合适，我看剧也不是特别多。

张英： 现在有一些年轻人对大城市的态度是比较割裂的，有一部分人非常向往，想要在那里扎根下来，也有一部分想逃离。你这个小说中，这两种类型其实都有，比如冯晓琴通过努力就扎根下来生活，但冯茜茜结局不是很好，你写小说时，是否刻意思考过这个问题？

滕肖澜： 上海总体而言是一座比较包容的城市，上海家庭也比较有包容性。在剧中，冯晓琴所处的那个环境，你说顾士宏也好，顾清俞也好，他们都是非常善良的，他们把她当成自己人，只不过后来出现比较极端的事故之后，才有了矛盾。我觉得很多时候，冯茜茜跟冯晓琴对比，冯茜茜想跟冯晓琴一样，靠自己的努力扎根下来，她比冯晓琴有优势，她是读书人，她的文化程度更高，各方面条件反而更好。可到最后没办法，为了要掩盖前面的一个错误，她不得不步步错，真的是难以收场了。她走到那一步，我觉得也是无可奈何的，每一座城市都会这样，很多人想在大城市扎根下来，有些人成功，有些人失败。对每座大城市来说，很多外来人都会有这样的经历，有的人成功，有的人没有成功。

张英： 我看到很多网友对这部小说评价都非常高，说是《繁花》之后的佳作，继承了《繁花》的风格，你自己有受过作家金宇澄的影响吗？你的写作也被称为“新海派写作”，你自己怎么理解“新海派写作”呢？

滕肖澜：其实我很惭愧，这部作品完全不敢跟金老师的《繁花》相提并论，这个是谬赞。说“新海派作家”，也许是出版社有他们的考量，提出这样一个概念出来，对于写作者来说，我没有想过我是哪种风格的作者，至少我不会想这些。

写上海，刚才你说的金宇澄老师，他是前辈，我是他的粉丝，我觉得金老师的《繁花》真的是太棒了，他的“棒”是南北通吃的，很多写上海的作品可能江浙一带的读者看得会比较多一些，但其中的语言也好，价值观也好，人跟人之间的生存状态也好，到了北方，读者未必会喜欢。但是我觉得金老师的《繁花》确实是做到了，既非常有地方特色，也南北通吃，能让北方的观众也get到上海的感觉、上海的味道，我觉得这个是特别难得的，也是我很想学习的。

我想写上海，我也非常想表达上海的特色，尽可能写出我目所能及的上海。当然，我不希望我的上海故事，只被上海或上海周边的读者看，我更希望全国的读者观众都喜欢，这应该是我努力的一个方向。

对这个世界而言，我们永远需要保持求知欲

韩东　魏思孝

2022年5月25日

韩东是我尊敬的作家，在我的写作生涯中，其文其行，曾经影响过我。也可以说，韩东是我最熟知的作家，不论是作品本身，还是其言论。他在写作40余年的生涯中，接受了各类庞杂的采访，能找到的我显然都已经读过。由此，在准备对谈时，任何问题的提出，我都能在过去的谈话中，找到他的观点和看法。这使我陷入一种左右手互搏的尴尬处境，内心我已经站在韩东的视角做回答了。韩东提议是对话，不是访谈，要各抒己见，碍于时空的限制，他让我准备10个问题，我们分别回答，也算是一种观点的交汇。

——魏思孝

1.你的作品中有哪些固有的，或者说是“个人化”的表达习惯，以及总是频繁出现的场景？

魏思孝：早期“青年焦虑”时期的小说，里面的无业青年饱受生存和性欲的困扰，游走在法律的边缘，抢劫和尾随女性就成了出现频率比较高的情节，显得过于刻意追求戏剧冲突。这几年，写乡村题材的小说热衷于写婚丧，盖因这是一个极佳的进行群像描绘的场景。亲属和乡邻集中出现，悲痛和喜悦都带有一种勉强和刻意。身处其中的参与者，多少有些表演型人格，但又不能忽视其中偶尔流露出的人性光辉。传统和现代碰撞，旧俗和新规融合，总之，异常生动。在具体的文本中，我喜欢照片和视频在叙述中的介入。《余事勿取》里，卫学金在得知自己患癌后，一个人在外甥的家中看毛片。将死之人对照画面中的各色人种在交媾，死亡与繁衍，欲望与不甘。虽是一件摆不上台面的事，却能体会到他对生命的留恋和渴望。《王能好》里，王能好拿着死去的弟弟的手机，翻看弟弟生前的相片和视频，发现弟弟隐藏的个人秘密，他的缅怀中，同时又掺杂了嫉羡。照片和视频作为媒介，亦真亦幻，又能提供一个更广泛的叙述空间。从语言上来说，在人物对话中，刻意去弱化动作和神态，从对话内容中让读者自行去琢磨。对话不分行，也是一种习惯，考虑到，眼睛调动下移，会让人从情节中短暂抽离。

韩东：其实和你也差不多。我们的写作都是以各自的人生为依托的，有很多挥之不去的印象和感触。我想的是把过往的生活写出来，所谓“写出来”，就是，你写一件事或者一个人，最后要“溢出”这件事或者这个人，如果事情很精彩，经你写了之后反而不精彩了，这就是失败。所以我也会反复去写一些东西，因为总觉得写得不到位。我也喜欢写小人物，写他们的卑微之处，还喜欢写一些“未明”的东西，就是在此前未经书写过的，不那么“文学化”的。在我这里我将其“文学化”。大家都一写再写的东西，我主张还是概略一点好。文学总是要提供新鲜的经验嘛。在小说形式上，我不那么求新求变——也许年轻的时候有过这方面的努力，一篇传统或者正统格式的小说，但读起来总觉得有什么地方不对劲，我希望是这样的。

2.你在生活中有过哪些“文学化”的瞬间，觉得此刻的感受应该写进小说或者诗歌里？

魏思孝：所谓的文学化的瞬间，浅显一点也可以理解为触景伤情。一个足够引起你下笔的生动场景，可由两部分构成，一是，事物本身蕴含着足够触动你的能量，不局限于大喜大悲这种强烈情感，隐而不发也在此列；二是，你的个人主观是否会被调动，这来源于你过往的人生经验和认知，但又取决于你本身的敏感度和洞察力。以上两者，又互为依存，但以后者为主导。当你具备足够的敏感度和洞察力，外界的任何风吹草动，乃至在他人眼中被忽视的角落，都能成为你创作的源泉。前者也同样可概括为阅历，阅历匮乏，在敏锐的头脑面前，也不构成障碍。而敏感度和洞察力，决定了一个创作者的层次。碍于自己的能力，我肯定是错失了生活中绝大部分生动的场景，而留存下来的，有些已经下笔，有些还在等待合适的契机。比如，有次我看到邻居在屋顶上对着几盆业已枯萎的花发呆，作为一个癌症晚期的病人，他看着自己健康时精心打理的花也已经死亡。这个画面，令我心悸。

近期，也有几个画面，让我深有感受。一、前几天，我去快递点，碰到一对父子，父亲给儿子网购了一只寄居蟹，快递到了，晚了好几天才收到短信提醒。父亲打开包裹，儿子剥开包装，拿出寄居蟹，不知死活。父亲说，不管了，拍照发过去，就说已经死了，再寄一个活的过来；二、社区做核酸，凌晨5点多，天还没亮，挨家挨户敲门。我们一家三口出去时，外面已经排起了长队。随着队伍，缓缓前进。在等待的过程中，我想起过往的人生中，凌晨的那些时刻，诸如拜年、干农活、和朋友在立交桥上，颇有物是人非的感触；三、在老家收拾屋子，翻找出来过去的衣服，以及祖辈留下来的木箱，里面还放着几十年来不用的各种物件和父亲生前留下的记账单。

韩东：在生活中，我们有很多印象和感悟，作为一个写东西的，将其“文学化”的冲动是一种本能，所以我特别理解你说的。诗歌另说，可能可以直接以这些印象、感悟为材料进行写作，但小说不然，或者说我理解的那种小说不然。我理解的小说根本言之，和小说的历史呈现是一脉相承的（这方面我可能越来越保守），这就是，小说之所以是小说需要一种“结构”。这个结构不完全是形式，或者最重要的不是形式，简单地说，它就是角色的命运、事情的因果。小说以人的命运、因果为基本构造。回到印象和感悟，如何能贴合到这个小说的整体结构上可能才是关键。而且，我越来越看重“戏剧化”了，对小说的散文化或者流水账式的写法越发怀疑。所谓的戏剧化就是强调结构的力量，并使之锐化。在不同的场合，我使用过不同的概念来说明同一个问题，也使用过“创意”这个概念。创意、结构带来小说根本的力量。在我们的经历中、想象中，发现和延伸出结构或者创意我以为非常重要。然后是我们的印象和感悟，哪些在这一过程“复活”了（那就恭喜），哪些被忽略和错过了（那也不可惜）。

3.作家对所处时代的社会问题，应该有怎样程度的关心？

魏思孝：海明威说过，每个人都有自己的良知，不应该规定说良知起的作用应该到什么程度。在我看来，写作者，一定程度上承载了史官的职责。

韩东：今天的作家，包括小说家、诗人不是史官，也不兼有那样的责任。这牵扯到一个职业伦理的问题，今天的作家不是这样接受考量的。当然，作家也是社会一员，在这个意义上，他应该有所贡献。另一方面，当这位作家具有很大的社会影响力时，我觉得就有义务发声。有社会意义上的“大作家”和“小作家”之分，大作家获取了更多的名声、信任，更多的社会能量，享受这些的同时就有相应的责任、义务。

4.虚构艺术的功能何在？为什么要表现现实而不是写事实本身？

魏思孝：我认同斯坦贝克的这句话：“从古至今，写作者的使命不曾改变。他肩负职责，要将我们种种痛苦惨烈的错误与失败袒露人前，要在我们黑暗、危险的梦境中挖掘疏浚，引入光明，导向进步。”我们经常听到一种论调，有时一些写作者也在提出，诸如：作家也写不出来这样的故事；这个事太适合写成小说了。从中，我们可以读到，众人对当下虚构艺术的失望。当然乐观一点，也可以说是众人对虚构艺术的期待。但作为从业者，每听到这些话，情绪总有点复杂。一来，自己没提供出这样的文本，有些失职；二来，又觉得这样去贬低虚构艺术，似乎它都比不上见诸报端的新闻事件了，应该给予一下反驳。但我又深知，一个写作者还是应该以作品来说话，除此之外，再说些什么，都底气不足，只是在嘴硬。若说文字的时效性，我们更应该期待记者去一线调查采访，理清来龙去脉，挖掘事情真相。而虚构的艺术，相对来说都是滞后的，需要等待一段时日，更客观和全面地去审视。至于，为什么不写事实本身，虚构的艺术从来都不是照本宣科，而是通过虚构去整合，创作出一个全新的事实，而这又更接近生活的本质。当然前提是，你要写得足够出色，具备过硬的文学品质。回顾文学史，诸如《包法利夫人》《基督山伯爵》等无不是从当时并不起眼的一则新闻事件中获取了灵感，又融合所思所想，结合当时的社会背景逐渐生发出来，又保持了旺盛的生命力。大众是健忘的，每天被各类新闻所吸引，当即受到触动，去转发和发言，可过一会儿，又陷入了短视频的乐趣中，等转过头，连自己都忘记了刚才的愤怒和感触到底为何了。

韩东：说到底，这还是一个现实和文学作品的关系问题。现实和文学的确有关，但我认为那不过是材料和成品之间的关系，而衡量材料和成品不应该使用同一把尺子。文学只接受艺术与否和高下的衡量。文学作品即是艺术品。这里有很多例子，子女和父母双亲，子女来源于父母但不同于父母，他们具有独立的生命。小麦与面食，面食的口味和小麦的品种、质量有关，但你不能拿衡量小麦的一套标准去衡量种类繁多的面食。这是两个世界或者两个维度里的东西。从某个方面说，文学或许更依赖于现实，但它和其他艺术门类的作品还是具有同一价值意义的东西。在价值意义的层面，它是艺术的，或者是属艺术的。说到艺术，或许可以更好地理解文学与现实的关系。

比如，梵高的向日葵具有某种现实来源，但在价值上起决定作用的并非现实中的向日葵或者说葵花。至于，艺术作品又如何反过来作用于现实，那可能也不是对社会生活的推波助澜吧？所以说，在原则上，我是不相信斯坦贝克的那段文字的。我认为无论是《包法利夫人》还是《基督山伯爵》，都首先是艺术作品，即使在当时也不可能替代新闻报道，福楼拜和大仲马也无意于此。让上帝的归上帝，凯撒的归凯撒。艺术作品说到底是为“无用”而作的。也许是因为我写诗，我在这方面可以说是一个艺术至上论者。

5.你怎么看待当下城市题材和乡村题材的划分？你是否熟悉现在的城市和乡村？

魏思孝：划分，是为了容易归类，虽有些武断，但不乏共性提炼。对于作品本身，也易于传播。我虽也将自己写的发生在乡村的人和事，归为乡村题材。但对我来说，并无明显的题材划分，只有好坏之分。城市和乡村，代表着截然不同的生活方式，因谋生手段的不同，思维方式多少也有些不同。比如就土地而论，在城市里，它代表着金钱；而在乡村，土地是用来种植的，虽本质上还是价值。宽泛来说，人所面临的困境和悲欢离合，又是一致的。在逐渐城镇化的当下，群体比例的不同，导致乡村与城市所受关注度也此消彼长。曾经，乡村题材的小说大行其道，乡村提供了宝贵的文学富矿。如今城市更为瞩目，写作者大多居住于此，如何写好城市题材的小说，也是一种转变的过程。只能说，大势所趋。即便如此，我还是认为，居住场所的不同，远没有那么重要，物质带来的衣食住行只是表面，人们的思想和见解，如果仍旧停留在农耕时代，那么我们也只是在故纸堆里打转。

韩东：的确，这样的划分在今天意思不大。而且喜欢划分的人，实际上是不了解今日乡村的，在他们那里，乡村多少已经文学化了，大概代表田园牧歌吧，说到乡村题材大概会认为就是沈从文的《边城》。我写过《扎根》以及其他一些“乡村小说”，我作品里的乡村也是半个世纪以前的。今天的乡村我不太了解，但中国的城市化进程却有目共睹。如果说以前的乡村是某种富于文学想象的场所，今天的乡村则有点不伦不类。或许“小镇”这样的概念更令人提神醒脑，“小镇”、城乡接合部更接近于中国当下的现实，但也可能是十几二十年前的现实。在今天城乡的差别真的不大，当然有可能是以乡村的消亡为代价的。前几天有人让我谈谈“城市文学”，我说，所谓的城市文学不过是强调现实。城市代表现实，乡村代表想象，大约是这么回事。在现实的层面，或者在想象的层面，二者各划一块平分秋色，不太靠谱。

6.作家需要体验生活吗？

魏思孝：我以前比较反感“作家需要体验生活”这种说法，认为作家身处在生活中，写自己所感所想即可。我本身并不喜欢所谓的走动和与人对话。对我来说，如何去介入他人的生活，也是一个障碍。我从没有进行过所谓的采访调查。写作上遇到一个并不熟悉的领域或者人和事，要么用文学手法进行回避，要么是到书籍中去寻求帮助。机缘巧合下，有一年我去基层派出所待了一周多，跟随出警后，对相关程序有了一个基本的了解，后来写作上涉及办案和审讯的环节，这些就用得上了。我在未来的写作计划中，也有意向去进行田野调查，更深入了解。当然，如果一个写作者，具有强大洞察力和书写能力，他的写作自然要好过体验生活后写出来的东西。而作为一个资质平庸的人来说，去体验，总是利大于弊的。

韩东：去生活，尽量去生活。我们已经在生活之海里了，问题在于如何从中打捞。也就是说，我强调文本是一个独特的世界，对这个世界而言，我们永远是生手，或者永远需要保持求知欲。说真的，如果你能把自己不得不过的生活写出来一星半点（“写出来”就是“溢出来”，达成文学之不朽），就已经相当了不起了。当然，“生活在别处”，走出去，换一副脑筋重获生活的新鲜感也还是非常必要的。但重点还是你已拥有的那些沉重而非轻松的一堆（你不可替代的一切）。

7.你有过构思的小说，但后来没成型，以后也没有计划再去写的情况吗?

魏思孝：没有成型的小说，当然是缺乏写下来的动力，或是经过深思熟虑，所构思的不尽如人意，索性就不写了。还有一个情况，想法不错，可一旦没动笔，搁置后，过段时间，回过头，当初的热情已经消耗殆尽。当然，也有碍于客观条件局限的。比如，许多年前，我想写一个有关旅馆的小说，采用虚实结合的方式，去一个陌生的地方，在旅馆里住一个星期。一部分虚构这个星期里在外地发生的事情；一部分是以日记体进行真实记录。后来没写，确实是因为行动力欠缺。那么，也可以说，已经写出来的作品，不论好坏，都是写作者经过深思熟虑，在脑海中存储一阵，过滤后，如果还保持着创作欲望，不得不写，才写出来的。十多年来，有过念头但没下笔的情况，多到数不清。下笔去写，中途又作废的，这样的情况少见，最近的一次是去年，一个中篇，我动笔写了八九千字，不满意，就先扔下了，最近想重新去写。

韩东：开始写而没有写下去的情况肯定有，但不是很多。如果写一个东西，写了几千字难以继续，我可能会回到开头，再从头写过，无论是开头还是途中，我的怀疑和挣扎都如影随形，但最大的不满足是在完成之后。我是“悔少作”的人，所以很多题材我会想到重写。但我的确没有题材耗尽或者灵感枯竭的焦虑，有的只是技艺或者方法上的有待提升，以让我完成一部或者一篇真正的杰作。我在乎的大概是这个。有很多构想或者要写的就在那里，至于到底写什么比较偶然吧。

8.在描述社会变迁和创作一个美妙的故事之间，如何实现平衡？

魏思孝：写作由两方面构成，一是写什么，二是怎么写。即便一个平庸的故事，也可以采取不同的叙述方式来进行弥补。这也是文学作为一门技艺发展到今天，由无数的写作者在前人的基础上各自探索后所形成的局面。而未来，当然也还有更为广阔的空间等着继续去开拓，没有止境可言。不虚空、及物的文学作品，当然对社会变迁或多或少都有所涉及，我们能从中了解当时的社会面貌，这需要写作者本身具备足够丰富的知识储备。可归根结底，我们应该更理性地看待文学，不能本末倒置，我作为读者，又是写作者，更期待看到一个美妙的故事或是不同于以往的叙述方式，至于其他，只是附着物，是为呈现文本而服务的。

韩东：在我这不是问题。前面说过我对小说方式的理解，简言之，它就是人的命运和因果的构造，因此社会变迁便是题中应有之义。我不会特别去写社会变迁，相反，某种现实的具体痕迹我一般尽量抹去。我希望我的小说在所指上抽象一些，在能指上则越具体越好——在我这里不完全指及物、细节。我的具体可能和精微有关，如果是别人没注意到的或者没经过书写的，又可供挖掘的地方，我可能会大写特写。一般性的“具体”我则兴趣有限。故事也是指那个整体构架、结构或者“创意”，但写法上我可能有所不同。有了一个创意即可，没有必要彰显，贴着写就成主题先行了，或者主题外露了。结构、核心性的东西是内囿的，最好是隐藏的。在此之上可建立没有关联的关联：互相之间没有关联，但和结构有所关联。当然，这是一种理想状况，如若做到还需要努力。我不喜欢在叙述方式上“丝丝入扣”的东西。我对故事的理解不是细节的连贯，而是整体统摄下的自由观看。

9.你对当下的年轻人了解多少？你相信年龄对自己是一种不可避免的限制吗？

魏思孝：作为一个灵长类动物，我正视年龄导致机能的退化。同时，作为人类，我更看重的是一个人的头脑，而不是年龄。尽可能使自己不愚昧和无知，如果没办法，无知一点，也别愚昧。

韩东：对年轻人了解不多，但我可以说“我也是从年轻人过来的”，大概是这样的一种了解。对生理性的限制当然必须认账，这种生理性的限制也不仅仅是年龄，当然，年龄很根本，关系到终有一死、灰飞烟灭。随着年岁的增长，肉体包括大脑的限制自然越来越多，越来越大，一个“发育完全”的人会逐渐变得“残疾”，就像一个大放光明的房间，灯会一盏盏地熄灭，或者窗户会一扇扇地关上，在有限的光照中更需要集中注意力，或者更需要集中于一点、一物、一事。可以说这完全是一个废物善加利用的例子。老年人想象中的无所不能是最可怕的。

10.如何面对个人情绪的崩溃？

魏思孝：前几天的深夜，我经历了一次个人情绪小型崩溃的临界点。有一方面，是来自于自己的写作。这段时间，7万字的小说初稿结束后，我在进行二稿的修改。我的写作习惯是，初稿写完后，打印出来，对照着修改补充，越改就越发怀疑，这初稿写得真的是难看至极，简直就是捏着鼻子在改和填充，其实心里清楚二稿修改就是去解决这些问题，打磨出质地。但修改小说的过程，让我觉得很艰辛，又加深了自我怀疑。感觉到情绪要出问题后，我就有意识去找解决办法。我看到在《上海文学》的公众号上面，你在《创造的任务》里写道："修改的一项任务是调节行文的松紧。一般来说会调得更紧一些，但不可过分。还有一点，如果不能做到松紧适度，最好也能时松时紧。一味地松或者一味地紧甚至一味地不松不紧都令阅读疲惫。匀速是行文的大忌，但我们求同的本能往往不惜于此。"我读完后，躺在椅子上，真的是大舒一口气。定了定神后，就拿起稿子，继续改下去，完成了一小段的修改后，心里多少有底了。我说以上这些，想表明，文学或写作有时确实成了一个临时的避难所。而对于写作者，也要实时面临对具体写作上的怀疑和克服。

韩东：人都很脆弱，让人瞬间崩溃的因素有很多，所以说，写作是一种抵抗。特别是在一个互联网的时代里，很多事让任何一个有良知和同理心的人都难以下咽，何况被专业造就得神经更加敏感的作家、艺术家呢？我们都有一颗玻璃心，玻璃透光但是易碎。你不禁会怀疑你从事的工作是否有意义，是否在大事面前太软弱无力。写作者软弱无力，作品也软弱无力。我的心情和你是一样的，并且，也没有什么针对性的良策或者劝告。明知虚无还得精进，这也是释迦牟尼教诲的精髓吧，某种积极面向的西西弗斯。西蒙娜·薇依说过，世间无善。也许这就是人生或者存在的真相吧，一瞬间我们被打回到原形，从求真的角度说也许是有意义的。但那又能如何？送你一句话：何以解忧，唯有写作。

报告文学是一种行走的文学

理由　李炳银

2022年6月17日

报告文学作者每每在开眼界、长见识，不在于自我内向的抒发而在于对客体的充分表达，既有趣且有益

李炳银：您多次荣获各种全国文学大奖，中国报告文学学会授予您“中国报告文学创作终身成就奖”，近年您又在新的文化领域有所开拓，且成果丰盈。在我40多年的报告文学研究经历中，您及您的作品，始终是一个中心的话题。您同徐迟、黄宗英等前辈作家开启的中国报告文学新时代，是中国文化文学史上的一个重要现象。这种开创性的文化文学建设非常珍贵。我希望您先简略地谈一谈您开始从事报告文学创作的情形。

理由：感谢您的关注！我接触报告文学多少有点偶然。1968年作为北京市的下放干部去丰台区农村插队，刚干了一个月的农活就被公社和区委先后调去写简报。差事了结，区委宣传部无意让我回农村，就给了我一把旧书库的钥匙，让我去文化馆看书；前后六年心无旁骛，在古今中外的文学名著中徘徊。1973年，在那动荡的年代中被称为“小阳春”，北京出版社要出一本农业学大寨的报告文学集，借调我去做这本书的编辑，在崇文门外东兴隆街帮工。当时刚复刊不久的《北京文艺》也常来约稿。我发表的第一篇小说《山丹花》在当年竟然被介绍到国外，近年《北京文学》创刊纪念的“典藏本”也收录了这一篇。这似乎说明我的写作有点“中性”特征。1977年全国兴起科技现代化之风，一向被我尊敬的责任编辑周雁如大姐对我说：“你来得快，又能跑，帮我们写点报告文学吧！”于是我就“跑”开了报告文学。我的第一篇报告文学写生物学家童第周，发表于1977年的《北京文艺》，其中对一双手置换细胞核的细节描写，几乎是对茨威格小说技巧的刻意模仿。我感觉，写真人真事很开心。报告文学作者每每在开眼界、长见识，不在于自我内向的抒发而在于对客体的充分表达，既有趣且有益。

李炳银：您的《扬眉剑出鞘》当年洛阳纸贵的情形我历历在目，之后您的《高山与平原》《李谷一与〈乡恋〉》《中年颂》《倒在玫瑰色的晨光中》《痴情》《她有多少孩子》等作品，依然引起读者的广泛关注，您以非常独特的面对生活的方式和报告文学书写，展示了您的敏锐与才情，在当年的报告文学创作中奇峰立世，您以为造成这种现象的缘由有哪些？

理由：就说《扬眉剑出鞘》吧，它的“脱鞘”也很偶然，很能说清楚什么是报告文学写作的驱动力。我去南京采访击剑运动员栾菊杰之后，趴在运动员宿舍的床板上赶稿子，边写边想题目。当想到“扬眉剑出鞘”这句诗时心如潮涌，眼前顿时浮现出天安门广场上铺天盖地的白色花圈。那是数百万公众完全自发的、对于哀思的表达，那是人民伟大而质朴的良知与同情心的集体迸发。但是，这句由一位正直的工人所写的诗在1978年仍然被定性为反革命。而我极其渴望把这句话用作文章的标题。于是，当时的写作就像一次化学反应，越是想用这个语涉双关的题目就越是需要把文章写好，就像需要一个容器——文学艺术技巧的容器，把一句有所禁忌的话和盘托出。在曾经的六年苦读中，我熟悉欧·亨利、杰克·伦敦、莫泊桑等人的作品；也知道中短篇小说更讲究剪裁、悬念、横断面的截取、情节的承转、插叙和倒叙等艺术技巧，还有注重细节描写……于是使出浑身解数去努力写好。

后来的事如您所知，这篇由《新体育》约稿的报告文学以整版篇幅首先发表在《人民日报》，后又被全国各地许多家报刊转载。

如今有许多文学评论家把我归为“小说式的报告文学”，我不反对。报告文学与小说同属叙事文体，一个要求真实，一个可以虚构，而写作技巧可以借用；这种倾向在《痴情》中更加明显。不过那是仅就作品的艺术形式而言。真正驱动作者为之投入热忱而写作的动力并非技巧，而是与社会大众的“共情”！

《李谷一与〈乡恋〉》是又一个“共情”的例子。20世纪七八十年代之交，我在《光明日报》任记者。单凭直觉，《乡恋》这首歌听来纯之又纯，正之又正，在听众中也很受欢迎；但一些严厉的批评家把《乡恋》说成靡靡之音，将李谷一影射为“港台歌女”，她饱受非议，令人顿生一股为之不平的气血之勇。采访很匆忙，脱稿也很快，发表后我受到音乐专业杂志的激烈批评，简直是一场围攻，而《乡恋》却无可阻挠地唱开来，成为历久不衰的保留节目。我的同事郑加荣先生告诉我，李谷一女士在一次演唱会上感谢《光明日报》在她最困难的时候支持了她。这件事也令人感触，盘旋于社会共情之上的是并不高深的社会良知。

您提到的《倒在玫瑰色的晨光中》的发表并不顺利。1980年全国的主要报刊都派出记者云集上海，为了当时著名的“王申酉事件”。我查看了他的档案、日记，采访了有关人士，一口气写完初稿。后来，我又把王申酉的名字改为第三人称的“他”，保持全文原貌，寄往我认为比较开明的武汉《长江日报》发表，以致成为当时从采访现场发出的唯一报道。后来王申酉得到平反，他的家人也得到抚恤，思想界则把他视为改革开放的思想先行者。

这件事意味着什么？意味着特殊环境中报告文学作家在良知之外还需要多一点勇气。在20世纪80年代的整体氛围中，有一大批人勇于追求并且维护社会的良知，上述几个例子关系到的编辑、主任、总编和社长都承担着更加实质性的责任，尤其令人敬重；而我不过是一介书生而已。在我的文字生涯中，我一向把编辑视为良师益友，只有前恭不敢后倨。

在哲学层面，我喜欢中庸；在行为层面，我主张迅捷

李炳银：报告文学创作当年在推动中国社会思想解放、拨乱反正、文化建设诸多方面作用特殊，功绩显著。您在其中腾挪应对，表现突出。除了上面提到的作品以外，像《希望在人间》《世界第一商品》《香港心态录》等作品，都可以视为中国社会改革开放中响亮的锣鼓声调，这些作品面对复杂多变的社会发展中的矛盾现象，给予及时个性的表达。这种将报告文学融入社会进程中的行动，有力地增强了作品的社会影响力，这方面您有什么体会？

理由：您的一句“腾挪应对”很传神！20世纪80年代的文学之路并不平坦，一些作家历经坎坷。就报告文学来说，有一个特别现象，质疑一个作家的作品往往不是以他的作品主题而是以材料。就拿《希望在人间》来说，写作对象是生产第一代国产电视机的先行者黄宗汉，批评的声音不是指向主题而是若干零星的素材。但是文字材料属于现象学层面，用材料反驳材料不过是一场儿戏，甚至连儿戏都不如。这不是我的话，而是列宁的话。对这篇作品的争论一直闹到高层，多亏80年代的文学界贤明人士周明先生和《人民文学》的热心编辑王南宁女士向主管领导汇报实情，领导也开明地表示支持，才使这篇作品获奖结果未受影响，第二天的全国优秀报告文学奖颁奖活动顺利举行。

您的“腾挪应对”的提问对我是深刻拷问。实言相告，在哲学层面，我喜欢中庸；在行为层面，我主张迅捷。中国的哲人认为过犹不及，希腊的哲人主张“置于中间”。在社会各类角色的光谱中，最害人误事的是极端主义。在社会舆论的各种倾向中，我最厌恶的是“蛊惑”和挑拨仇恨。历史不可假设但可借鉴。试想第一次世界大战后如果不对德国做出极端惩罚，是否

会有减少纳粹崛起的可能？人类是忘性很大的物种，左一摇右一摆、东一榔头西一棒子，其间走过许多曲折路线，倘若取其中线是否可以少走极端与弯路？我很欣赏在中华文化发源地的河南，人们操着浓重的喉音说出的一个字："中！"

李炳银：您的《倾斜的足球场》等是当年引发很大社会关注度的报告文学。这和赵瑜的《中国的要害》前后引发了中国报告文学创作中的"社会问题报告文学"现象，在社会视野、题材开拓、思考向度、表达方式等方面对报告文学产生了重要的影响，加大了报告文学以自己的个性承担力量参与社会进程的力度，使报告文学创作更加广泛深入地同读者建立起较直接的联系，作用日见厚重，不知道您是如何接触这个事件和进行创作的？

理由：《倾斜的足球场》是反映1985年北京球迷闹事的"5·19事件"的。当时我面对两个选择：一是挖掘球迷闹事的深层原因，是对社会有什么不满情绪？二是就事论事，不把体育政治化。我选择了后者。在人类学看来，体育是模拟战争的游戏，而足球最具煽情效应。比赛双方划定楚河汉界，两拨人马互相进攻、防守，还要直捣龙门，其结果往往是发达国家的球迷闹，欠发达国家的球迷也闹。因为球员踢得精疲力竭，轮到干着急的球迷们来登场了。《倾斜的足球场》从运动员入场写起，写到国家队输球后在更衣室内沮丧哭泣，球迷在外面使劲儿敲打铁栏杆，领队张俊秀手指空中悲怆地说："你们看见了吧——这，就是足球！"这个结尾写得有点"瘟"，过于含蓄。他的意思是足球是圆的，既能滚进对方大门也能滚进自己的大门，何必如丧考妣？不过，多年以后，输球成为国家队的常态，却是需要从根本上找找原因了。

话题至此，可以谈谈报告文学的本体论。报告文学是什么？它有哪些特征或要素？在我看来，真实性、文学性、即时性是它的基本要素。所谓

“即时性”，可以理解为新近发生的社会事件或问题，往往构成人们关注的焦点，也就是前面所说的引发“共情”。而回忆录、传记文学或专题事件的长篇田野考察报告，当与报告文学并列为更大范畴的纪实性作品，只是各有特征，各有强调。

那么，报告文学是否只强调“重大题材”而忽略对微观的关注呢？答案当然是否定的。其实，对个人事件或命运的报道尤其值得重视，《痴情》就是一例。一位年轻的画家因为一幅作品被划为“右派分子”，此后他为坚持艺术的纯真经历了人生的巨大苦难，多年后他被“平反”了，人们赫然发现，当年那幅给他招致无妄之灾的画作，如今看来竟然是一件具有艺术里程碑意义的开拓之作。这件事恰是应验了“真理有时在少数人手里”。

在我们这个人口庞大的社会，少数并不少，与这位画家命运相似者就有50多万之众。从逻辑上来说，如果这个社会可以肆意对待一个人，就可能践踏每一个人，正所谓见微知著。

一篇成功的作品要“六分跑，三分想，一分写”

李炳银：您在中国报告文学创作中具有重要的影响，一方面是因为您敏锐的题材捕捉和个性化的思考表达能力；另一方面也因为您的写作呈现出鲜明的文学结构与生动形象的语言描绘力量。陈荒煤先生曾评论您的报告文学如同小说一般生动。事实上，您很多作品在还原、处理真实的生活事件、人物的过程中，在文学结构、细节、思想、语言等方面都有出色的表现。能讲讲您在这方面的追求和努力吗？这对如今许多年轻的报告文学作家将有非常实际的帮助。

理由：荒煤先生的话含有另一层意思，就是报告文学不容易写得生动，这是报告文学的真实性决定的，它不允许虚构。中国文人对文章写作的许多审美趣味，如水月镜花、羚羊挂角、香象渡河……这类朦胧灵妙的意蕴和手法在报告文学中一概无从施展。报告文学面对的人物和事物都是刚性的存在，写作者只能与之贴近、融合、观照、揭示，不可拧巴，否则就是刚性与刚性的对抗，于是真实性成为报告文学的“刚需”。

我感觉一些画家的心得值得我们借鉴——画家常常不辞辛苦翻山越岭去写生。对于写作对象的整体把握亦不能太离谱，“胸中自具丘壑，方可看山，方可作文”“生动者，自然之妙”。而生动之首，莫过于细节，细节是文学的天堂。在采访中获得一个细节，可以丰满一段章节；倘若手握三五个细节，则可以谋就一篇文章，正所谓“一勺则江河万里”，就像坐在天堂里写作了。

说到真实性，还应留意到“真实性”是对报告文学要素的一种客观表述，它是真实的存在，文学不是物理学，文学没有正能量与负能量之分。一些被人为定义为“负能量”的作品，只要是真实的，它的内容往往也是一座富饶的矿藏，可以提炼出有所裨益的精神财富，令人清醒、殷鉴。

您提到语言风格，我的语言底子来自几方面，其一是小时候阅读的《古文观止》和唐诗宋词，加之后来读了许多翻译小说，语言里掺杂了一些大型复句和系列排比，是个杂货摊儿。

我认为，语言风格取决于每个人的审美取向，是一个选择性问题。从唐诗宋词到明清话本再到今天的网络文学，不论是口头语言或书面语言，全都一脉相通。《古今小说》中有一篇“众名姬春风吊柳七”，就是说一群流行歌星去悼念当时的大文豪，可见宋词通俗到什么程度，今天读来也没太大障碍。一千多年的语言库中有许多同义词、近义词以及演绎词，就看这个人如何下手挑选。例如，喜欢豪迈的，就“大江东去”；喜欢优雅的，就“杨柳岸，晓风残月”；如果是尝试造词儿的，就去“内卷”；若是欣赏概念化的，那“喜大普奔”够可以了。因此语言修养就看一个人的库存是否够大，以及好哪一口，这当中个性化语言是值得提倡的，“我面不同君面”。

中国语言情趣之丰富一言难尽。王国维的《人间词话》有许多独到见解。

李炳银：您曾经结合自己多年的报告文学创作感受，总结出报告文学创作的实践经验，认为一篇作品的成功是“六分跑，三分想，一分写”，这被很多作家引用、认可，并进而提出“报告文学是一种行走的文学”。您1988年步入新的生活环境，因而报告文学写得少了。可是后来您的文学创作，以及文化文学研究写作并未停止。您先后书写和出版了《明日酒醒何处》《玉美学》《荷马之旅》等十分具有个性感受、洞悉多思、厚重丰盈的作品，这与您此前的报告文学创作经历有一定联系，但似乎在历史学术文化的广博深入上又上高楼，在鸟瞰历史与辨识中西方文化方面给人不少启发。能不能谈谈这其中的思考？

理由：一个人的写作似乎有个“更年期”，到了那个岁数忽然觉得自己非常无知，非常惶恐，有一种似水流年的紧迫感。于是忍不住地想读书，哲学、美学、人类学、社会学……这些人文学科的书都想拿来读一读。读不明白又去跑，因此《荷马之旅》的副标题是“读书与远行”。想想也觉得好笑，生命的内涵太好折腾，做成一件事总要下“读万破一”的狠心，不折腾别人只折腾自己。

《荷马史诗》是欧洲乃至西方的文化之源。一般认为，荷马生活在公元前8世纪，他在《伊利亚特》史诗中描绘的故事发生在公元前16至12世纪的迈锡尼时代。全诗以16000行叙述了希腊30个城堡首领组成联军，攻打小亚细亚城堡特洛伊的故事，由此可以知道，呼朋唤友结伙打仗乃是西方战争的传统。在联军的一场内讧当中，还可以得知自由与平等的萌芽是如何在这些贵族之间发生的。更稀罕的是，特洛伊城堡在时间坐标上相当于中国殷商时代的城堡，其风貌却至今在希腊仍然历历在目。矗立于山巅和海边，由巨石构建的城墙在访问者眼中极具质感。在20世纪，一位有东方背景的现代学者将持续十年的特洛伊之战解读为“竞争的卓越”对“合作的卓越”，欧洲当时的维也纳学派却群起而攻之，嘲笑“合作的卓越”一词多么幼稚，而且不依不饶。由此也可以得知，与西方文明谈判“合作”多么艰难，如同方枘圆凿，互不相通。我用尽可能短的话语介绍这首巨长的史诗，希望从它的古老中见到现代性。

《荷马之旅》脱稿时正是新冠肺炎疫情发生前那年的夏天，疫情来时我人在海南，这一来哪也去不了，只好闷头读书，只读而不行走是很难受的，我写了一首小词寄友人，其中就有云：“疫瘴千里，人分两地，寂寞天涯客，应笑苦读书盈腹，半杯残酒，哪堪独酌？断雁无情，微信有义，常忆韶华乐，云开雾散总当归，流年偷换，万端感触！”

《本巴》：当时间还有足够的时间

刘亮程　杨庆祥

2022年7月15日

写作者首先是自己虚构世界的信徒，只有宗教般的绝对自信，作家才有勇气和智慧把一个虚构故事讲到底，这个故事最终才能被读者接受和相信

杨庆祥：“当阿尔泰山还是小山丘，布河还是小溪流的时候，时间还有足够的时间让万物长大，江格尔就在那时长到25岁，美男子明彦也长到25岁。本巴国所有人约好在25岁相聚，谁也不再往前走半步。”初读《本巴》的时候，仅仅这几句就让我足够惊艳。停留在25岁不老也不死，这是一个特别有意思的设定。我的疑问是，为什么是25岁？是来自史诗的启示还是人生的感悟？

刘亮程：“当阿尔泰山还是小土丘”，这是《江格尔》史诗的创世时间，我喜欢那个还没长大的世界。但我不能挤进这个已有世界中去做文章，史诗故事都太有趣太完美，讲那样的故事，我们是讲不过古人的。

唯一可能的书写，是在史诗之外开启属于我自己的一部小说的时间。

我最初的构想就是借史诗背景，写一部关于时间的小说。文学说到底是时间的艺术。写出时间，而不仅以时间为叙事手段，这是我所追求的。

《江格尔》触动我的，正是史诗中“人人活在25岁青春”这句诗。《本巴》从这句史诗出发，起笔时并没想太清楚。但我知道小说是写出来的，只要我的语言进入，语言主宰了那个世界，奇迹会发生在下一句。

《本巴》故事的外层，是活在25岁青春的本巴国的大人。在那个说什么就是什么的史诗年代，人的世界有什么没有什么，都取决于想象和说出。想象和说出是一种绝对的能力和权力。我在小说中给江格尔赋予梦中杀人的本领，他在梦中战胜莽古斯，带领族人长大到25岁，决定在这个青春年华永驻。停在25岁是江格尔想到并带领全族实施的一项国策，他的对手莽古斯没有想到这一层，所以他们会衰老。人一旦会衰老，就凭空多出一个致命的敌人：时间。江格尔的父亲乌仲汗就是被衰老打败，江格尔不想步其后尘。

小说的内部是三个孩子的故事。江格尔让时间停在25岁的权力受到了威胁，首先是躲在母腹不出生的哈日王，他不在时间中，江格尔有梦中杀人的本领，但他的梦追不到时间之外的母腹。后来哈日王被迫出生，借助赫兰的搬家家游戏，让自己国家的人都回到童年。对付本巴国的“人人活在25岁”，哈日王的对策是“他们不长老，我们不长大”。从青年到童年间相距遥远的时间旷野，使他们获得安全。

杨庆祥：从史诗到小说，这里面确实有一种结构的转换。史诗往往会借助神话的叙述结构，而小说则会借助故事的叙述结构。在“虚构”这个意义上，神话和故事是相通的，不过前者往往讲述神迹或者超凡的经验，而后者则更注重日常和平凡的经验。《本巴》有意思的地方在于将这两者进行了一种创造性的融合。

刘亮程：史诗属于“神构”世界，它不存在合理与否，说出即有，它说太阳从西边升起人们也相信。现代小说属于虚构，需要内部的合理性。写作者首先是自己虚构世界的信徒，只有宗教般的绝对自信，作家才有勇气和智慧把一个虚构故事讲到底，这个故事最终才能被读者接受和相信。《本巴》借《江格尔》史诗的背景，在神构与虚构间，找到容纳一部小说的时间旷野。

杨庆祥：回到小说本身，这部小说里面的“游戏”设定都非常棒，每一个游戏其实也都是我们日常生活里面的游戏。比如捉迷藏，比如过家家。关键问题是，你用一种非常有机的方式，把这些具体的游戏，作为工具的游戏，跟人类对自由、对心灵的追求结合在一起了。在我看来，《本巴》里面的“游戏”有四个指向：第一是作为工具的游戏，它其实是非技术时代的技术；第二是一个叙述的方法，叙事者用这些游戏来展开叙述，结构故事；第三是它有一个心灵的、自由的、审美的维度，游戏暗示了一种非功利性的生活和价值观。但是最重要的维度是建立在前三者基础之上的本体论的维度，即游戏原来构成了人类生活，甚至是宇宙的一个基本的法则，它是存在论意义上的游戏。在这个意义上，《本巴》以一种东方化的方式把游戏高度哲学化了。

刘亮程：不同于《江格尔》中以天地初创为开端，《本巴》的故事时间始于游戏：在“时间还有足够的时间让万物长大”的人世初年，居住在草原中心的乌仲汗，感到了人世的拥挤，他启动搬家家游戏让人们回到不占多少地方的童年，又用捉迷藏游戏让大地上的一半人藏起来，另一半人去寻找。可是，乌仲汗并没有按游戏规则去寻找藏起来的那些人。而是在一半人藏起来后空出来的辽阔草原上，建立起本巴国度。那些藏起来的人，一开始怕被找见而藏得远、隐蔽得深，后来总是没有人寻找他们，他们便故意从隐藏处显身，让本巴人找到。按游戏规则，他们必须被找见才能从游戏中出来。可是，本巴人早已把他们遗忘在游戏中了。于是，隐藏者（莽古斯）和本巴人之间的战争开始了，隐藏者发动战争的唯一目的是让本巴人发现并找到自己。游戏倒转过来，本巴人成了躲藏者，游戏发动者乌仲汗躲藏到老年，还是被追赶上。他动用做梦游戏让自己藏在不会醒来的梦中。他的儿子江格尔带领本巴人藏在永远25岁的青年。而本巴国不愿长大的洪古尔独自一人待在童年，他的弟弟赫兰则待在母腹中不愿出生。莽古斯一次次向本巴挑衅，洪古尔和赫兰这两个孩子担当起拯救国家的重任。

这个时间开端被我藏在了小说最后，故事一步步地回到开头。

《本巴》让时间变得随性、停顿、可逆，一瞬百年的魔力来自游戏。搬家家、捉迷藏、做梦梦三场游戏，是我带进史诗空间的新故事，游戏的讲述获得了辽阔时间，也将小说从史诗背影中解脱出来，我有了在史诗尽头言说的自由。

《本巴》虽然讲述的是过去的故事，但是一个生活在21世纪的作家对过去的叙述，里面折射的是我们当代人对时间和空间的一种新的理解

杨庆祥：这个学期我给研究生讲《当代写作与当代批评》，以5个当代写作的关键词为授课主题，其中一个关键词是“远征”。我引用了《本巴》这个作品，我认为它是用游戏的方式解构了“远征”。远征不仅仅是空间的拓展，同时也是时间的进化论，而《本巴》则用停止生长以及游戏回环的方式将这种扩张性的现代性维度解构了，我认为这是一个非常重要的尝试，甚至是当代中国写作对世界写作的一个重要贡献。在世界文学写作中，菲茨杰拉德的《返老还童》也涉及这个主题，但他的“逆成长”叙事还是过于单线条了，《本巴》显然要复杂一些。

刘亮程：《本巴》是计划之外的写作。本来写土尔扈特东归，那是一个“远征”和回归的故事。历史上土尔扈特人从额尔齐斯河流域西迁到伏尔加河流域，100多年后又回归故土。我为那场10万人和数百万牲畜牺牲在路上的大迁徙所撼动，读了许多相关文字，也去过土尔扈特东归回来时经过的辽阔的哈萨克草原，并在其东归地之一的新疆布克赛尔县做过田野调查，故事路线都构思好了，也已经写了好几万字，小说名《东归》，主人公是一个5岁的江格尔齐。部族带着《江格尔》史诗远走他乡，在驻牧地生活100多年，但又被迫离开，带着年幼的小江格尔齐返回故土。

在写小江格尔齐的过程中，《本巴》的故事出现了。之前我写了西域古代信仰之战的《捎话》，一场一场的战争把我写怕了，写到刀砍人时我会疼痛，我在书中每个人的死亡里死了一场。《东归》又是让我不忍面对的战争与死亡。最后我果断割舍，那场太过沉重的迁徙，被我在《本巴》中轻处理了。我舍弃大量故事，只保留了12个青年去救赫兰齐那一章，并让它以史诗的方式讲述出来。这是最省劲的。我没有淹没在故事中。

但《东归》并没因此荒芜，有时回头看没被写出的那些故事，它们在另外的时间里活着，那些曾被我反复想过的人物，再回想时依然活着。或许不久的将来，他们全部地活过来，人、牛羊马匹、山林和草原，都活过来。这一切，有待我为他们创生出一部小说的时间来。

一部小说最先创生的是时间，最后完成的也是时间。

杨庆祥：小说叙事学里有一个很重要的理论，重要的不是所叙时间，而是叙述时间。《本巴》虽然讲述的是过去的故事，但是一个生活在21世纪的作家对过去的叙述，里面折射的是我们当代人对时间和空间的一种新的理解。那就是我们不愿意完全生活在一个被我们的日程表，被我们的手机，被我们的北京时间、纽约时间、伦敦时间所控制的现代生活里。我们试图从这个时间里面解放出来，游戏和梦都成了重要的他者。这是否也暗示了一种当下性的存在之困？小说作为“白日梦”的一种，也许提供了纾解的出口。

刘亮程：我一直在想，梦中的时间是一种怎样的时间。我在《虚土》中写“梦中的奔跑不磨损鞋子”。如果文学叙述是一场“白日梦”，这场梦中什么东西被磨损了。文学是做梦的艺术，我甚至认为作家是在梦中学会文学表达。做梦方法被一部分人秘密掌握，成为作文手法。我们都是那所黑暗的梦学校的毕业生。梦成为时间的故乡，所有过去的未来的时间，都回到梦中。一部小说也是一处由写作者创造的时间故乡。

杨庆祥：《本巴》对时间的处理是非常独特的。时间在这部作品中不仅仅是一种均质的物理概念，而且是一个可以被赋形的能量场。时间可感，可触，可以改变。这或许与你的生活经验密切相关。你在一些作品中会提到麦子以及现代的农耕生活，我知道你在新疆有一处自己的园地。形象一点说，你吃的麦子是第一手的麦子，我们吃的都是二手或者三手的麦子，你过的时间是第一手的时间，而很多在北京上海生活的人过的可能是二手时间，或者在某种意义上是阿甘本说的那种剩余时间，它是冗余的，它实际上是不构成意义的——因为无法体验到生命变化的全过程。

刘亮程：我今年60岁，在城市，这个年纪的人还算年轻；在村里，就是老人了。老是一种生命安排，到这个年纪你就得有老样子、老态度。

其实60岁，对我来说就是田野上的麦子青60次黄60次，每一次我都看见，每一年的麦子我都没有漏吃。

生命有限，往前走是老年。朝左右走，是宽阔的中年。朝梦中走，便是不会衰老的25岁青春。我在60岁时写出“人人活在25岁青春”的《本巴》，这是给时间岁月的致敬之书。

我自小生活在农耕与游牧交接地区，田地边时有游牧转场的羊群经过。我们家养殖过牛羊马驴骡子，我几乎是在这些家畜中长大的，对放牧自然熟悉。

农耕生活与游牧生活的不同，在于利用和理解时间的不同。“日出而作，日入而息”，这是农耕社会千古不变的作息时间。因为农民的劳作是面朝土地，夜里分不清草和苗，几乎所有农活只能天亮了去干。而游牧生活中“马无夜草不肥”，牧人在广阔的空间内四季转场，游牧者的时间也如草原辽阔。农民在自家的一亩三分地操劳一辈子。农耕时间如田块一样有形，人的岁月深陷于土地。但我们的祖先却是望着日月星辰、斗转星移获得了地上的二十四个节气。

在乡村社会，人有一个时间里的家。父亲、母亲、爷爷、奶奶，三代同堂，或四代、五代同堂，一百年的时间，都在家里，活生生的。陪伴人的老物件也在。房前屋后有树，树有小树大树，小树是父亲栽的，大树是爷爷太爷甚至更早的祖先栽的，有100年的岁数。我们在这样的树下乘凉，会想起栽这棵树的祖先，也曾经一样坐在树荫下听着树叶的哗哗声；在夏天午后的凉爽里，也听着树上的鸟叫；也曾年复一年看到春天树叶发芽，秋天树叶黄落。一棵老树把我们跟久远的祖先联系在一起。在老树的年轮里，有年复一年的祖先的目光。就在这样的轮回中，时间到了我们身上，我们长大了，祖先不在了，但是祖先栽的树还在，祖先留给我们的阴凉还在。

我们西北树长得慢，儿子出生时，父亲会栽一排白杨树，杨树7年长成椽子，15年到20年长成檩子，这样等到儿子结婚时就有木料盖一院新房子。但更粗大的大梁是爷爷栽的，做家具的木料是长了百年的大树砍伐晾干又存放多年的。一间房子里有祖先的时间。等你也活到老，活成后人的祖先时，你会知道有些东西会继续活着，就像那棵树。

农耕社会是慢时间，它快不了。因为陪伴人们的都是缓慢生长的万物。种子播下去，要等待发芽，等待抽枝展叶、开花结果，这个过程是慢的。我们的农耕文明，是在等待稻谷和麦子缓慢成长的时间里发育成熟的。这种文明善于熬时间。那个揠苗助长的农人，想改变时间速度，虽然禾苗被他拔死了，但他妄图改变作物生长速度的想法，抵抗住了时间，作为一个成语被我们记住。如今所有的使农作物快速生长的科学手段，都早已经实现他的想法。对于时间的应用，我们有了比古人更多的办法，但时间如故。

死去和活着的人，在时间的旷野上，死亡连接起大地万物，生命延续不息，我们接住祖先断掉的那口气，接住祖先走完的路重新走，多么温暖的厚土呀

杨庆祥：农耕文明和游牧文明都是人类比较早期的文明，也是长时段占据人类历史的文明类型。虽然从15世纪这一文明开始解体，但实际上它的各种影响依然留存下来并构成了人类感知的内在结构。即使在由互联网和虚拟技术为主导的当代生活中，人类依然能够感知到土地、树木、河流、飞鸟和走兽的秘密召唤。从这个意义上说，时间不是进化论意义上的存在，不同的时间观念和时间认知实际上是交融在一起的。我们身上既有现代技术文明的时间观，同时也有着农耕文明和游牧文明的时间观。只不过有时候我们被当下的表象所迷惑，以为可能性都消失了，而通过阅读、旅行和创作，尤其是通过具体的劳动，我们或许可以重新感知到那种时间存在的丰富性和复杂性。这一点在海德格尔的哲学里有明显的体现，他对农夫的鞋子的哲学阐释为“劳作”与“神圣时间”建构了必然的联系。

刘亮程：我母亲一直在农历中生活，她跟我们说的日期都是农历。她记得二十四节气的每一个日子，并依此来指导我们在书院种菜点豆。我们菜籽沟的村民也是按农历节气种植作物。公历没有用，它是空的，没有内容。

前年立秋日我被村民请去喝酒，庆立秋，在酒桌上听了一句谚语：上午立了秋，下午凉飕飕。下午我果真感受到了立秋日的凉飕飕。节气的微妙变化竟被我切身感受到。

古人在漫长岁月中看着天上的北斗七星，跟着斗转星移的痕迹，在一年的时间道路上插了二十四根路标。每当我们走进一个节气，仿佛回到时间中的一处家乡。这一时间刻度从立春开始，到大寒结束，漫长的一年中有二十四个节气的路标。如此，我们才不至于在时间中迷失方向。作为农耕民族，我们会很清楚地知道，在哪一个节气该干什么。

每年到了该播种的时候，我母亲都按农历节气来提醒我们。我母亲说，晚种一天，迟熟十天。每年立秋之后到了白露那天，我母亲就提醒我们赶快要把菜地里的茄子辣子西红柿摘回来。因为白露一到就要降霜。“喝了白露水，虫子闭了嘴”，这是我母亲说的，虫子的生命时间到头了，闭嘴了。所有作物也关闭了生长，没长饱的果实只能是裨子了。那些作物遍布天山南北，匆匆忙忙从夏天开始生长，一簇簇地长到立秋，到了白露就已经是走到了生长的尽头。万物奋力生长，果然白露一过，我就看到菜地里的蔬菜不一样了。白露这一天，成了大地上万物经过漫长的生长期，转换到另一个更漫长的、灰色的、失去生长的生命阶段的节点。这就是二十四节气对我们的意义。它让我们从春天往冬天走的时候有一条明晰的、属于时间岁月的道路。二十四个温暖的或者寒冷的预兆，让我们在某一处时间中都仿佛在离去，又仿佛是回到家，那个家是已经被古人一日一日观察过的，被古人在千百年的岁月中摸索清楚了的。那一天从早到晚气候的变化都被摸索得一清二楚，就像到了立秋这一天，我能感觉到上午和下午气候的变化。当你处在这一刻，突然间感觉到1000年前的祖先跟你处在了同一个时空、同一个时间点，更处在同一场骤然而起的凉飕飕的风中。

农历的许多节气是催人回家的，我们农耕民族，田地、父母、祖宗都在家乡。春雨过去是清明，到了回家扫墓的时间。到了墓上，看见几代先人在土中。死去和活着的人，在时间的旷野上，死亡连接起大地万物，生命延续不息，我们接住祖先断掉的那口气，接住祖先走完的路重新走，多么温暖的厚土呀。

中国人创造了千秋万代的生命时间，在家谱、宗祠和祖坟中，属于家族的时间接连不断，我的生命是祖先的千岁我的百岁以及子孙的千万岁。我未出生时已经活在祖先那里，待我过完自己的百岁归入祖先那里时，我既在祖先的行列中又在子孙的血脉中。这样的时间观是我们在缓慢悠长的农耕时光中建立的。在这个千秋万代的生命长河中，消失的生命又一代代生长出来。个体生命加入祖先和子孙万代的生命长河中，我们获得了一个总体的生命长度。我们传统文化中的人们，都获得过这样的生命。

不过，这样的生命时间到我们这里将要看不到了。随着几代独生子女的出现，这条属于宗族时间的生命长河，显然正在断流。

杨庆祥： 现代人的“回家”已经成了一种迷思，荷尔德林著名的诗歌之一就是《返乡》。这种“回家”当然不是在物理意义上回到刀耕火种的时代，而更是指向一种审美的愉悦和心灵的开启。人不仅仅活在此时此刻，同时也活在过去和未来。时间是立体的，生命是互相联系的，而艺术和小说也是在不断地变化的。

刘亮程： 我作品中的时间书写，有农耕与游牧时间的共同影响，但更多是个人的时间感受。人活在时间中犹如鱼活在水中，不需要知道时间是什么也能活到老。但如果要去知道呢？可能文学写作是一种企图要知道时间是什么的创作。作家一个字一个句子地书写时，每个字和句子都在感知着时间。当然，时间的意义可能在于我们对它没有感知。时间静悄悄地走了，好在有文学，它在生长出无穷的时间，从过往、从想象、从土壤一样的语言中，生生不息。

杨庆祥：《本巴》这个作品特别有价值的地方，就在于这个作品本身是一个生命的有机体，随便打开其中的一页，都能够感受到一种生命的欢腾、跳跃以及反思，这是生存的一种“本真”状态，仿佛让人又回到了天真烂漫的儿童时期，这也是所有艺术和神话的源头。

刘亮程： 可能游戏激起了我的玩性，我们小时候玩搬家家、捉迷藏，都是小玩。《本巴》将游戏放置在戈壁草原无边的时空中，那是我从小生活其中奔跑其上的草原，能看见遥远的地平线，有着清晰的白天黑夜，我在那里呼喊，有远山回应。写作者一旦进入自己的领地，便可呼风唤雨。风成了我的呼吸，山野大地成为我的身体，生命焉何不“欢腾、跳跃”？

在《本巴》最早的构思中，那些英雄们只跟时间打仗。江格尔每夜带领本巴人在梦中垒筑时间之坝，把从四面八方涌来的时间挡在本巴国之外，以保证他们醒来后依然年轻。而外围的莽古斯则想方设法破坏本巴国的时间之坝。所有战争都发生在梦中，人们不会用醒来后的珍贵时光去打仗。能在梦中解决的，绝不会放在醒后。因为醒来后打仗人会流血死亡，梦中人死了醒后还会活过来。梦里被敌人砍伤，也不会疼痛到白天。

我为这个梦中的时间之坝写了几万字，后来扔了。我感到靠无休止的垒坝来阻挡时间太累了，江格尔和本巴人累，我也累。后来三场游戏的出现改变了小说的命运。游戏让我回到自己的好玩时光。

《本巴》出版后的某一天，我在电脑中翻到扔了的那几万字，竟觉得我更喜欢这场搬石头垒坝的无休止的虚无劳动，谁都知道石头墙挡不住时间，一个从石头缝里露出的时间能消磨掉人的一辈子，但他们搬石头垒坝的执念却挡住了时间。这个坚定的对虚构的执念，产自作家内心，它必须强大如造物，作家才能把自己的虚构故事讲到底，在文字中塑造、改变、泯灭和重启着时间。

文学的本质是时间。

写作是用文字徒劳地垒筑终将溃塌的时间之坝。时间不可战胜，但作为个体，我们至少还有时间去徒劳地抵御时间，把自己精心选择的事物留在文字中。我们相信好文字会活下去。那些把时间兜住的文字，总会让我们有片刻的会心与停留。

未来学与文学创作

张炯　吴崇源

2022年8月29日

作为新学科，未来学必然会对文学创作产生影响。微观上它可能影响作家的艺术思维，而作家的宏观构思则往往涉及未来世界的战略性思考

张炯：未来学作为新兴学科，它的研究应用十分广泛，经济、社会和科技的发展，人类面对地球的变化，向宇宙空间的拓展，战争的前景，乃至各行各业的未来发展都是未来学研究对象。它对文学创作有着不可忽视的启示和影响。作为文化的重要部分，文学既是历史生活的反映、各民族灵魂的记录和升华，也是人类审美创造的花朵。文学呈现的理想之光，常常成为照亮世界未来的耀眼光华。你既是研究未来学的学者，又是小说家，想必对未来学与文学的关系有着自己的理解。

吴崇源：是的，作为新学科，未来学必然会对文学创作产生影响。微观上它可能影响作家的艺术思维，而作家的宏观构思则往往涉及未来世界的战略性思考。如但丁的《神曲》曾被誉为照亮文艺复兴的第一道曙光；列夫·托尔斯泰的《战争与和平》既描写法俄战争，也通过笔下的人物展现对人类未来的期待和理想。至于，未来学对科幻小说的影响，更为今日的科幻作家所认知。

张炯：我读过你创作的《太阳醒着》和《穿越上海》《当代英雄》等长篇，也注意到几位评论家对你的作品的评论。我想，未来学首先会影响你对于时代的认识，特别是对中国特色社会主义新时代的认识，这对于你在小说中塑造典型环境中的典型人物都有帮助吧？

吴崇源：当然有帮助。当今世界，科技已成为重要的生产力，它不仅武装我们的新企业，也武装了新的企业家，而中国特色社会主义的走向共同富裕、走向构建人类命运共同体的崇高理想，也必然会照亮新一代企业家中的先进人物。他们成为推进时代走向美好未来的一支重要力量，自然应当在我们的文学中占有不容忽视的位置。

长篇小说《太阳醒着》写的是20世纪末国有企业家投身改革的故事。生产关系的改革，其重要目的就是解放生产力。人是生产力的第一要素，是科技创新的主体力量。要解放生产力，首当其冲是人的解放，特别是人的心灵才智的解放。小说从企业体制改革切入，深入人的精神层面，表现超拔的精神力量才能焕发出人的深层蕴蓄的潜力。这就是小说对改革题材和主题的更深开掘。马克思、恩格斯说："每个人的自由发展是一切人的自由发展的条件。"人的自由发展重要的是心灵自由。它是人类创造力得以勃发的必要条件，也是我的小说描写的重要方面。《太阳醒着》中作为新型企业家的主人公唐汉杰，自然应当体现心灵自由的创造精神。这也是我贯穿到后两部长篇小说《穿越上海》《当代英雄》的追求，我以为这是描写新时代英雄的精神图谱中不可或缺的要素，也是塑造典型环境中的典型人物必须重视的要素。

我们不能只停留在生活素材的剪辑上，而要用新的思想资源对生活资源进行重组

张炯：但我认为，你笔下的当代英雄形象，更值得注意的是他们已进入更有未来宏观气魄的追求。那就是摆脱了个人唯利是图的老式企业家的小胸怀、旧胸怀，拥有了为国家、民族、人民谋求富强、谋求共富的大胸怀、新胸怀。我以为，这正是体现历史进步、体现未来发展的新的时代精神。

吴崇源：您说得对。作为作家，我们不能只停留在生活素材的剪辑上，而要用新的思想资源对生活资源进行重组。创作题材和主题以及人物形象的塑造，有这个重组与没有这个重组截然不同。没有新的思想资源，就难

据此对把握的生活资源进行重组，就不能脱离许多改革题材的窠臼，并揭示历史前进的时代精神的特征。未来学研究揭示了企业深化改革必然要呈现的新的精神导向，顺着这条路深挖下去，提炼出其中的意义，才会有作品的新的灵魂，才能高屋建瓴地把握生活，直抵生活的本质，找到人物更高的意义。您曾在《太阳醒着》的《序言》中指出："小说广泛地反映了我们时代典型的人物关系和历史脉搏。""作者不断深化自己小说的主题，从人的解放，去设想工厂的改革，还从人的解放推进到和谐社会的建构，推进到人类命运和宇宙未来的沉思，在字里行间时时可见含有哲理的睿想。"这是符合我的构想的。长篇小说《穿越上海》则写当代上海民营企业家的奋斗故事。现当代写上海的作品很多，要写得有新意，题材的开掘尤为重要。《穿越上海》不同于某些写现代上海的小说，它既与社会剖析小说不同，也与心理分析派小说有异，其题材的开掘确实得益于未来学研究。

《穿越上海》主人公苏泰达的祖父是老红军，但他出生、成长于上海。他属于上海新的经济力量和精神力量的代表，他有足够广阔的活动天地。正值改革开放之潮在上海汹涌澎湃之际，苏泰达的存在与发展，体现着上海新经济力量和新精神力量的存在与发展。我结合未来学研究来开掘这部小说的题材，提炼它的主题，就是要描写出主人公为上海做出的影响城市未来发展的贡献。上海十里洋场的商业文化以及石库门的弄堂文化，与上海进入改革开放后日益具有新的深度和广度的发展现实不相适应。作为上海新企业家的苏泰达，他既是新经济力量的代表，也应该是新的超前精神力量的代表。他决心把自己成功的企业献给国家和人民，这就是超前的精神力量的表现。张陵在该书《序言》中分析这个文学形象时说："小说用一个新的文学形象来承载起上海精神的重量，突出了上海精神的当代民族责任和当代国际责任的品质，在更高更新的思想层面上揭示出上海精神的深刻内涵。"这正是我塑造这个形象的立意。这种上海精神的重量，体现了上海波澜壮阔开拓进取的新的艰辛与激情，仅靠十里洋场的商业文化和石库门的弄堂文化是承载不起的。《穿越上海》的题材具有前瞻性，正因此，才使得未来学研究的参与有施展的空间。如果只是回望性的题材就难以写出改革开放下的新的上海精神。

《穿越上海》的主人公展现出胸襟、眼界、格局，与其他书写上海的作品的人物形象有所不同，我力图表现他的性格和行为给人新的观感，就得益于未来学研究对题材的开掘。白烨曾在《现实的新生面与时代的新人物——评吴崇源的长篇小说〈穿越上海〉》一文中阐释："（主人公）为生产力和生产关系苦苦思索，力求在这个旷世难题上做出新的文章来。""《穿越上海》里精心打造的苏泰达这个人物，既是改革大潮弄潮儿，又是志向远大的民营企业家，就显得十分难能可贵。仅从发见和塑造具有时代特质的新人形象这一点上看，《穿越上海》就有其独特的贡献。"他认为小说"最为深刻的也饶有新意的是，既在改革开放的现实生活书写上别开生面，又在时代新人形象的着力塑造上锐意出新，这样两个方面的艺术进取，既有力成就了《穿越上海》一作，也在一定程度上刷新了同类题材已有写作的高度。"

各行各业中，在时代进步的大潮面前不顾个人得失、敢于率领人们奋勇走在前面的先锋人物就是英雄

张炯：我也重视这一点，并注意到张陵的《序言》也认为苏泰达"这个人物具有'文学新人'的许多素质，是一个可以深挖下去的很有价值的文学形象"。将新型企业家作为"当代英雄"的典型形象来塑造，这无疑是你

的长篇小说的大胆尝试。长篇小说《当代英雄》的主人公扬华德以一位著名企业家为重要原型，他带领员工进行技术创新、管理创新。这个人物写得风生水起，也跟你是未来学的研究者有关吗？

吴崇源：自然。这里我借助未来学研究，赋予人物形象以更具未来意义的现代灵魂，使其在向未来进发时创造出更辉煌的业绩。张陵在《这个英雄形象表达出什么样的时代精神——读吴崇源长篇小说〈当代英雄〉》一文中分析这个人物形象时说："他的超前的思维，深刻概括出走向世界的中国企业家的正确方向，也具有时代精神高度。后来的历史发展证明了扬华德的预见性。应该说，这是扬华德性格最为华彩的关键所在。作品成功地塑造了一个走向世界的中国民营企业家的形象。在当代文学创作中，这样的形象还不多见。"为什么将主人公扬华德作为当代英雄来塑造，这是我对当代现实冷静剖析，进而就未来学研究得出的结论。一般地说，鲜有人认为企业家是英雄，有了未来学研究的判断，我认定企业家扬华德是英雄就理直气壮。

张炯：英雄形象的塑造是我国当今文学创作中十分重要的课题，我国文学作品里也塑造了许多英雄形象。我以为，各行各业中，在时代进步的大潮面前不顾个人得失、敢于率领人们奋勇走在前面的先锋人物就是英雄。今日的企业家，包括国营的和民营的企业家都是中国特色社会主义的建设者，他们中的先进人物当然也堪称英雄，因而你笔下的这种人物形象的成功塑造，就具有观念拓新的意义。正如张陵评论扬华德这个形象时所说，你的小说大胆喊出当今的中国企业家是"当代英雄"的声音，"真是如春天田野上的惊雷一般。我们从这声惊雷里听到时代精神的回响"。

我也很赞同评论家陈晓明在《当代英雄》的《序言》中给出的评价："在主人公扬华德身上凝聚了作者对'时代'和'新人'的理想化想象。在文学创作进入'后现代'的今天，吴崇源跳出了这个框架，坚持以现实主义的写法，召唤具有时代精神的‘大写的人’……在今天这样一个碎片化的时代，作者还具有如此宏大的历史观，并力图在作品中完成这种历史叙事，无疑是值得赞扬的。”

吴崇源：《当代英雄》的主人公扬华德面对未来人类文明的畅想，正是我对未来学研究的成果。我以为这样写，主人公形象就更能与广大读者贴心，他的诉说，其实也是当今读者的憧憬。小说结尾三个小节，把未来学情景描绘得尽量细腻，使主人公形象更加丰满。这里，未来学研究往往与文学中的理想主义联系在一起，面对即将到来的岁月，主人公以恢宏的气度去迎接筚路蓝缕和悲欣交集的日子。它虽是浪漫主义的笔法，其实基于的仍是现实主义。

张炯：讲到现实主义，在创作的艺术方法走向多元化的时代，现实主义无疑仍然是一个绵延不绝的优秀的艺术表现手法。未来学似乎与文学中表现理想的浪漫主义更有密切关系，为什么你的小说仍然具有现实主义的风格?

吴崇源：我以为，文学创作总要以现实生活为基础。虽然科幻小说有所不同，它有更多的关于未来的幻想。但其中人物的性格、情感、心理的刻画，仍然来源于现实世界。我的小说素材多来源于自己比较熟悉的企业生活和对于现实发展的观察，当然也有基于未来研究的若干想象和幻想的成分。总体上，《当代英雄》是零距离表现生活，2018年定稿时，笔尖触到了刚刚发生的中美贸易战。《当代英雄》以及《太阳醒着》《穿越上海》都对急剧变化的时代作了及时的回应。三部长篇组成的《时代英雄三部曲》，是我对重大现实题材的发言，是对时代呼唤的响应。作品所处的社会历史背景辽远而开阔，它力求迸发出一种鼓舞人们前进的力量。未来学研究对于人物塑造的理想化应有帮助，但人物本身的性格和心理、行为仍然源于现实。三个主人公作为典型人物，也属社会主义新人。他们是中国特色社会主义新时代的弄潮儿，标识着人类进步的方向，他们的理想性仍然扎根于当代中国现实中。

我以为，在新时代，第四次工业革命来临，高科技推动物质财富更大丰富，云计算、物物相联、人脑和人工智能深度开发，这些使人的生命活动的广度和深度几乎进入了无所不能的状态。这也使未来学的研究更加重要，并启示我们的文学创作需要更重视未来学的成果。但文学毕竟有着自己的特殊使命，也应更多重视文学自身的规律。

张炯：不错。实际上现实主义并不排斥作家的理想表现，而浪漫主义或其他艺术方法，也多折射有现实的内涵和影子。无论什么艺术方法，都不应忘记“现实生活是文学创作的唯一源泉”这条真理。反映客观世界发展的未来学，它追求的仍然是事物发展的客观逻辑和规律，它有助于文学创作是必然的。你联系自己的创作所谈的把未来学研究与文学创作相结合的思考和经验，我相信会引起许多作家的兴趣和共鸣，也有助于我们理论批评工作者开展文学批评工作。

一切文本和想象都需要根植于大地

罗伟章　李黎

2022年10月28日

李黎：罗老师您好，这是我第三次跟您正式对谈，次数虽然不多，但感觉话题说不完。您刚刚出版了一部报告文学《下庄村的道路》，这部作品入选了2022年中国好书7月榜单，这背后的问题是，一个严肃小说家，怎么才能在写作的题材、方式上进行较为顺畅的切换？您之前长时间关于乡土的小说创作，是不是为这部正面书写脱贫攻坚题材的报告文学打下基础？

罗伟章：李黎好，每次见面我们都聊到文学，这当然是一种珍贵的相遇。

你说写作题材和方式的切换，方式是指体裁吗？题材不必说，创作不同体裁的作品，很多作家都有过，很难找到作家没有过。当然，小说和报告文学之间的跨度比较大，在某种意义上，甚至超过了小说和诗歌。就我本人而言，切换得并不顺畅。其中的难点，首先还不在于这两种文体的写作本身，而是在于我愿不愿意。一个长时间进行小说创作的人，虚构不仅是一种思维方式，还是发自内心的热爱，在我心目中，小说是最具张力的文体，它给予我的，是现实以里的，又是现实之外的，是已知的，也是未知的。未知充满无限可能。对可能性的探索，说到底，是对“应该”的探索——世界应该如此。所以，虚构能为写作者建立一种精神秩序，在这个秩序王国里，一切充满“信”的力量、“真实”的力量。

通过虚构得来的真实，有个艰难的求索过程，但报告文学不一样，它先把一个“真实”交到你手上，你的任务变得很直接：证明它。证明真实和求索真实，完全是两种思维。但我变换过来，不仅写了《下庄村的道路》，还写了《凉山叙事》。是因为我发现，我和大地上的事情有了隔膜。而无论多么瑰玮的想象，都生发于大地，否则会因为无根而变得廉价。我需要了解，不是道听途说和走马观花似的了解，是深入现实肌理，把自身命运置于时代命运中去考量。

如果从文体层面讲，我是写了两部报告文学作品；从创作走向上讲，我是为今后的小说写作积累素材和积蓄能量。

文体之间当然会相互哺育，小说对主体性的要求，用于报告文学是十分重要的，就是说，一个“真实”摆在那里，你也不能只是被动地证明。你要有变被动为主动的能力，否则，你和你的书中人物，就只能工具化，这样就很难谈到价值，事实上是没有价值。再就是，报告文学的题材，具有公共性、共有性，比如脱贫攻坚，举国行动，政策和做法都大体相当，投身于书写这项工程的作家，车载斗量，如何写出独特性，是一个很大的挑战，这时候，小说对视角的考究又会帮上忙，视角变了，变得是你的了，就自然而然地有了新的发现，让你不至于只能写出公共的和共有的部分。此外，小说写作对结构的要求、对人物塑造和语言的要求，都会让报告文学生辉，也为报告文学的文学性正名。

李黎：关于《下庄村的道路》一书，有一些对它的介绍我特别认可，也感同身受，例如“毛相林和他的村庄，在广袤的中国大地上，只是一粒草芥”。这种描述在我的少年时代就有了，只是很难说清，少年时代我生活在南京郊县的一个村庄，丘陵里、长江边，整个世界就是半个行政村、三五个自然村和小学校那么大，去一趟镇上，在之前之后都会兴奋不已，如果能去一趟南京市区的话，整个人就恍惚了，当然，在恍惚中也感受到了渺小。虽然渺小，却有无数人的一切。但另外的一些表述我有些疑虑，就是把脱贫描述为“人定胜天”，这个似乎有些武断。我不是对您的写作，或者对这本书的定义有所质疑，而是这个问题本身确实会让人两难，在发展经济和生态保护之间，在脱贫致富和情感道德之间，似乎都存在很难平衡的问题。下庄村是不是也一样面临这个两难问题？您在《下庄村的道路》里怎么处理这方面的矛盾？

罗伟章：在《下庄村的道路》里，我所表达的，不是人定胜天，而是人如何战胜自己，是否有勇气战胜自己。人定胜天这个成语，有广义和狭义两解，广义上，是指人力能战胜自然，狭义是指人通过努力，能改变自身命运。我取狭义，是因为人类对自身和大自然有了深入了解之后，发现“胜天”这种说法，不仅仅是无法完成的任务，还严重损害了人与自然相互妥协和“商量”的关系，是对自然伦理的否定性描述。但人改变自身命运却是可以的，也是应该的。

你说得对，的确存在两难。比如我说人可以改变自身命运，在改变的过程中——特别是在下庄村那种地方，只有通过改变自然结构才能改变自身命运，矛盾和两难就出现了。但我们要明白的是，讲生态保护，不是说一切都要维持原生态，那太浪漫主义了，大家都要茹毛饮血去了，生态保护是指：要充分认识到生态的独立性和脆弱性，尊重自然并善加利用。

遗憾的是，人并没有做到，人性之一便是得寸进尺，欲望一旦打开，就可能成为潘多拉魔盒，魔盒中的“灾祸之源”，贪婪是排在第一位的。人类因为贪婪和恶性竞争对大自然犯下的罪，已十分深重，因此无论怎样强调生态意识，都不过分。哪怕像下庄村那样，一个天坑似的村子，四面大山围困，出入举步维艰，动不动就摔死人，病人也经常死在送去医院的半道上，他们为了生活，要在悬崖绝壁上修路，却仍然被质疑是否会破坏环境，这同样是可以理解的。

但我们依然要说，顺应自然，不是说在自然面前无所作为；顺应和改造，在最深层的意义上也并不矛盾。而且，下庄人从1997年开始，以最原始的工具，问天要路，历时7年，伤过所有人，死了6个人，在陡峭山崖上抠出

8公里，这种悲壮是难以想象的，因而深具力量。他们在与命运抗争的过程中凝聚成的“下庄精神”，其价值内涵已远远大于修路本身，那种造福子孙的情怀，排除万难的勇毅，自力更生的骨气，不胜不休的信念，不仅在脱贫攻坚和乡村振兴中光芒闪耀，在世界百年未有之大变局中，也是非常具有穿透力的。

我们在谈论经验的时候，心里装着历史，装着时间，装着族群，大一点，是民族、国家，再大一点，是人类、世界

李黎： 您之前说过，“好的虚构都有着对日常经验的高度把握，都有植物特性，即自然生长的特性，否则就是失效的。”如果用这个标准衡量您的“尘世三部曲”（《声音史》《寂静史》《隐秘史》），包括《谁在敲门》，似乎给人掌握了方法之后豁然开朗的感觉。但我们在谈及日常经验的时候，其实也容易陷入泛滥或者动摇的状态，似乎一切都是，又似乎一切都不是。如果一切都是，那么日常经验就失去了可以对比参照的事物，等于失效；如果一切都不是，日常经验又成了难以企及的因素。作为处理日常经验的高手，很想听听罗老师在这个方面的看法。

罗伟章： 这当中有两个概念，一是经验，二是经历。经历是个体性的，经验是共通性的。所以我们在谈论经验的时候，心里装着历史，装着时间，装着族群，大一点，是民族、国家，再大一点，是人类、世界。千千万万年的实践，我们形成了一些共同的规范，共同的情感、心理和价值判断，这些都是经验的范畴，尽管不恒定，但在相当长的时期内，既有丰富的参照物，也能比较准确地把握住。所谓能被把握，就是能被理解。它们已经成了常识。

我说好的虚构具有植物特性，是强调对常识的尊重，也是强调从种子萌芽到长成参天大树的内在逻辑——是逻辑，而不是过程。虚构的广阔空间，正蕴含在对过程的捕捉、截取、省略、倒置以及对可能性的想象当中。卡夫卡让人变成甲虫，虽不合常理，却有深沉的内在逻辑；《聊斋志异》里的诸多篇章，也是从内在逻辑出发的。内在逻辑不成立，就不可能逼近真实。《西游记》里的真假孙悟空，我们之所以觉得有深刻的真实性，就在于作家体察到了人性逻辑。

但这当中有个问题，逻辑没有裂缝吗？是不可以改变的吗？如果有裂缝，也可以改变，由此生成的经验，用于写作中还有效吗？当然有效。这几乎不需要举例，遍地都是例子。你说自来水不干净，不能直接喝，手也不干净，不能直接拿东西吃，可是用自来水洗过的手，就可以直接拿东西吃了——从逻辑上讲，这是有问题的，但是大家都遵守。遵守就有效。反过来，对断裂的审视，对习以为常的质疑，是文学对日常经验的另一种处理，并构成另一个维度。

总之我是觉得，所谓日常经验，不只是已经获得的，更不单指那些合理的、正确的，它有广阔的内涵。

“尘世三部曲”里面的经验处理，和《谁在敲门》明显不同，前者想象的成分重，后者根植于大地，是一寸一寸推进的。两种方式各有妙处，也各有难度。它们的共同点，是都遵从事物的内在逻辑，也都对内在逻辑深表怀疑。

李黎：《隐秘史》是您最新的长篇小说，它参加了首届“凤凰文学奖”，印象中在评奖过程中得到了一致的好评，很多专家评委都不吝用“惊艳”“无懈可击”等词来形容。我个人也觉得，《隐秘史》把乡土小说往前推动了一大步。和以往那些优秀的甚至恢宏的乡土小说相比，《隐秘史》没有写乡土的巨变和其中的命运，没有戏剧性冲突，没有城乡的撕裂，没有离乡返乡的大命题，而是写了一个相对静态的乡村。在《隐秘史》里，乡土，包括它的自然环境、风物、作息规律等，终于从人声鼎沸的现代化大潮中摆脱出来，成为主角。人也是主角，但不是唯一，只是乡土上万物之一，必须遵循乡村自身的规律。乡土具备了衰败和兴盛两个方面，衰败的是人造之物，最具代表性的是坍塌的房屋，而兴盛的是动植物，是从早到晚的一天、从春到冬的四季，还有人的精神世界。“英雄光环”从《隐秘史》中彻底消失，普通人，甚至不如意的、“不重要”的人的内心世界，成了正面书写的对象，也成了某种庞然大物。个人感觉，《隐秘史》可能还有一个承上启下的作用，一方面是经济大潮之下相对落后停滞的乡村图景，一方面是重新重视乡村建设发展时人的巨大能量，而且，和20世纪70年代末、80年代初的乡村不同，现在的乡村应该是见过世面的，就是每个个体的人，可能当年的集体情绪都变成了对自身的反思探索。不知道在《隐秘史》出版近半年后，罗老师对它的看法有哪些不变的和变化的方面？

罗伟章：你说普通人、“不重要”的人成了《隐秘史》这部小说中的庞然大物，这话说得好。当我们怀着尊重生命的态度，每个人都可以成为“庞然大物”。不仅人，万物皆然。《隐秘史》包括《声音史》《寂静史》，里面的一棵小草、一粒露珠、一片云彩，都是自主而坚实的存在。

过去我们谈论乡村，身后有一个巨大的背景：城市。作家们写乡村，不说全部，至少大多数，是以城市之眼看乡村——城市后花园似的乡村，或者跟城市二元对立的乡村，自带张力，自带陌生化效果。现在不一样了，城市和乡村已有了深度融合。讯息的发达，让乡村不再闭塞，开到乡村去的超市，让乡村与城市具备了形式上共有的生活资源，特别是，几十年的打工潮，乡村有两三代人都去城市摸爬滚打过，他们怀着以下就上的心态，毫不设防地接受着城市的观念，然后把那些观念带回乡村。作为弱势的乡村文化，完全经不起这样的冲击。

这样一来，就有两种理解乡村的方向：一，乡村与城市对立的资格彻底丧失，彻底沦落为城市的附庸，即是说，从乡村坍塌下去的，绝不只是久无人居的房屋；二，乡村从背后站到了前台，与城市一起成为了主角。

《隐秘史》就是这种背景下的小说。它截取一个“静态”的瞬间，在那个瞬间里，人仿佛从喧嚣当中退出来，关注到了身边物、眼前物，而这些东西以前是被忽视的，或者说不是被当成自主的生命而存在的，现在，微小如蚂蚁，如蜜蜂，也呈现出自己生命的丰饶。人在注意到这些的同时，也注意到了自己的内心。沉睡的被唤醒了。这种苏醒，显然不是以前的那种乡村视角，而是“人”的视角。从内心层面，包括情感层面和精神层面，你无法界定《隐秘史》的主人公桂平昌是个乡村人。他就是人——是他自己，也是我们所有人。他凝视着自己的幽暗，也寻找着自己的光，并在反思中去确立自身的存在。

小说出版将近半年，如果你问我对小说本身有什么看法，简单地讲，就是我更加坚信了这种观察和探索的意义与价值。

小说需要生活的葱茏，是生活中那些如意和不如意，是生活中那些你喜欢的和不喜欢的，共同养育了你，所以小说是湖泊、是江河，而不是递到嘴边就喝的水

李黎：您自己对“尘世三部曲”（《声音史》《寂静史》《隐秘史》）的评价是：“三部小说都注目于大地和人心的孤寂，却又洋溢着江河般奔流的生命，那些生命彼此对抗，又彼此交融、理解、怜惜和欣赏，共同构成大千世界。这可能是我做得最好的地方。”可以看到，这个系列的写作，一方面超越了一个故事、一个人物这样的基础的小说范畴，另一方面似乎也可能因为相对抽象陷入“观念先行”的过度虚构之中，您是怎么平衡这两者关系的？现实因素在三部小说中都有着重要比重，包括大量写内心的《隐秘史》，这是不是您最为看重的？

罗伟章：我刚才讲到“静态”的瞬间，这样的瞬间是极其珍贵的。有时候我想，我们之所以觉得匆忙、疲惫、焦虑，就是没有那样的瞬间。是自己不给自己那样的瞬间，一旦给了，生命的丰富性就奔流而来。“尘世三部曲”里，那些不起眼的生命让尘世显得美，显得可爱，显得生机勃勃又有情有义，并因此值得拥有和留恋。在这一点上，三部小说鲜明地显示了它们在当时小说中的特殊性。人依然是主角，但不被单独表述——人是一个大的体系中的主角。

我不太欣赏观念小说，观念一旦亮出来，要么被接受，要么被反对，总之会形成比较简单直接的判断，而小说需要生活的葱茏，是生活中那些如意和不如意，是生活中那些你喜欢的和不喜欢的，共同养育了你，所以小说是湖泊、是江河，而不是递到嘴边就喝的水。

无论是“尘世三部曲”，还是《谁在敲门》，包括我之前的作品，都不存在观念先行和过度虚构。《声音史》里的杨浪，能从声音里听出寂静，从寂静里听出声音，不仅有现实依据，也是我上面说的，是基于内在逻辑的经验想象；《寂静史》里的林安平，她眼里的世界，带着某种创世色彩，她与大自然的亲，她对万物的注目，有力地化解了她所经历的人世，并从中获得生命的宽度，这个小说有很强的哲理意味，但与生活依然是沉浸的关系；《隐秘史》里的桂平昌，对他有大量的内心描述，可你很难讲那是内心世界还是生活本身。

当下小说有太多的生活故事，而没有生活。那些故事因为没有生活的五味杂陈、泥沙俱下，显得千篇一律，叙述视角不说，连叙述腔调、叙述面孔、造句方式，都害怕跟别人不一样。小说因此变得很小。

李黎：我个人理解，作家不是那种恒定输出的机器，都总是在面对一个叫作“阶段性”的问题。在连续创作了“尘世三部曲”、《谁在敲门》和《下庄村的道路》等作品后，您觉得是否来到了一个特定阶段？而在这个阶段，如果再回望写作之处，写出最早的一篇或者几篇小说的时刻，两相对比您觉得有什么得失？

罗伟章：你说的“特定阶段”，在一个作家的写作生涯中，大概都不会只出现一次两次，一般过那么几年，就会有一次，每当出现这种情况，就会有一种深刻的自我怀疑：我这样写行吗？还有更加绝望的怀疑：我再也写不出什么来了。印象中，大约十年前，有段时间，我非常厌恶写作，因为我找不到一种突破的方式，我甚至都疑心写作是否非得借助于文字。这当然是很疯狂的想法，证明那种怀疑已深入骨髓。厌恶它，却又天天想着它，后来我发现，这事情还得从头计议，心平气和地，老老实实地，把自己梳理一下。然后又发现，你最可靠的导师，依然是生活，你对生活的侦察、理解和思考，决定了你是否辽阔，是否高远，至于突破，不是“想”就能做到的，要“做”才能做到。

这当中的关键，是要诚实地面对自己，急躁不得，更焦躁不得，复归宁静，回顾自己为什么喜欢写作，又为什么愿意把这件事当成自己终生的事业。这么想清楚过后，我又重新上路了。经过怀疑和审视后的自己，重新上路的自己，是再一次塑造后的自己，和以前的自己已经不同。

我在最初写作的时候，有一种鲁莽气息，不管不顾，勇往直前。写到后面，就有了顾虑，顾虑的原因，是在文体上考虑得更多了。既然是艺术，当然有技术，后来在技术上就会非常注意。其间的得失是显而易见的。技术上成熟了，讲究了，但可能丢掉了那种粗粝，那种力量。比如我第一部正经写出的长篇是《饥饿百年》，现在来看，那种力量感还是很强烈、很动人，但也存在着对素材的浪费以及别的一些问题。艺术不只是需要力量，技术也终归不是艺术，所以一个作家在技术成熟之后，如何保持对世界的激情，如何保持心灵的强度，就显得异常重要。

李黎：以前人们常说“体验生活”，似乎是作家必需的方式，后来人们对此表达反对，意思是什么生活不是生活呢？不存在需要去体验。这种反驳也有道理，但实际生活中，我们还可以发现，一些生活确实很难叫作生活，比如忙于高强度的工作，或者沉溺于某些享受。如果缺乏和具体人的交流交往，生活可能会空洞和虚妄，相信罗老师对此也有所理解，无论是虚构的杨浪、林安平、桂平昌，还是真实的毛相林，应该都是这片土地上活生生的人。还有哪些人让您印象深刻？顺便问的问题是，下一部作品有没有开始酝酿？

罗伟章：在文学领域，我们说的生活，不是通常所谓的人的各种活动，而是能够进入文学书写的生活。对进入文学书写的生活，就有特殊要求。比如你说的高强度的工作，或者沉溺于某些享受，如果是处于麻木的、无心的状态，就天然地失去了书写的价值——文学中对这类生活的书写非常多，但不是以那种生活的在场者，而是以审视者。再比如作家下去体验生活，如果仅仅知道了某种生活的流程，获得了一些知识性的东西，照样不能进入文学书写的生活；作家在体验生活的时候，要能够感受生活，能“感受”，就把对象跟自己联系起来了。如果能达到命运联系的深度，那种生活就会成为笔下的源头活水。所以这还不只是跟具体的人交流交往的问题，而是要保持与世界的健全关系，以信任唤醒信任、交换信任，你考察的对象，不管是人，还是自然界，都必须与你真实的个人相符合。

让我印象深刻的人应该很多的啊，我读了那么多，自己还写了那么多，同时也在生活中接触过那么多。

正像你说的，写作有一个“阶段性”，下一部作品必定写，但还没有写。

当代文学的黄金时代

白烨　徐刚

2022年11月21日

新时代是当代文学的黄金时代

徐刚：新时代已满十个年头，现在不同行业领域都在回望十年历程，梳理发展经验。您如何看待新时代十年文学的发展态势?

白烨：从宏观层面来看，新时代文学这十年，面临诸多新的挑战，也适逢诸多新的机遇，更迎来诸多新的发展。新时代文学从社会文化环境和文艺自身的状况来看，一个突出的特征是，依托网络传媒发展起来网络文学与文艺，以网媒为平台，以娱乐为中心，形成以网络小说为基础的多种艺术形式相互联姻的产业链，并在自身的强劲发展中深刻搅动、影响着整体的文艺领域，使得娱乐化、商品化等元素与文学文艺交织在一起，带来许多新问题，出现许多新倾向，形成许多新形态。

新时代的文学，在习近平总书记关于文艺工作的重要论述指引下，广大文艺工作者踔厉奋发，锐意进取，“与党同心同德，与人民同向而行，围绕中心、服务大局，真情倾听时代发展的铿锵足音，生动讴歌改革创新的火热实践，在文艺创作、文艺活动、文艺惠民等方面作出积极贡献、取得丰硕成果”。

素有“文学轻骑兵”之称的报告文学，在新时代以奋勇当先、负重涉远的劲头，越来越有一种文学主力军的气势。因而在重大题材与题旨方面，有分量的作品接连涌现，纷至沓来，主题写作蔚然成风，格外突显，一些过去较少反映的如科技等领域的生活与人物得到了充分的表现。较之以往，长篇小说也“从时代之变、中国之进、人民之呼中提炼主题、萃取题材”，呈现出分外喜人的景象。这主要表现为，历史题材与党史有关的写作明显增多，许多作品丰厚的思想内容与精巧的艺术形式相得益彰；现实题材书写中描写脱贫攻坚和乡村振兴的长篇力作联袂而来，真实而生动地表现了城乡蝶变与山乡巨变的喜人景象。

在小说创作中，因为作家们看取生活的视野开阔，视点下沉，而且注重以自己的方式讲述中国故事，各种写法多元并举，不一而足，总体上呈现出故事中国化、讲述本土化、艺术本色化的基本特征。而且，新时代的长篇小说创作中，有一些长篇小说血肉饱满，脱颖而出，给人们留下较为深刻的印象，如果细加品味，不难看出这些作品或者操持了现实主义手法，或者贯注了现实主义精神，都是在现实主义的坚守与承继上，或饶有新意，或富有深意。获得第十届茅盾文学奖的一些作品，在这一方面就很有典型性和代表性。

徐刚：这十年与其他时期相比，应该如何评估其主要成就，概括其基本特点？

白烨：从外在的形态来看，最为突出的特点可能还是网络文学的崛起，并且在不断的繁衍发展过程中，与其他艺术形式广为联姻，形成了新的产业链，也构成了新的生长点。我觉得，这里需要予以关注的，既有网络文学自身发展的丰繁状态，更有网络文学快速成长和长足发展对整体文学产生的深刻影响。文学的场域与过去时期明显不同，不仅呈现出新形态、新样貌，而且把传媒的力量、商业的元素、娱乐的取向不断带入进来，文学与艺术，文艺与文化，都在不断地交叉和跨界中走向联姻和融合。换句话来说，新世纪之后的新时代十年，是有网络文学的当代文学时期；在此之前的50多年，是没有网络文学的当代文学时期。网络文学的出现与崛起，给当代文学70多年的历程画出了一条明显的界线。因此，现在谈论当代文学，理应将网络文学包含在内，不然就不完整、不全面、不客观。

在这种背景下的严肃文学创作，与过去相比，在创作追求、艺术手法和作品样貌上，更加丰繁多样，不一而足。从表象上看，报告文学在处理重大题材与主题方面，更能负载承重；散文写作无论是切入现实还是进入历史，都更加地驾轻就熟；小说创作在现实题材书写中，普遍贯注一种强烈的现实主义精神。在这些现象的内里，我们的作家们在艺术中既在追求兼收并蓄，又着力凸显自己的主体性与个性化，在文化自信、文学自觉上更为坚定，更为清醒，更为成熟。我以为，这种创作主体的充分显现与作家个性的多样展示，是创作繁荣的内在动因，也可看作是这一时期的主要特点之一。

当代文学在不同时期都有新的发展和新的拓进。使得当代文学发生深层变异和根本变革的，是新时期及其随后的80年代。之后的当代文学，就是在这样一个基础上继续前行的。80年代、90年代、新世纪、新时代，既相互衔接，又不断递进。进入新世纪之后，当代文学发生了结构性的巨大变化，文坛放大了，写法多样了，作品丰富了，作家自信了。从20世纪50年代以来，我们都在呼唤和期盼“百花齐放、百家争鸣”的生动局面。现在与之虽然还存有诸多差距，但在当代文学发展进程中，堪称最为迫近“百花齐放”局面的文学时期。从这个意义上，也可以说，新时代就是当代文学的黄金时代。

习近平总书记关于文艺工作的重要论述的强力引领

徐刚：您刚才提到习近平总书记关于文艺工作的重要论述，您在出版于2017年的《文坛新观察》中收录了许多关于学习总书记关于文艺工作重要论述的研读体会，而最近几年，总书记又陆续发表了一系列关于文艺工作的新的论述，对此，您能否再概要谈谈学习体会和研读收获？

白烨：党的十八大以来，习近平总书记把文化建设与文艺繁荣作为治国理政的重要方面，多次就文化与文艺事业作出部署和发表讲话。近些年来，习近平总书记对于文艺工作的关注更为集中，发表的讲话更为频仍，比较重要的就有：2014年10月主持召开文艺工作座谈会并发表《在文艺工作座谈会上的讲话》；2016年11月参加中国文联十大、中国作协九大开幕式并发表《在中国文联十大、中国作协九大开幕式上的讲话》；2017年10月在为党的十九大作题为《决胜全面建成小康社会，夺取新时代中国特色社会主义伟大胜利》的报告中，列出“坚定文化自信，推动社会主义文化繁荣”的专节，就新时代的文化建设和文艺事业作提纲挈领地论述；2019年3月看望参加全国政协十三届二次会议的文艺界、社科界委员时发表重要讲话；2021年12月发表《在中国文联十一大、中国作协十大开幕式上的讲话》。再加上其他一些重要的谈话、贺信，讲话的次数有近10次之多。讲话的频次之大、分量之重、篇幅之多，在当代文艺发展史上是前所未有的。这显示了习近平总书记对于文艺事业的高度重视，也表现了习近平总书记对于文艺创作的喜爱与熟谙。把习近平总书记关于文艺工作的重要论述总和起来看，可以说，总书记关于文化与文艺的论述，不仅篇幅较多，内容丰厚，而且重点突出，逻辑严密，也以博大精深、自成体系的方式，成为习近平新时代中国特色社会主义思想的重要构成。

习近平总书记关于文艺工作的重要论述思想内涵十分丰富，重点与亮点也比比皆是。仅以《在文艺工作座谈会上的讲话》和《在中国文联十大、中国作协九大开幕式上的讲话》《在中国文联十一大、中国作协十大开幕式上的讲话》三篇重要讲话来看，我认为比较重要的，主要是10个要点：1.文艺的发展与国家民族的发展紧密相连；2.反映时代精神是文艺家的神圣使命；3.坚持“以人民为中心”的创作导向；4.作家艺术家应有的素养与修为；5.文艺精品的基本要求与创作生产；6.文艺要成为中国精神的载体；7.克服“浮躁”，抵制各种不良倾向；8.文艺批评要有激浊扬清的战斗力；

9.讲好中国故事，确立中国风范；10.加强和改善党对文艺的领导。这10个要点各有自己的内涵，但又环环相扣，紧密相连。

徐刚：习近平总书记关于文艺工作的重要论述内涵丰富，思想精深，那么对新时代文学文艺的指引作用主要体现在哪些方面？

白烨：在我看来，总书记关于文艺工作的重要论述在集中反映文艺自身发展和党领导文艺的基本规律和已有经验，更多、更大和更广地凝聚共识的同时，在总体构想与总的布局上具有强烈的针对性与恢宏的战略性，那就是在直面新时代的文艺现状，解决新时代的文艺问题，引领新时代的文艺事业。从总体性的角度来看，主要体现在三个大的方面：中华性的本位立场，人民性的价值指向，时代性的问题意识。

在党的十九大报告中，习近平总书记在谈到发展中国特色社会主义文艺时，特别指出："以马克思主义为指导，坚守中华文化立场，立足当代中国现实，结合当今时代条件，发展面向现代化、面向世界、面向未来的，民族的科学的大众的社会主义文化，推动社会主义精神文明和物质文明协调发展。"（习近平《决胜全面建成小康社会，夺取新时代中国特色社会主义伟大胜利——在中国共产党第十九次全国代表大会上的报告》第41页，人民出版社，2017年版）在这段重要论述里，有两个关键词与"中国特色"关系甚大，这就是"中华文化立场"和"民族的"首席定语。"中华文化立场"强调的是文化立场上的主体站位，"民族的"强调的是文化属性上的族群标记。这两点分别从主体和客体两个方面，强化着文化所应葆有的特征与特色。我们建设中国特色社会主义文化和文艺，尤其需要在理论批评和文艺创作中，乃至文艺活动与文艺生活中，突出"中华性"文化立场，彰显"民族性"审美风范。

在习近平总书记的几次重要讲话中，"人民"是出现频率最高的词汇，也是有着重要内涵与意义的一个关键词。《在文艺工作座谈会上的讲话》中，第三个问题就是“坚持以人民为中心的创作导向”；《在中国文联十大、中国作协九大开幕式上的讲话》中，第二个希望即是“希望大家坚持服务人民，用积极的文艺歌颂人民”；在党的十九大报告的“坚定文化自信，推动社会主义文化繁荣兴盛”的部分，总书记强调：“社会主义文艺是人民的文艺，必须坚持以人民为中心的创作导向，在深入生活、扎根人民中进行无愧于时代的文艺创造。”这些论述从不同角度阐述了文艺与人民的内在缘结和密切关系，并以“人民”为价值指向的内核与中心，展开文艺论述的相关要点，构建起中国特色社会主义文艺思想的基本体系。

当下的文艺领域，在总体多元多样的纷繁样态中，隐含了许多新的矛盾，出现了许多新的问题，这些都打着这个时代或显或隐的印记，是这个时代所特有的。比如，文艺创作中的守成与创新的矛盾、数量与质量的矛盾，文艺生产中的社会效益与经济效益的矛盾、艺术价值与市场价值的矛盾，文艺传播中的娱乐效果与审美效应的矛盾、艺术标高与市场指标的矛盾等，以及由此带来的是与非、善与恶、美与丑、雅与俗的混淆与颠倒等，都使当下的文艺领域一定程度上呈现出元素的混合性、样态的混杂性，使得人们难以分辨，更难以应对。面对这种纷繁复杂的文艺现状，习近平总书记《在文艺工作座谈会上的讲话》，既有要言不烦、一针见血的批评，又有简明扼要、秉要执本的点拨。许多难以辨析的现象，许多氤氲不明的倾向，经由这样的鞭辟入里的点评与点拨，问题的症结摸准了，解决的路径找到了，不仅由此让人们看到了矛盾与问题所在，也由此引起人们的自我反思与深刻自省。

徐刚：2023年，中国社会科学院文学研究所将迎来建所70周年的日子，而当代文学的历史也正好70余年，作为一个学科来看，当代文学是在新中国成立之后一边建设一边发展的，这是怎样的一个发展过程？

白烨：当代文学的研究，是随着当代文学的发展而发展的。当代文学研究作为学科的初步形成，可追溯到20世纪50年代中期。我们中国社会科学院文学研究所的前身北京大学文学研究所，成立于1953年。1955年归属中国科学院哲学社会科学学部之后，就在何其芳所长的指导之下，在当时的现代文学研究室内组建了当代文学研究组，主要成员有朱寨、井岩盾等人。他们最初的一个重要研究成果，是在20世纪60年代初联合现代文学研究室其他成员一起撰著了《十年来的新中国文学》（作家出版社，1962年版）一书。这部专著分“绪论”“小说”“诗歌”“话剧和新歌剧”“散文”“儿童文学”六章，对新中国十年来的文学创作情形，进行了分门别类的创作态势描述与作家作品评述，反映了当时当代文学研究的基本水平。20世纪60年代开始，一些高校适应教学与教研的需要，着手编写中国当代文学史类教材，如华中师大中文系的《中国当代文学史稿》（科学出版社，1962年版），山东大学中文系的《1949—1959中国当代文学史》（山东人民出版社，1960年版），北京大学中文系1955级编写的《中国现代文学史当代部分纲要》（内部铅印本，未正式出版）等。这些当代文学史类著述，不仅是当代文学学科最早的重要成果，而且正式提出了与“现代文学”相区分的“当代文学”的概念，并得到学界的广泛认可，可谓奠定了当代文学学科的最初基石。

当代文学作为学科的更大发展和臻于成熟，是在20世纪的新时期与之后的80年代。这一时期，中国社会科学院文学研究所建立了当代文学研究室，一些文科高校也组建了当代文学教研室或教研组，并普遍开设了中国当代文学专业的本科生与研究生课程。新时期文学自身波澜壮阔的蓬勃发展，也促动了当代文学研究与教研的不断深入。这一时期，一些重要学者的重要当代文学史著述相继面世，“中国当代作家研究资料丛书”等大型丛书开始推出，作家传论、作品研究方面的论文与论著日渐增多，水平也在不断提高。包括中国当代文学研究会在内的当代文学方面的社团，也在这一时期纷纷建立。由于机构与机制的不断健全与完善，当代文学研究的组织与引导工作，也得到显著加强，显得十分活跃。也是在这一时期，重要的作家作品研讨、重要的文学讨论与争论，连绵不断，纷至沓来，使当代文学研究呈现出前所少有的繁盛景象。

徐刚：当代文学研究在新时代十年间有什么新的进展？

白烨：这十年的当代文学研究，在依流平进的过程中，在多个方面和领域都有较大的拓展与深入的发展。就作家作品研究而言，从老一辈作家到新一代作家，从经典性作品到新发表作品，不同代际的作家和不同时期的作品都有长期的跟踪观察与持续的专门研究。各个领域的文学新人新作，都会以研讨会和作品评论等方式，予以及时的发现、关注与评介。在当代文学教学教研领域，学科内涵不断拓展和体现新的文学观念的史著、论著不断出现，当代文学所包含的重要作家作品、重要文学思潮、重要文学现象，都有大量的研究论文与论著不断推出。从国家到地方的不同层级的社会科学研究重点项目、当代文学学科选题所占据的比重不断增加，分量也不断增强。除此以外，当代文学的史料研究既在拓展着宽度，又在增进着深度。对当代文学一些重要事件、重要批判、重要思潮，均有集中而深入的研究，过去关注较少的一些方面，如体制史、期刊史、评奖史等，也开始成为研究的重点与热点。这种多方着力和多点开花的情形，使得当代文学研究既有广度的铺展，又有深度的开拓。

还有一个重要的方面，是在这十年中，当代文学研究领域通过高校系统的培养研究生、作协系统的培育批评新秀等方式，使一大批“70后”“80后”和“90后”的当代文学研究新人走向前台，成为各个领域的骨干人才，使当代理论批评阵营和当代文学研究队伍的梯队建设得到加强，代际衔接更为合理。不同代际的研究者立于自己的角度和体现自身特点的学术研究，尤其是新一代的研究人才带来的锐气与新质，都使当代文学研究呈现出异常活跃又日新月异的景况。

徐刚：当代文学作为一门学科，发展变化确实很大，但在文学研究领域，也包括文学教育领域，仍然存在着不被看重的情形，对此您怎么看？

白烨：起步于新中国成立后“十七年时期”的当代文学研究与当代文学学科，确实存在不少需要加强的环节，需要弥补的短板，但总的来看，研究状态、机制建设和学科发展越来越健全，越来越壮大，也是一个无可争辩的事实。

我认为一些人不大看重当代文学研究与当代文学学科，在很大程度上是传统的或守成的文学观念在作祟。过去在文学学科的价值认知上，有一种“当代不如现代，现代不如近代，近代不如古代”的说法，这显然是一种厚古薄今的偏狭观念。我觉得，所有文学研究学科都同等重要和需要，而且都有一个面向当下，服务现实的使命与任务。比较而言，从古代到现代的文学研究，都属于一种基于历史现象的“静态研究”，而当代文学研究则是直面当下文学运势的“动态研究”，直接指向和联系当下的文学现状，对于现实的文学创作、现场的文学活动有着近距离的接触，这种“运动着的美学”，对于现实与现状具有更为直接和突出的影响作用。就面向当下、服务现实而言，当代文学研究与当代文学学科相比，更加具有自己不可或缺的作用与不可替代的优势。在这一方面，反而其他学科是无法相比的。

徐刚：我在整理中国当代文学研究会的资料时发现，您在1985年左右就写了一系列“当代文艺评论家评介”的文章，后来陆续开展了对同时代批评家的评介工作，而这些年来，您一直立足于现状跟踪与走向捕捉的批评工作，事实上，您这种“探头”和“哨兵”的角色在批评界是严重缺乏的。在您看来，今天的文学批评和研究还存在哪些问题，需要怎样加强和改进？

白烨：主要谈谈文学批评方面吧。从宏观的层面来看，文学批评的问题主要存在于两个方面：

一个方面是在传统文学领域，有关文学创作整体性的走向和当下文坛倾向性的问题，缺少比较专注的跟踪和以点带面的扫描，更缺少有识有见的洞察和有理有力的批评。一些由创作显示出来的问题，一些在作品中隐藏着的倾向，都缺少及时有效的观察和有理有力的批评。还有就是在具体作家作品的评论上，多是顺情说好话，造势做宣传，真正从作品的实际出发评优说劣，像鲁迅说的那样，做到“好处说好，坏处说坏”的批评，很难真正见到。

另一方面是，这些年来，新兴的文学形态与文艺现象强势崛起，方兴未艾，但在与此相关的新媒体文学，或新形态文学，尤其是网络文学、网络文艺、网络文化方面，因为从事批评的多立足于传统文学，并非生成于网络文学自身的领域，因而批评显得比较隔膜，功用大致局限于向社会和读者介绍网络文学，对于网络文学的创作、生产与传播基本上很难起到有效的影响作用。

习近平总书记在《在文艺工作座谈会上的讲话》中谈到文艺批评的功能时，高度重视文艺批评工作的重要性，又特别强调文艺批评功能的综合性，他指出：“文艺批评是文学创作的一面镜子、一剂良药，是引导创作、多出精品、提高审美、引领风尚的重要力量。”谈到文艺批评的作用时，他明确指出：“文艺批评要的就是批评”“文艺批评就要褒优贬劣，激浊扬清”，并寄望于文艺界“营造开展文艺批评的良好氛围”。可以说，文艺批评本来就与创作现状不相适应，而与党的领导对于文艺批评的要求和期望相比，更是有着极大的差距。文艺批评确实需要找到问题的症结所在，提出切实的改进措施，重振当下的文艺批评，使之焕发出应有的“战斗力、说服力”，以促进文艺事业的健康发展。

文学批评同整体的文学和文坛一样，进入了一个活跃与繁杂并存、机遇与挑战共在的新的状态。怎样认识这些变化，把握当下现状，解决存在的问题，已是一个综合性的时代课题，需要文学批评者、文学从业者和文艺组织领导者，连起心来，携起手来，共同面对现状，合力解决问题，从而使文学批评得到新的改观，开创新的局面。

“90后”谢冕：不知老之将至

谢冕　刘鹏波

谢冕90岁了。2022年初的一场意外摔倒让他在病房躺了数天，并动了换骨手术。由于三十几岁起每日晨跑，风雨无阻，谢冕在术后恢复很快，第二天就能下床，让医生和护士又惊又喜。术后康复期，他躺在病床上又开始写作。因为不便用电脑，他就拿笔在纸上写，写完后拍照发给朋友，让朋友帮忙转录成电子文档。《换骨记》《学步记》这两篇文章，便是这样诞生的。谢冕直言这几年写文章越来越少，因为很多意见往往不被人认可。很多人都劝他“下课”，但在内心深处，他仍然“不想下课”。

“不上课，心有余，不满足。怎么就下课了，我还想讲几句。”今年首届谢灵运诗歌（双年）奖举办，邀请谢冕当终评委，他欣然应允。他渴望读到好的诗歌，并且希望好诗不被忘记。“我虽然阅读有限，但只要是好的诗我都不放过。”今年鲁迅文学奖诗歌奖得主、山东诗人路也就是很好的例子，谢冕觉得她诗写得好时，路也还“名不见经传”。“你要像迎接文成公主一样/迎接我……我的目的是挑起一场温柔的战争”，谢冕一边念诵路也的诗，一边感叹“一旦发现这样的诗句，这个诗人就值得推介”。

“评论家应该有这种眼光，有这种胸怀，把这类好诗人挖掘出来。”对于好诗，谢冕有自己的简单标准，那就是感动。“对于好诗而言，感动是必需的”，在谢冕看来，欣赏诗歌和欣赏美食一样，都要广泛涉猎，而且具备一定的门槛。“诗歌作为一门贵重、高级的艺术，必须得具备一定水平才能进入”，文学修养不同的读者，能够从诗中读出不同的层次。

“诗歌要面对我们的时代，抓住时代的脉搏。”这是谢冕在20世纪80年代站出来为朦胧诗振臂一呼的缘由。“南宁诗会”后，谢冕回到北京第一时间写下《在新的崛起面前》，发表在《光明日报》上，为“新诗潮”摇旗呐喊；并与同人一起创办《诗探索》，酝酿一场新的诗歌革命。不过很快，朦胧诗退潮，“脱离了时代，看不到时代精神”，这让谢冕感到很可惜。

“90后”谢冕仍然精力充沛，像个爱玩的孩子。今年年初，他的美食随笔集《觅食记》推出，出版社为他举办新书分享会，同事、好友、学生纷纷到场。今年7月，洪子诚为他编选的诗集《爱简》也正式出版。谢冕的人生信条是“热爱每一天，热爱每一次相聚”，努力用阅读提升人生境界。正如他自己所言，“我始终对生活抱有热忱的信仰”，这或许是他年届九十，仍然“不知老之将至”的原因吧。

新诗和古体诗，实现了“百年和解”

刘鹏波：我记得您曾在文章里写到您的文学启蒙始于古典文学，可见古典文学对您走上文学之路意义重大。您是怎样看待新诗与古体诗之间的关系的？

谢冕：这个问题问得很好，可以总结我研究新诗数十年的心得体会。新诗的缘起，是向旧体诗挑战。为什么？因为中国特殊的国情。鸦片战争爆发以来，中华民族面临内忧外患，大家都在寻找救国救民、强国兴民的良方。后来“五四”新文化运动的先驱者，包括陈独秀、胡适在内，他们都觉得传统文化禁锢了中国人的思维，这个有一定道理。那时候，有识之士下定决心打破旧文化、创立新文化，于是就有了“五四”新文化运动。“五四”新文化运动也包括中国新文学革命，当时大家都觉得，应该用非常激烈的姿态对待古典文学，因为古典文学阻碍了中华民族走向世界的复兴之路。我们的前辈是有道理的，我始终赞成“五四”新文化运动。新文化运动虽然很激烈，但有它的道理。

我始终站在新文学、新诗革命这边，对于陈独秀、胡适、鲁迅、郭沫若等人的观点，我都是赞成的。我不持异议，而且我汲取他们打破几千年文化束缚的勇气。中华民族要成为现代民族，需要一个爆破的力量，结果就出现了新诗。新诗是怎样一种诗歌形态呢？完全用白话文，去掉格律，还要用自由体。结果大家都知道，白话文和自由体使得文学和诗歌进入了普通老百姓的生活，改造了中国人的思维。许多新的语汇没有障碍就翻译过来了，这个了不起，古典文学就有这个障碍。所以，我始终站在新文学、新诗革命的立场上，毫不怀疑。

但为什么我作为新诗的坚定拥护者，也对古典诗歌很有兴趣呢？我这几年思考的结果是：新诗和古典诗歌不是对立的。近些年，无论是为纪念中国新诗100年做的很多活动，还是我过去在北京大学主持中国诗歌研究院、新诗研究所，创办《诗探索》杂志……我有一个很有成就感的观点，就是“百年和解”——中国新诗和中国古典诗歌经过100年的曲折、往复，百年来实现了和解。中国新诗不再以古体诗为斗争对象，中国文化传统和诗歌传统几千年来其实一脉相承。区别在于语言革命、诗体革命不是从“五四”开始的，历朝历代都有。四言、五言、绝句、律诗……语言变化非常多，格式变化也不少见。

中国诗歌传统一脉相承，没有变动。简单来说，就是“诗言志”。古人如此，今人也如此。“诗缘情”很常见，诗歌最要紧的是“诗言志”。诗歌要为诗人所用，不脱离时代，这一点一脉相承；不同的是语言变化，从文言变成白话，从格律变成自由体，变化非常大。作为后人，我提出“百年和解”，以此庆祝新诗诞生100年。

刘鹏波：对于好诗的标准，专业的诗歌评论家和许多普通读者似乎有不同的看法。比如近些年有一种现象，很多人认为专业读者喜欢的诗歌要么难懂诘屈，要么通俗得好像不能称为诗。您对于好诗的标准是什么？

谢冕：好诗的标准，回答起来很复杂。但我有一个简单的个人标准：

感动。一首诗好不好，首先看我能不能被感动。对于好诗而言，感动是必需的。诗不能感动人，肯定是诗里缺乏某种东西——无论是什么，最缺乏的可能是情感。如果一首诗蕴含非常饱满的情感，诗人写的时候这样，读者阅读的时候也是如此。诗人首先要在诗里投入自己的感情，不然读者很难进入诗歌。有些诗不感动人，可能算不上太好的诗。对于好诗而言，要么读者的情绪被激发，要么读者的思想被启发，这些都可能是好诗的效果。诗人必须做到这一点，做不到的话不太容易写出好诗。　你说的这个现象与每个人的文化构成、阅读经验有关。一个识字不多的人读诗，与受过较多教育的人读诗，结果不一样。后者有比较、有积累，懂得欣赏。诗歌是一门贵重、高级的艺术，必须得具备一定水平才能进入，才能被感动。诗歌感动你，是因为诗歌本身的力量，诗歌的诗意触动了你，你因而被感动。感动好像没有学理上的依据，不算是客观回答你的问题。

诗歌评论家和大众对诗歌的评价差异很难弥合。专家和普通欣赏者有差别，普通欣赏者与文化程度不高的读者也有差别。一首好诗有很多丰富的层次，不好的诗，相对比较单薄。譬如白居易的《琵琶行》，初次阅读的感受可能是诗人富有同情心，歌女的遭遇让人唏嘘；更进一步，可以发现别的东西、不同的层次，比如整首诗的布局、乐理。

研究诗歌，是因为感到写诗有危机

刘鹏波：您说过“巴金教我抗争，冰心教我爱”，“五四”新文学对您有很大的影响。您还能想起最早阅读新诗的记忆吗？后来您从一位诗歌的爱好者变成一位诗歌的研究者，基于怎样的契机？

谢冕：一开始，阅读诗歌是寻求安慰，寻求被感动。幼年时代家庭状况不好，时局又很艰难，内心积郁。不开心的时候，是诗歌安慰了我。小时候，学校组织春日远游，如果没有好衣服就见不得人，没有零用钱就买不起车票，没有像样的午餐带着，心里就很羞愧，我往往找托词不参加活动，内心非常痛苦。痛苦的时候，我就在家读诗。家里有小楼，小楼上有一间自己的屋子，我就锁着门，读唐诗。白居易、李白、杜甫这些诗人的诗，让我的心里得到安慰。那时候读那些诗，是否都懂了，倒未必。古典诗歌对小学生来说是不好懂的，但不好懂就不好懂吧，反复读，居然能背出来。诗歌给我打开了新的天地，我从小就喜欢诗歌，那时不是现代诗，而是古典诗。

后来读到新诗，新诗更契合我的内心，自己就偷偷写。写着写着，有同样喜好的同学开始在数学、物理、化学等课上唱和，你写一句，我写一句。这样慢慢写诗，渐渐觉得诗歌竟然如此美妙，就想学着当诗人，种下了诗人的梦想。后来发现写诗有很大问题，诗要表达诗人的内心，当内心不被允许表达的时候，心灵的自由就会受到意志的束缚，我就觉得不能再写诗了。那时我就对自己说，这样的诗写得再多，顶多算三流、四流诗人，谈不上一流、二流、杰出，更不用说伟大了。于是就不写了，实际上，因为工作的需要还在写诗，我在部队当文化教员，需要写快板诗鼓动战士。但快板诗只是工作需要，不能充分表达自我，写诗于是戛然而止。自此，不再说自己是诗人，自己把诗歌创作之路给堵死了。爱好诗歌的想法还在，仍然阅读诗、关心诗，最后慢慢变成研究诗，成为研究诗歌的学者，大概是这样的过程。研究诗歌是因为我自己把当诗人、写诗之路堵死了，写下去，只能是末流、随波逐流，成不了大师，当时就感觉写诗有危机感。

刘鹏波：我注意到，《谢冕编年文集》里收录了您的全部诗歌创作，今年7月，洪子诚先生为您编选的诗集《爱简》也与读者见面，称其为您“少见的精神自传”。您怎么看洪子诚老师对您的诗歌是“精神自传”这一评价？

谢冕：洪子诚比我晚一届，我们是很好的同事和朋友。他一直关注我，想知道为什么我有那么多经历，但都不讲，他觉得是个迷。前段时间，我因为摔倒住在医院，他没事就翻看我的文集，里面收录了我写的400多首诗歌，其中从六几年到七几年前后十年间的诗很特别，只有一两首发表过。洪子诚说《爱简》是“精神自传”，其实是指这些诗里留有我精神受伤、内心受挫的痕迹，不是真正的自传，写那些诗也没想过发表。洪子诚说“精神自传”，吴思敬说是“瓦砾堆里挖出来的东西”“抽屉里的东西”。

洪子诚编选这本诗集后拿给他的博士生看，他们看完不觉得诗里有什么。但我自己很清楚，那些诗实际上表现出了痛苦、矛盾的心境，里面有非常复杂的情感。这是一种欲说还休、很隐秘的表达，痛苦到无以表达的时候就借助诗歌来抒怀，把情绪寄托在诗里，寻求安慰。诗歌给了我生命的可能性，让我更坚强。如果没有诗歌，我的生活可能会更加痛苦。

刘鹏波：还有一个有意思的现象，就是我看到在《谢冕编年文集》里，您将自己的早期写作，甚至是一些现在看来“有偏颇”的文章，一字不改，全部收入文集。这是很少见的，您为什么这样选择？

谢冕：尽量做到一篇不漏。其实漏还是有漏的，但坚定一字不改。除了错别字，本来是什么样就是什么样，这样别人看了以后可以思考，时代究竟给我留下了什么痕迹。

好的诗歌，始终面对时代

刘鹏波：您在《光明日报》发表的《在新的崛起面前》，为当时充满争议的朦胧诗辩护，在诗歌界引起很大反响。您还记得当时是怎样一种情形吗？有没有发生让您印象特别深的事情？

谢冕：“文革”年代，中国缺少文学、缺少诗歌。样板戏中，所有女人都没有丈夫，更别提生活的乐趣了，人的情感非常枯竭。中国当时有两个诗歌刊物：《诗刊》和《星星》，1957年之后，包括这两个刊物在内的文学刊物都没有了。我当时胆子很大，说“诗歌走在越来越窄的道路”，这句话触犯了很多人。对此，我感到非常失望，作为一个北大的年轻教师，无力改变这种状态，很郁闷。终于有一天，我在北京街头昏黄的路灯下，发现了带着油墨香味的《今天》杂志，看了非常高兴。我好像看到了中国文学和诗歌的希望，感到十分开心、特别欣慰。

到1980年“南宁诗会”的时候，很多人在会上批判我，引起巨大争论。回到北京后，我写了《在新的崛起面前》，发表在1980年5月7日的《光明日报》上。当时许多有写诗经验的人不认可朦胧诗——诗怎么能这么写呢？比如章明就写了《令人气闷的“朦胧”》，说这些诗看不懂，不能这么写。但我觉得，这样的诗有它的新意，不要急着去扼杀。我要呼喊，为它说话，支持它，这是20世纪80年代初期的事。

刘鹏波：吴思敬认为，您创办并主编《诗探索》，是对中国诗坛的一大贡献。《诗探索》提倡自由、开放、多元的办刊理念，创刊号上便发表了批评您的文章。您能谈谈《诗探索》的意义吗？

谢冕：1980年3月，中国社会科学院文学研究所、中国当代文学研究会、北京大学中文系决定联合开会，讨论诗歌问题，这就是后来著名的“南宁诗会”。70年代末，诗人们慢慢回到工作岗位，知青们也回到城市，他们开始写诗，形成了我说的“新诗潮”，我们觉得应该讨论这种现象。“南宁诗会”后，回北京的火车上，我、洪子诚等人就商量办个刊物，一份以前没有的诗歌理论刊物。我们在火车上达成共识，最后定名为《诗探索》，意指探索诗的精神。我被委派为这本刊物的主编，当时时间很赶，要在1980年推出第一期，最后紧赶慢赶，终于在当年出版了第一期《诗探索》。

这本杂志不仅对我意义重大，对诗歌界的意义也非常重大，形成了对诗歌现象的大讨论，标志着诗歌的复兴运动。实际上，中国在20世纪80年代新的“文艺复兴”，诗歌是突破口。跟诗歌同时期的还有“星星画展”，代表艺术方面的革新。后来又有了小说、电影等艺术的全面复兴。20世纪80年代是我们记忆中非常重要的年代。

刘鹏波：朦胧诗对中国新诗发展意义重大，现代诗人还能从朦胧诗中汲取到养分吗？

谢冕：诗歌要面对我们的时代，抓住时代的脉搏。所有的诗都是当代诗，面向当代。诗歌要表达什么？表达对当代中国的思考，包括当代中国人的情感内涵。诗歌不对这个进行表达，有愧于时代。在我看来，诗歌必须张扬时代的开放，开放性是非常重要的。我们不能闭关自守，要加入到世界的潮流当中去，面对全世界，发出中国的声音，表现中国重大的社会变革。“黑夜给了我黑色的眼睛，我却用它寻找光明”，把黑夜留在后面，寻找光明，这是一个时代的声音；“卑鄙是卑鄙者的通行证，高尚是高尚者的墓志铭”，也概括了一个时代：卑鄙的人通行无阻，高尚的灵魂只有墓志铭，多么深刻。这些都是从黑暗年代、黑暗生活中诞生出来的，寻找光明的诗歌，时代性很强。这些诗触发人的联想，读者读了会感动。舒婷的诗，我也很关注，个人情感表达非常充分。《神女峰》写得不简单，体现了女性价值观。“与其在悬崖上展览千年，不如在爱人肩头痛哭一晚”，展现了人的真情实感。

朦胧诗的许多作品时代感非常强，为时代作了代言。朦胧诗后，很快一些新的诗人断然说，我们不代表任何人，只代表我们自己，我们不能为时代代言。诗歌本身应该代表时代最先进的、鼓舞人向前的声音，你说你不能为时代代言，这很遗憾。诗歌开始表现诗人自己，问题就出现了，脱离了时代，看不到时代精神。无论杜甫还是李白，他们的诗都有很强的时代感。读李白的诗，好像自己在长安的街上喝酒，摇摇晃晃、半醉半醒，这就是盛唐气象。

刘鹏波：当下的诗歌传播出现了很多新的方式和途径，比如微信公众号“读首诗再睡觉”以每天分享一首诗的形式与订阅者见面，《诗刊》与短视频app快手合作“快来读诗”活动……诗歌从纸媒走向新媒体，在收获更多读者的同时，很多人觉得也存在质量今不如昔的问题。与20世纪八九十年代相比，今天诗歌面对的环境发生了什么变化？诗歌真正走向大众了吗？

谢冕：诗歌应该怎样表现时代，诗人们需要探讨一下。从诗歌传播角度看，现在诗人们喜欢自说自话，有互相抱团、搞小圈子的现象；评论家没有把好诗充分挖掘出来，进行推广。我当初写诗歌评论的时候，还是20世纪70年代末，每年写一两篇长文章，从全中国的视野比较观察。

我最近写的一篇小文章还没有发表，是关于徐志摩的，暂定名为《一曲“康桥”变成永远》。评论徐志摩的诗，我写过两篇长文章。他们说要给我出一个专辑，凑三篇，那就还要再写一篇。我参加过很多诗歌朗诵会，一般来说，朗诵会篇目有李白的《将进酒》，跟这个相匹配、能与诗仙豪迈奔放的诗放在一起同台朗诵的新诗就是徐志摩的《再别康桥》。我想说，不管时代怎么变迁，徐志摩的诗在中国新诗史上不是排名前五，就是前十，一定会有他。

我们现在读来读去，现代诗基本到海子为止。大众需要海子写的这类诗，如同我们这一辈人需要“轻轻地来”这样优美的诗。我读海子的诗，内心很激动，仅读诗句误以为海子过得很幸福，但其实他很痛苦。每次朗诵会遇到《面朝大海　春暖花开》，我就非常欣慰，获得一种满足感。“给每一条河每一座山取一个温暖的名字”，诗句非常优美，可以持久流传。读了这首诗后，我可以再找海子其他的诗来读，海子的诗里能保留时代记忆的诗歌起码有七八首。现在都在呼唤好诗，但诗人需要走出迷途、冲破障碍，重新创造新的诗歌时代。

人生除了大境界，还有小趣味

刘鹏波：今年年初，您推出美食随笔集《觅食记》，记述了您走南闯北、游东览西、吃香喝辣的故事和经历，大家才知道原来您也是“美食家”。在现当代作家中，梁实秋、汪曾祺都是名副其实的“吃家”，写过不少美食类小品文。您觉得您的美食文章有哪些特色？

谢冕：这是北京大学出版社高秀芹做的一本书，很有意思。我最开始写《面食八记》，包括面条、馒头、馄饨……陆续发表，后来又写了《小吃二十四记》等，加上其他关于吃的文字，汇成一本书。我自然不敢和汪曾祺、梁实秋他们比，汪曾祺不仅有品尝美食的经验，还有做美食的经验，这方面我经验比较少。我的长处是走了很多地方，根据亲身经历，尽量把品尝美食的感受和当时当地的情景结合起来写，很多时候都带有记录性质，吃的感觉都是真的，这个店哪儿做得好，历史上这个食物又发生过什么事情，我都会写。

刘鹏波：您在《觅食记》中写道：“我们能从美食中学会：多元、兼容、综合、互补、主次、先后、快慢、深浅、重叠，以及交叉的方方面面。”在您看来，品评美食与评鉴诗歌是否也有相似之处？

谢冕：是，一致的，口味不能太单一。问我最喜欢的诗人是谁，我始终不回答；问我最喜欢哪个学生，我也没法回答。好的诗我都喜欢，吃东西也是一样。如果哪位美食家回答了这个问题，他就算不上美食家。美食家顾名思义，应该口味多元。诗歌也一样，不能说喜欢哪一类诗歌，写得好的诗我都喜欢。

刘鹏波：您说“读书人是世间幸福人，因为他除了拥有现实的世界，还拥有另一个更为浩瀚也更为丰富的世界”，读书给您带去的最大价值是什么，您有没有特别想推荐的书呢？

谢冕：读书有两种用处：一是有利于提高人生境界，二是能提升人的生活趣味，这两类书都需要。好书、好文章可以培养人的大抱负、大视野、大胸怀，读书可以增进人对世界、时代、社会、人生的见解。之前《中华读书报》的记者问我枕边书，我提到了《闲情偶寄》和《世说新语》。人生除了大境界，还有小趣味。小趣味让我们更加热爱生活，让我们的人生更加美好。我很佩服《闲情偶寄》的作者李渔，他是个很懂小趣味的人。《世说新语》写的都是小故事，关于魏晋时期文人间的往来，很有趣，读了非常喜欢。

我始终对生活抱有热忱的信仰，热爱生活，不知老之将至；不热爱生活，不知道从书里汲取生活的养料，整天厌恶世界，这样很不好。有的人未老先衰，不是身体衰，而是精神崩溃了，整天想不开心的事。今天我很开心，我就觉得过得很值得。我给学生写“为今天干杯”，意思是今天我们举起酒杯，就很开心。过去不可追，未来不可测，只有当下好把握。我有一位朋友在法国演出戏剧，剧名叫《永别忧伤》，这个名字很好。“永别忧伤，为今天干杯”，就是我们的格言，以后聚会可以用。

后记

时光荏苒，丰繁的时间中，留下了神鸟凤凰悄然飞过的痕迹。

凤凰出版传媒集团与《文艺报》社联合开设的《凤凰书评》已刊出近两年，在这段时间内，专刊与历史、现实和未来同频共振，敏锐地触摸到文学和出版的鲜活与张力，已然褪去雏鸟的稚嫩，逐渐丰盈羽翼。

在杂色的生活中，文学通过纸上的创造，完成一种实有的传递，是给人带来光明、温暖和坚定的显流。与之相应的，出版则是通过产业的落地，实现某种市场的下沉，从而构成推动文学向好、向善发展的强大力量。如果说，评论是在显流与潜流之中踏浪而行的小船，那么，对话则是桅杆与船帆，迎着思想的风，载着翩然的思维和崭新的理念，扬帆起航，驶向文学的远方。

毋庸置疑的是，对于当代文学而言，我们既是参与者，也是见证者。从共和国文学的青春时代，到改革开放以后的八九十年代，再到新世纪乃至更远的未来，都能够在《凤凰书评》专刊文章的交流与碰撞中觅得踪迹，我们倍感欣慰。

在这里，作家、评论家、出版人、编辑敞开心扉，交流对话，相辅相成、相生相长。于此过程中，那些隐藏于文字背后的写作者、出版人和编辑们原本模糊的面目逐渐变得清晰明朗，他们各司其职，在文学创作、生产、传播的链条中，扮演着各自的角色，持续发出光与热。而许多还没有形成体系与机制，或是还没有被我们发现、关注、重视，但却切实构成并改变了文学生态的书籍，也在评介与对谈的过程中，不断进入我们的视野，丰富着我们的认知。

本书取名为“多棱镜下的文学之光”，是在于突显对于文学的多重理解。显然，其指向并不是统一的、固有的、单一的，而是多义的、繁复的、驳杂的，诚如文学之于我们。我们写下文字，是在书写更好的、更丰赡的梦，书写下自己对将要诞生的世界的一种确信。我们给予文学什么，文学必将敞开怀抱，回馈更多。

凤凰高飞，百鸟慕而随之。愿《凤凰书评》一直在路上，引更多后继者砥砺同行，以飞扬的神采振翅于青冥。